早期中國研究叢書

# 顏色與祭祀

## 中國古代文化中顏色涵義探幽

[英]汪濤 著

郅曉娜 譯

上海古籍出版社

## 早期中國研究叢書編委會

總策劃：朱淵清　陳 致

編委（以姓氏筆畫爲序）：

# 叢 書 序

　　"早期中國"是西方漢學(Sinology)研究長期形成的一個學術範疇,指漢代滅亡之前(公元 220 年)的中國研究,或是佛教傳入之前的中國研究,此一時期的研究資料和研究方法都自成體系。以吉德煒(David Keightley)教授於 1975 年創辦 *Early China* 雜誌爲標誌,"早期中國"這個學術範疇基本確定。哥倫比亞大學近年設置的一個常年漢學講座也以"早期中國"命名。

　　"早期中國"不僅是西方漢學研究長期實踐中形成的一種實用分類,而且是探求中國傳統文化之源的重要的實質性概念。

　　從最初的聚落發展到廣大地域内的統一的中央集權專制主義的秦帝國建立,并且在漢代走上農業文明之路、確立起帝國社會的價值觀體系、完善科層選拔官僚制度及其考核標準,早期中國經歷了從文明起源到文化初步成型的成長過程,這個過程實際上也就是中華民族的形成過程。可以説,早期中國不僅奠定了中華文明的基礎,也孕育、塑造了此後長期延續的傳統中國文化的基本性格:編户齊民自給自足的小農經濟長期穩定維繫;商人的社會地位始終低下;北方遊牧民族入主中原基本都被漢化,帝國疆域的擴張主要不是軍事征服而是文化同化的結果;各種宗教基本不影響政治,世俗的倫理道德教化遠勝超驗的宗教情感;儒家思想主導的價值觀體系以及由此造就並共同作用的強大的官僚制度成爲傳統中國社會的決定性力量,等等。追源這類基本性格形成伊始的歷史選擇形態(動因與軌跡),對於重新審視與釐清中華文明的發生發展歷程,乃至重新建構現代中國的價值觀體系,無疑具有至關重要的作用。

早期中國研究不僅是西方漢學界的研究重心,長期以來,也是中國學術研究中取得巨大進展的重要方面。早期中國研究在中西學術交流的大背景下,形成了獨特的研究風格和研究方法。這就是:擴充研究資料、豐富研究工具、創新研究技術,多學科協同不斷探索新問題。

1916 年,王國維以甲骨卜辭中所見殷代先公先王的名稱、世系與《史記·殷本紀》所記殷代先公先王的名稱、世系一一對照,發現《殷本紀》所記殷代先公先王之名,絕大部分出現在卜辭中。王國維把這種用"紙上材料"和"地下新材料"互證的研究方法稱爲"二重證據法":"吾輩生於今日,幸於紙上之材料外更得地下之新材料。由此種材料,我輩固得據以補正紙上之材料,亦得證明古書之某部分全爲實錄,即百家不雅馴之言亦不無表示一面之事實。此二重證據法惟在今日始得爲之。"

出土文獻資料在現代的早期中國研究中顯示出越益重要的作用。殷墟甲骨 100 年來約出土 15 萬片,其中考古發掘出土的刻辭甲骨有 34 844 片。青銅器銘文,1937 年羅振玉編《三代吉金文存》,著錄金文總數 4 831 件,其中絕大部分爲傳世器。《殷周金文集成》著錄資料到 1988 年止,共著錄了金文 11 983 件。此後到 2000 年,又有約 1 350 件銘文出土發表。最近二三十年,簡帛文獻資料如銀雀山簡、馬王堆帛書、定州簡、阜陽簡、郭店簡、上博簡等都以包含大量古書而深受關注。

嚴格地說,王國維所說的地下材料,殷墟甲骨、商周金文都還是文字資料，這些發現當時還不是考古發掘的結果，研究也不是從考古學的角度去研究。真正的考古學提供的是另外一種證據。傅斯年提倡"重建"古史，他主張結合文獻考證與文物考證，擴充研究"材料"、革新研究"工具"。1928 年，傅斯年創立"中央"研究院歷史語言研究所，並立刻開始發掘殷墟。傅斯年在申請發掘殷墟的報告中說："此次初步試探，指示吾人向何處工作，及地下所含無限知識，實不在文字也。"從 1928 年 10 月開始一直到 1937 年夏，"中央"研究院歷史語言研究所在殷墟共進行了 15 次發掘，發掘地點共 11 處，總面積 46 000 餘平方米，這 15 次發掘收穫巨大：在小屯北地發掘了 53 座宮殿基址。在宮殿基址附近還發現了大量甲骨。在小屯村北約 1 公里處的武官村、侯家莊北地發現了商代王陵區，發掘了 10 座大墓及一千多座祭祀坑。在小屯村東南約 1 公里處的高樓莊後崗，發掘出了疊壓的仰韶、龍山和殷三種文化層關係，解決了華北地區這三種古文化的相對年代。在後崗還發掘了殷代大墓。在殷墟其他地區，如大司空村等地還發掘了一批殷代墓葬。殷墟王陵的科學發掘舉世震驚。中國考古學也從開創之初就確立了鮮明的爲歷史的特色和風格。爲歷史的中國考古學根植於這塊土地上悠久傳承的豐富文化和歷史知識的積澱，強烈的活的民族情感和民族精神始終支撐着中國考古學家的工作。近 50 年來，中國考古學取得了無比巨大的成就，無論是新石器時代城址還是商周墓葬的發掘，都是早期中國文明具體直觀的展示。

　　不同來源的資料相互檢核，不同屬性的資料相互印證，提供我們關於早期中國更加確切更加豐富的信息，能夠不斷地解決舊問題提出新問題，又因爲不斷提出的新問題而探尋無限更多的資料，而使我們對早期中國的認識不斷深入愈益全面。開放的多學科協同的綜合研究使早期中國研究取得了輝煌的成績。對其他歷史研究和學術研究來說，早期中國研究的這種研究風格和研究方法或許也有其可資借鑒的意義。

王國維、傅斯年等人是近現代西方科學思想和知識的接受者、傳播者，他們的古史研究是現代化的科學研究，他們開創了中國歷史學和中國學術的新時代。現代中國學術的進步始終是與西方學術界新觀念、新技術、新方法的傳播緊密相連的。西方早期中國研究中一些重要的研究課題、重要的研究方法，比如文明起源研究、官僚制度研究、文本批評研究等等，啓發帶動着中國同行的研究。事實上，開放的現代學術研究也就是在不同文化知識背景學者的不斷交流、對話中進步。我們舉最近的一例。夏商周斷代工程斷代的一個重要基準點是確認周懿王元年爲公元前 899 年，這是用現代天文學研究解釋《竹書紀年》"天再旦於鄭"天象資料的一項成果。這項成果的發明權歸屬韓國學者，在斷代工程之前西方學界已確認了這個結論。將"天再旦"解釋成日出前發生的一次日全食形成的現象的假說是中國學者劉朝陽在 1944 年提出的，他和隨後的董作賓先生分別推算這是公元前 926 年 3 月 21 日或公元前 966 年 5 月 12 日的日食。1975 年韓國學者方善柱據此假說並參考 Oppolzer 的《日月食典》，首次論證"天再旦"記錄的是公元前 899 年 4 月 21 日的日環食（《大陸雜誌》51 卷第 1 期）。此後，1988 年美籍學者彭秋鈞、邱錦程、周鴻翔不僅也認定"天再旦"所記是公元前 899 年的日環食，並對此次日食在"鄭"（今陝西省華縣，$\lambda=109.8°E$，$\varphi=34.5°N$）引起"天再旦"現象必須滿足的天文條件，第一次做了詳盡理論分析和計算，並假設食甚發生在日出之時，計算得出了表示地球自轉變化的相應的 $\Delta T$ 爲 $(5.8\pm0.15)h$，將"天再旦"的研究又向前推進了一步。夏商周斷代工程再次確認了"天再旦"這一成果，並爲此於 1997 年 3 月 9 日在新疆北部布網實地觀測驗證。

本叢書不僅是介紹西方學者一些具體的早期中國研究的成

果,引進一些新的概念、技術、思想、方法,而且更希望搭建一個開放性的不斷探索前沿課題的學術交流對話的平臺。這就算是我們寄望於《早期中國研究》叢書的又一個意義。

　　只有孤寂的求真之路才能通往獨立精神、自由思想之境。值此焦躁不安的文化等待時刻,願《早期中國研究》叢書能夠堅定地走出自己的路。我們歡迎所有建立在豐富材料縝密分析基礎上、富有獨立思考探索成果的早期中國研究著作。

　　著述和出版是長久的事業,我們只要求自己盡力做得更好一些。希望大家來襄助。

朱淵清

2006/12/2

寫於學無知室

# 目　録

第一章　導論　　　　　　　　　　　　　　　　　　　001
　　第一節　顏色、顏色詞、顏色的象徵性　　　　　　001
　　第二節　殷墟考古發掘所見顏色和顏料　　　　　　014
　　第三節　甲骨卜辭釋讀的兩個問題：
　　　　　　書寫與讀音　　　　　　　　　　　　　　030
　　第四節　殷墟甲骨卜辭新的分類和分期理論：
　　　　　　貞人組和兩系説　　　　　　　　　　　　047
　　第五節　商代的祭祀與占卜　　　　　　　　　　　057

第二章　殷墟甲骨刻辭中的顏色詞　　　　　　　　　　071
　　第一節　釋"赤"　　　　　　　　　　　　　　　　071
　　第二節　釋"騂"　　　　　　　　　　　　　　　　077
　　第三節　釋"白"　　　　　　　　　　　　　　　　081
　　第四節　釋"勿"　　　　　　　　　　　　　　　　084
　　第五節　釋"戠"　　　　　　　　　　　　　　　　089
　　第六節　釋"黃"和"黑"　　　　　　　　　　　　　096
　　第七節　釋"幽"（玄）　　　　　　　　　　　　　102
　　第八節　總結：顏色詞及其分類　　　　　　　　　107

第三章　商代祭祀中的顏色　　　　　　　　　　　　　116
　　第一節　殷人尚白　　　　　　　　　　　　　　　116
　　第二節　神聖的騂牛　　　　　　　　　　　　　　142
　　第三節　勿色：傳統的轉變　　　　　　　　　　　153
　　第四節　黑羊與祈雨之祭　　　　　　　　　　　　167
　　第五節　黃色與土地神靈　　　　　　　　　　　　180

191　第四章　商代顏色象徵體系與"五行説"的發展

　　　　　第一節　商代的顏色體系：作爲象徵符號的
191　　　　　　　　顏色
197　　　　　第二節　商代顏色象徵與"五行説"之關係
205　　　　　第三節　結語

209　引書目録

234　附録
234　　　　　附録一　"青幽高祖"新解：古代祖先崇
　　　　　　　　　　　拜裏的空間與顏色之關係
250　　　　　附録二　顏色與社會關係——西周金文中
　　　　　　　　　　　之證據與闡釋
280　　　　　附録三　《曶簋》銘文中的"赤金"及其相關
　　　　　　　　　　　問題

297　後記

第一章

# 導　論

## 第一節　顏色、顏色詞、
## 　　　　顏色的象徵性

　　什麼是顏色？17 世紀英國物理學家牛頓，用棱鏡成功分離出彩虹中的各種顏色，成爲最早利用科學實驗來解釋顏色的先驅。目前，物理學家普遍認爲，顏色是波長在 400—700 納米之間的電磁波能量的視覺化（圖 1）。神經心理學家則認爲，顏色是光波經過選擇性反射，在人眼和大腦上產生的一種視覺反映。有關顏色的討論，引發了科學家、哲學家、人類學家、藝術家以及許多業外人士的廣泛興趣，相關著述也十分豐富。① 除了色盲患者，普通人天生就具有觀察分辨事物和物體顏色的能力，但如何用語言來解釋顏色，仍然是一個複雜的問題。

　　十九世紀德國文學家歌德，也是顏色研究史上的一位重要人物，他的《色彩論》是第一部專門研究顏色的著作。他批駁了牛頓

---

　　① 有關顏色的更多討論，參看 F. Birren: *Color: A Survey in Words and Pictures*, Secaucus, 1963，esp. chap. 6 - 9.

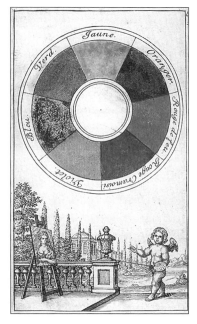

**圖 1：色譜**

的"純科學"觀點，認爲顔色也是人類視覺的産物，是大腦對外來信息處理的結果。研究顔色詞時所遇到的困難，可能是由語言本身引發的：

　　我們從未充分考慮過這個問題：嚴格來説，語言只是象徵的和比喻的，它從來不能直接地表達事物，只能間接地反映事物。古往今來，概莫能外。顔色尤其如此，它只能不完全地表露出來，供人觀察。或許我們更應稱之爲"屬性"，而非"物質"。屬性在自然中變動不息。屬性變動不息，而我們又有必要描述它們。因此，我們極力尋找其中的規律，至少也要對其進行象徵性的描述。①

　　20 世紀的西方語言哲學試圖解決這個難題。才高命薄的奧地利哲學家維特根斯坦(1889—1951)對顔色問題也情有獨鍾。寡言少語的他漫步在劍橋秀麗的風景中，反復思考着語言、思想與現實之間的聯繫：

　　倘若有人詢問什麽是紅、藍、黑、白，我們可以立刻指出帶有這些顔色的物體，然而我們的解釋能力也僅限於此！對於它們的

---

　　① J. W. von Goethe：*Theory of Colours*，English edition，G. L. Eastlake，London，1967，p. 300.

用途,我們一無所知,哪怕只是粗淺的、某種程度上錯誤的知識![①]
維特根斯坦哲學關注的是語言遊戲的規則和顏色的語法。他通過
研究顏色以及藉助語言實現其功能的心智過程,試圖找到解答。
他的最大貢獻就是揭示了顏色的相對性,即一種顏色(或者一個表
示顏色的詞)如果脫離與其他顏色的聯繫,就會變得毫無意義。[②]

　　本書的重點不是研究顏色的科學性或哲學性——此類著述繁
多,有心的讀者可以找來閱讀——而是把顏色作爲一種文化案例
來研究。本書的研究材料是晚商甲骨文和其他考古發掘資料,研
究目的是闡述顏色在特定文化語境中的象徵性和内涵,因而只在
必要時候才提及顏色的科學性。此項研究有三個基本任務:
(1) 分析晚商(約前 1300—前 1046)甲骨文中出現的顏色詞彙,重
構商代顏色分類的性質和體系;(2) 分析顏色在商代祭祀卜辭中
的使用情況,探究它們在特定文化體系中的涵義;(3) 分析商代顏
色體系的性質,探討其對後世思想,尤其是"五行説"的影響。本次
研究將會加深我們對商代文化及其在中華文明發展進程中的重要
性的理解。鑒於研究對象和研究材料的複雜性,本文採用了多元
分析法,不僅吸收了古文字學的研究方法和成果,而且吸收了語言
學、人類學和考古學等的研究理論和方法。

　　本文首先分析了甲骨文中出現的顏色詞彙,即殷人對顏色感
覺和知覺的原始表達。甲骨文中有八個常見的顏色詞:赤(紅
色)、駽(橘紅色)、白(白色)、黑(或堇,黑色)、[③]黄(黃色)、幽(或

---

①　L. Wittgenstein: *Remarks on Colour* (ed. G. Anscombe, Oxford, 1978): I. 68.
②　對維特根斯坦顏色理論的哲學探討,參看 J. Westphal: *Colour: Some Philosophical Problem from Wittgenstein*, Oxford, 1987.
③　該字在甲骨卜辭中寫作𣏾。該字有兩種不同的釋讀,但都可以用作顏色詞,意爲"黑色"。更多討論將在下章進行。

玄,黑紅色)、①䵂(褐色)以及表示雜色的"駁"。學者對這幾個字的考釋持有不同意見,但都認爲它們是基本的顏色詞。從甲骨文中識別出這幾個顏色詞並不困難,因爲它們在傳世文獻中也多用作顏色詞。不過,同一個顏色詞,在不同時代所指的顏色範圍並不相同,顏色的内涵也因時因地而異。西方文化中就有類似的例子:希臘語中表示"火"的詞 pyr,與拉丁語中表示"赤紅色"的詞 burrus 是同源詞;它在羅曼語中有各種變體;普羅旺斯語中 burel 意爲"褐紅色",在古法語中的變體 buire 表示"黑褐色";從 buire 衍生出表示黑褐色妮子桌布的 baize,又因政府辦公桌上都覆蓋這種桌布而衍生出表示政府機關的 bureau,從 bureau 又衍生出表示官僚體系的 bureaucracy。②

由此可見,如果不瞭解顏色詞所在的分類體系,僅僅識別出它們並無多大價值。顏色分類因文化而異。許多語言學家都已意識到,同一個顏色詞,在不同的語言中就有不同的顏色範疇,相鄰的顏色之間並無嚴格界限。相反,即使一個顏色詞的内涵明確,其外延仍模糊不清。③ 正如美國人類學家哈樂德·考克林(Harold C. Conklin)所指出的:

> 因此,特定的顏色詞,當它表示顯著特性的確切範圍時,或許不該被局限到單一的範疇。然而,從一套相關詞彙同時出現的特定文本中,從它與其他並列詞彙如形狀、大小的對比

---

　　① "幽"和"玄"這兩個字在甲骨卜辭中或許還混而不分。現代漢語裏它們簡單定義爲"黑色";見《現代漢語詞典》,北京:商務印書館,1988 年,第 1306 頁。可是,如果看《説文解字》(2 世紀時編纂的字書,以下簡稱《説文》)中的解釋:"黑而有赤色者爲玄。"有關該字的更多討論,將在第二章進行。

　　② 參看 D. Bolinger and D. Sears: *Aspects of Language*, New York, 1981, p. 266.

　　③ 參見 B. Comrie: *Language Universal and Linguistic Typology* ( 2ed edition), Oxford, 1989, esp. pp. 36 - 38.

使用中,或許就能找到顏色範疇存在的有用内在證據。①

　　閱讀傳世文獻時,我們會經常發現它們對顏色詞的解釋相當混亂。不同的作者和注疏家,對同一個顏色詞往往有不同的理解,同一個人對同一個顏色詞的理解也常常因文而異。這種理解上的混亂,往往是由於他們没有意識到顏色分類這個問題造成的。

　　我們不能忽視過去的研究成果和經驗教訓。早期西方學者對顏色詞的研究,主要集中在對荷馬史詩經典文學的研究上。比如,19 世紀中葉,四次出任内閣首相和財政大臣的英國政治家威廉・格萊斯通(William E. Gladstone, 1809－1898),在一本著作中指出希臘史詩《伊裏亞特》和《奧德賽》中的顏色詞非常少,色彩的區分主要是明暗度的不同,真正表示白色、紅色、褐色、紫色等色度的詞很少,色度常用模糊的語言來描述。因此,格萊斯通認爲在荷馬時代人們尚不能分辨顏色,顏色的現代概念是在較晚時期發展出來的。②

　　無獨有偶,20 世紀 40 年代,中國學者胡樸安也試圖解釋漢語顏色詞彙的發展歷程。他也認爲顏色詞與社會的發展階段有直接關係。他的研究結果如下：最早出現的顏色詞是“白”,乃人臉的象形;其次是狩獵時代出現的“赤”,與火有關;再次是表示土色的“黄”,暗示了農業的興起;最後是文明時代出現的“黑”,代表炊煙。③ 胡樸安的理論過於簡單,甚至有些幼稚,對真正理解顏色及其分類貢獻不大,因爲它無法説明顏色分類在社會學或語言學上的任何發展。

　　顏色詞的多寡,與社會的發展歷程並無對應關係。認爲古人的

　　① H. Conklin："Color Categorization", *American Anthropologist*, no. 75 (1973), p. 934.

　　② W. Gladstone：*Studies on Homer and the Homeric Age*, London,1858, esp. pp. 457－499.

　　③ 胡樸安:《從文字學上考見古代辨色本能與染色技術》,《學林》第 3 期,1941 年,第 53—67 頁。

顏色意識不夠發達，因而顏色詞不夠豐富，這種簡單的進化論觀點早已過時。現代考古學和人類學研究都表明，顏料的使用在早期文明中相當普遍，狩獵或早期農業文明中的古人，很可能有一套豐富而複雜的顏色詞彙。如何了解他們的語言和文化，正是歷史學家和人類學家的重要任務。英國功能主義人類學家埃文思·普理查(1902—1973)曾經指出：語言的豐富程度取決於人們興趣的範圍和強度。他在研究非洲努爾人表示牛的詞彙時發現，對牛的命名主要根據牛的顏色和牛角的形狀。譬如，努爾人有十個基本顏色詞：白色(bor)、黑色(car)、褐色(lad)、栗色(chestnut)、茶色(yan)、鼠灰色(mouse-grey)、棗紅色(thiang)、沙白色(lith)，草莓藍色(blue and strawberry roan)和巧克力色(gwir)。純色的牛就用一個顏色詞來描述，而事實上常見的是雜色牛，則用多個顏色詞組合起來描述。[①] 這跟我們後面要討論的商代甲骨文中的顏色詞彙有相通之處。

　　顏色研究的另一個難題是顏色的象徵性，即由此及彼的關係性。顏色常常來表達或象徵人的感情和情緒。人類對顏色的感知，常常通過類比與某種自然現象關聯起來。例如紅色使人們聯想到火和血；綠色喚起人們對樹木和自然的記憶。人腦對某種自然環境的反應也具有這種類比關聯性，只是這種類比關聯有時過於自發無緒，難以捉摸，以至於很難説它只是習慣性解釋的產物。另外，雖然現代心理學和生理學已經較爲發達，但我們至今尚未真正明白人體肌體對顏色的反應過程。[②]

　　儘管如此，我們仍可斷言，並且可以通過研究證明，顏色觀念在很大程度上反映了人類的身體和文化經驗，尤其反映了人類對

---

　　① 參看 E. E. Evans-Pritchard: *The Nuer: A description of the modes of livehood and political institutions of a Nilotic people*, Oxford, 1940, esp. pp. 41-48.
　　② 見 R. Arnheim: *Art and Visual Perception*, London, 1956, p. 275.

自然的分類體系。法國人類學家克洛德·列維·斯特勞斯
(1908—2009)認爲,人類對動物、植物、顏色等的分類,通常是基於
一種相關聯想模式,世界各地莫不如此。比如,納瓦霍印第安人認
爲顏色與方向、季節、植物和動物之間存在對應關係。通過這種分
類和對應,納瓦霍人試圖對其所面臨的自然和文化世界進行組織,
並賦予意義。[1]借用人類學家路易斯的話:"人類試圖對經驗進行歸
納分類,使之系統化、條理化,這似乎是所有象徵都顯現或隱含的特
點。"[2]因此,只有在具體的文化語境中,才能充分理解顏色的内
涵。正如美國芝加哥學派的代表人物馬歇爾·薩林斯所説的:

> 實際上,顏色就是符號。在世界各地的各種社會關係中,
> 顏色無論是作爲詞彙,還是作爲具體事物,都是一種標誌:通
> 過這種有意味的形式,個人和團體,物體和環境,有區別地融
> 合在文化秩序中。[3]

儘管某種顏色的具體涵義,會因時間、地點或個體而迥然有
別,但在多數情況下,顏色涵義的確定並非任意的,而是有條件或有
目的性的。在某種特定的文化語境,尤其是宗教語境中,象徵性通
常會被集體合化和法典化,成爲一種文化現象。譬如顏色在早期基
督教信仰中是永恒元素,但其含義卻在不斷變化。早在 12 世紀英諾
森教皇三世(1198—1216)時,就規定了彌撒禮中顏色的使用,但直到
庇護五世(1566—1572)召開特倫托會議(1545—1563)之後,才最終
確立了彌撒禮法典。根據這部法典,白色是聖服的顏色,象徵純
潔、喜樂和得信。紅色象徵殉道和永生。綠色介於白色和紅色之

---

[1]　見 C. Levi-Strauss: *The Savage Mind*, London, 1972, esp. chap. 2 and 5.

[2]　L. Lewis: *Social Anthropology in Perspective: The Relevance of Social Anthropology*, Cambirdge, 1985, p. 110.

[3]　M. Sahlins: "Colour and Cultures", *Simiotica*, no. 16 (1976), p. 3.

間,象徵希望。黑色代表邪惡,因而棄而不用。[1]　直到今天,我們在基督教教堂中還可以見到這種儀禮。中國的傳統思想,比如影響深遠的"五行説",也將顏色與象徵之間的關係固定化、程式化了。

本書以商代(約前 1600—前 1046)甲骨文爲例,意在探索顏色在中國古代文化中的使用及其象徵性。與世界上其他許多文化一樣,顏色在商代祭祀系統中扮演了重要角色。從各方面來看,商代祭祀都是一個複雜的體系。祭拜祖先和神靈,在殷人的宗教活動中尤爲重要。顏色在商代祭祀中的使用,通常與特定内容和特殊目的相關。即便有些例外,也只能説明人類活動具有一定程度的偶然性和非理性。事實上,顏色的使用與商代潛在的象徵體系之間有着内在的聯繫。顏色的使用絕非偶然,而是符號系統的重要組成部分。因而,通過研究顏色在商代祭祀中的使用情況,我們就能更好地理解商代複雜的祭祀系統。

在亞洲、非洲、美洲和澳大利亞,有很多有趣的人類學資料值得重視。例如,人類學家貝葛蘭德發現,在非洲祖魯人的思想中,動物的顏色是象徵體系的一部分。在求雨之祭中,人們用犀鳥祭祀居於天空的雨神,用黑羊祭祀居於地上的雨神之夫巨蟒神。[2]在祖魯人的祖先崇拜中,牛被認爲是後代與祖先溝通的媒介。對祖魯人來説,祖先和地下世界都是"白色"的。[3]　在不同的祭祀儀式中,祭牲的使用和事後處理都有特殊規定:宰殺,烹煮,舔脂肪,埋入地下。[4]

在南美洲土著民族科吉人的占卜系統中,顏色也是一個重要

---

[1]　參看 F. Birren: *Color*, pp. 19 - 50; M. Bussagli: "Color", M. Eliade chief edit, *The Encyclopaedia of Religion*, New York, 1987, pp. 562 - 565.

[2]　A. Berglund: *Zulu Thought-Patterns and Symbolism*, London, 1975, pp. 51 - 63.

[3]　同上,pp. 167, 371.

[4]　同上,pp. 214 - 240.

元素。科吉人用彩色石頭串珠進行占卜，他們認爲這些石頭串珠是有生命的，串珠的顏色象徵不同的事物（或神靈）。比如，綠色的串珠象徵樹，紅色的串珠象徵血液，白色的串珠象徵水，黑色的串珠象徵靈魂。在占卜中，不同顏色的串珠可以與不同的神靈溝通，顯示所需的祭品種類，與神靈媾和，並求得他們的支持。①

　　除了世界各地的人類學資料，本書也參考了很多中國民族志材料和少數民族地區的實地調查資料。在中國北部的阿勒泰語系民族中，薩滿教曾是他們宗教生活的基本形式。在薩滿儀式中，動物的顏色充滿了意義。比如，鄂温克族人在孩子生病時，經常舉行一種叫"巫麥"（叫魂）的儀式，用鹿或麋鹿作爲祭品。"晚上，在薩滿神跳舞之前，先要殺一頭黑鹿，以便薩滿在另一個世界當坐騎；……第二天，宰殺一頭白鹿以祭祀祖先的靈魂"。②

　　雲南山區孟高棉語系的佤族人，只有三萬多人口，現在仍然進行很多原始宗教活動。遇到重大的宗教活動，比如祭天，他們就要舉行殺牛儀式。牛按類型和顏色進行甄選，純色的黑紅色牛尤其受到重視。③

　　雲南山區藏緬語系的彝族人，也有很強的宗教傳統，舉行複雜的祭祀儀式。彝族巫師吉克·爾達·則伙，生動地描述了祖先崇拜中祭牲的使用情況。④ 子孫爲祖先精心準備的犧牲（牛、羊、豬），要牽到祖先牌位前面，並在巫師念完"祭祀經文"或"殺牲律法"之後宰殺。祖先牌位要按血緣和輩分擺放：直系祖先在第一

---

　　① 該資料引自 Alan Ereira 的手稿，他一直在科吉人中間做田野調查工作，並爲英國廣播公司（BBC）製作了一部有關科吉人的民族志學紀錄片。我對他給我提供他的調查材料表示感謝。
　　② 參看蔡家麟：《中國北方民族的薩滿教》，宋恩常編：《中國少數民族宗教》，昆明：雲南人民出版社，1985 年，第 27 頁。
　　③ 這是我本人 20 世紀 80 年代初期在雲南考察時實地親眼所見。
　　④ 吉克·爾達·則伙口述，吉克·則伙·史伙記錄，劉堯漢編：《我在鬼神之間：一個彝族祭司的自述》，昆明：雲南人民出版社，1990 年，第 71—112 頁。這本書生動地描述了這些儀式，我這裏只摘錄了一些與祭牲有關的描述。

排,旁系祖先在第二排,其他祖先順次而下,輩分高的要排在輩分低的前面。待宰的犧牲也要按照"資質"排列,"資質"即犧牲的種類。牛在第一排,其次是羊,豬最後。牛和豬可以用刀子宰殺,羊則只能用扭斷脖子的方式宰殺。

祭祀的數量也不等。每一位直系祖先,不論大人小孩,通常都享有一頭祭牲。旁系祖先則一家人只享有一頭祭牲。事實上也没有嚴格的規定,祭牲取決於家族和親屬的經濟能力。祭牲不僅要有一定的數量,而且要有一定的品質。巫師相信祭牲的品質是家族興衰的關鍵因素:祭牲肥胖,後代則繁盛;祭牲健壯,後代就聰明英俊;祭牲瘦弱,後代則會虚弱殘疾。

雖然吉克没有强調祭牲的顏色,但顏色在他描述的各種祭祀中都很突出。比如,在吉爾儀式(即驅鬼儀式)中,要用黑色的小公雞、公豬、公羊和母牛。在祝福和慶祝儀式中,白色祭牲似乎更受歡迎。[1]

人類學家維科特·特納(1920—1983)對贊比亞恩登布人的調查研究,是迄今對顏色分類和顏色象徵研究最爲深刻的例子。[2]特納是20世紀下半葉西方最有影響的象徵人類學家。他發現在恩登布人的祭祀儀式中,顏色象徵扮演着極爲重要的角色。白、紅、黑三顏色,構成了顏色象徵體系的主體。

在恩登布語中,大部分顏色詞都是從白、紅、黑中分離出來的,這三種顏色在他們的祭祀中具有複雜的象徵涵義:

與白色相關的内容有:(1)善良;(2)使强壯或健壯;(3)純潔

---

① 吉克·爾達·則伙口述,吉克·則伙·史伙記録,劉堯漢編:《我在鬼神之間:一個彝族祭司的自述》,昆明:雲南人民出版社,1990年,第90、92、94頁。

② V. Turner: *The Forest of Symbols: Aspects of Ndembu Ritual*, Ithaca/London, 1967, chapt3, pp. 59-92. 中譯本《象徵之林——恩登布人儀式散論》,趙玉燕等譯,北京:商務印書館,2006年。

(字面意思是"潔白的",在文本中的引申義是"純潔的");(4) 少有厄運或不幸;(5) 擁有權利;(6) 不死的(即不會死在族内);(7) 沒有眼淚;(8) 酋長或權威;(9) 族人與祖先神靈相會;(10) 生命;(11) 健康;(12) 使年輕;(13) 打獵術;(14) 給予或慷慨;(15) 悼念(即在祖先神壇前獻上禮物和祭品);(16) 笑(友好、善於交際的標誌);(17) 吃(因爲母親的乳汁和恩登布人的主食樹薯飯都是白色的);(18) 繁衍(包括人類、動物和穀物的繁殖);(19) 使顯現,啟示;(20) 成熟或成爲長者(因爲年長者有白頭髮);(21) 清理(即祛除不潔);(22) 清潔自身;(23) 免於荒謬(人們不會因爲你做了錯事或蠢事而被嘲笑)。

红色與鮮血或紅色的軀體相關:(1) 動物的血;(2) 分娩的血,母親的血;(3) 所有女人的血;(4) 謀殺、刺殺,或宰殺的血(行割禮時流出的血,以及爲獅、豹或水牛的屠殺者滌罪的祭祀儀式中使用的紅色裝飾,都包括其中);(5) 巫術或魔法的血(恩登布魔法吃腐屍,在除魔儀式中,紅色代表魔鬼流出的血);(6) 紅色既能行善又能施惡,因爲血既是人的力量,又是動物的力量;(7) 紅色與精子有關:紅色的精子沒有活力,穿透力不強。

黑色的事物包括木炭、河泥、從植物中提取出的顏料、樹木的黑色果實等。黑色是(1) 邪惡、壞的事物;(2) 不走運,不純潔;(3) 遭遇痛苦或不幸;(4) 生病;(5) 巫術或魔法;(6) 死亡;(7) 性慾;(8) 黑夜或黑暗。①

特納还指出,顏色象徵有以下幾個特性:(1) 在早期階段與肌體有密切聯繫;(2) 顏色是升華了的身體體驗,這種體驗可以超越

---

① V. Turner: *The Forest of Symbols: Aspects of Ndembu Ritual*, Ithaca/London, 1967, chapt3, pp. 59 - 92. 中譯本《象徵之林——恩登布人儀式散論》,趙玉燕等譯,北京:商務印書館,2006 年,第 69—71 頁。

經驗者的日常狀態,因而被認爲是神聖的;(3) 與顏色相關的身體體驗,同時也是對社會關係的體驗;(4) 這種身體體驗也是對現實的一種原始分類。[①]

　　將恩登布文化和殷商文化進行比較研究,是頗有啟發性的。恩登布的顏色詞通常用來描述具體的事物,如動物、土壤或植物等;他們的顏色分類也與祭祀系統有關。正如另一位人類學家威特利所指出的,顏色分類通常與價值判斷有關,並在祭祀語境分析中變得行之有效。[②] 筆者的研究基於這樣一個假設:商代顏色之間有着錯綜複雜的聯繫,這些聯繫可以通過分析它們在潛在顏色體系中的關係而揭示出來。在甲骨文中,顏色詞顯然是用來修飾祭牲的。確實,商代某些顏色詞的内涵,與恩登布顏色詞的内涵相似,這一點我們將在下文着重闡述。不過,儘管我們有商代遺留的材料可供分析,但是我們没有商代史官的口解筆述。在理解這些材料時,我們也無法達到現代人類學家那樣的深度。因此,我的分析和結論在一定程度上還是假説。

　　本研究試圖採用一種多學科交叉融合的研究方法,引用資料來源廣泛。除了文獻資料和考古發掘材料,人類學和民族學資料也爲本研究提供了某些綫索。通過對其他文化中顏色象徵的比較研究,我試圖揭示商代顏色的象徵性及其内涵。總的來説,研究結果是令人振奮的,也爲比較宗教學打開了一個新思路。不過,商代宗教或世界範圍的顏色研究不是我們的目的。因此,本文對所引用的具體材料不做專門評述。

---

　　① V. Turner: *The Forest of Symbols: Aspects of Ndembu Ritual*, Ithaca/London, 1967, chapt3, pp. 59 - 92. 中譯本《象徵之林——恩登布人儀式散論》,趙玉燕等譯,北京: 商務印書館,2006 年,第 89—90 頁。

　　② W. H. Whiteley: "Colour-words and Colour-values: The Evidence from Gusii", R. Horton, R. Finnegan edit, *Modes of Thought*, London, 1973, pp. 145 - 161.

最後，還應説明一點，在研究商代文化時，所使用的原始材料是至關重要的。本次研究所用的材料，主要以甲骨刻辭和其他考古發掘資料爲主。商代的甲骨刻辭内容廣泛，包括征伐、營建、農業、田獵、氣象等，偶爾也有商王的家事；只是這些話題主要以占卜的形式出現。商王每逢大事幾乎都要占卜。從甲骨刻辭中我們瞭解到，祭祀和占卜在殷人日常生活中占據着顯著地位。只有通過這些刻辭，我們才能粗略地重建當時的語言和信仰系統。

我們平時所讀的甲骨文，雖然大都是拓片、照片和摹本，但甲骨和刻辭本身卻是殷人遺留下的實物，而且多爲科學發掘所得。這些資料更具可靠性和直接性，爲我們研究商代歷史文化奠定了堅實的基礎。相比之下，傳世文獻則往往缺乏準確性，甚至還有後世篡改的痕迹。不過，我在研究中也引用了一些時代較晚的傳世文獻，尤其是《詩經》《尚書》《逸周書》，以及《周禮》《儀禮》《禮記》。它們的編撰時代不會早於周朝，但仍保存了（即使經過改編的）很多早期的原素。我不只是用它們來輔助描繪商代文化活動的場景，同時也把它們作爲參照物，並試圖找出甲骨刻辭與傳世文獻之間的距離和聯繫。比如，甲骨文記載的很多祭祀儀式，都能或多或少地在這些傳世文獻中找到對應。那麼，它們之間有何關係？

甲骨刻辭與傳世文獻之間，顯然有一段時代間隔。受西方學術思潮和日本學者白鳥庫吉等人的影響，20 世紀二十至三十年代"古史辨派"提出了很多創見，例如顧頡剛的"層累地造成的古史"説。[①] 在這種學説影响下，很多現代學者不相信傳世文獻記載的夏商周歷史。他們質疑這些文獻的可靠性，其中一個證據就是，傳世文獻的語言和思想本身，它們在流傳過程中曾被篡改甚或被重

---

① 由顧頡剛和其他一些學者發起的"史辨派"，在 20 世紀上半葉影響巨大。他們的研究成果以《古史辨》的形式集結出版，共 7 册，上海，北京，1926—1941 年。

寫。隨着時代的發展，新的出土文獻層出不窮，重新研究和評價傳世文獻，成爲真正理解古代中國宗教和思想發展的必要過程。[①]不過，這不是本次研究的任務。重新評價傳世文獻，需要更充分的證據和更深入廣泛的分析。我所持的觀點是：這些傳世文獻當爲後人所採集、整理和編定，但必定包含了遠古材料的很多資訊，也可能就是遠古材料整理所得。比如，歷代都有學者認爲《周禮》是漢人之僞作，但是當代學者利用西周金文研究《周禮》的結果表明，《周禮》確實包含了很多周代官制的内容。[②] 由此可見，我們也不能完全否定傳世文獻，而是要用審慎和分析的態度對待它們，要充分意識到文獻中所包含的不同層面的資訊和證據。比如《周禮》，我們不能視之爲嚴格的歷史敘述，而應視之爲一種歷史闡釋。我們無法證明《周禮》的作者見過甲骨文等商代原始文獻，他們所依據的可能只是前世流傳下來的文字資料和口頭傳說，有很多局限和不足。

## 第二節　殷墟考古發掘所見顏色和顏料

目前，學術界普遍認爲安陽是晚商都城，年代爲盤庚至帝辛時期，所依據的是《竹書紀年》的記載："自盤庚徙殷，至紂之滅，二百

---

① 由於考古學的進步，近年來出土的早期文獻，比傳世文獻數量更多。新證據表明，很多傳世文獻必定是依據可靠的早期材料寫成的。通過研究出土材料，我們有可能漸漸縮短或填平這道鴻溝。持這種新態度的代表學者是李學勤，參看他的文章《對古書的發現反思》，《李學勤集》，哈爾濱：黑龍江教育出版社，1989 年，第 41—46 頁（最早發表在《中國傳統文化的再估價》，上海：上海人民出版社，1987 年）。

② 參見張亞初、劉雨：《西周金文官制研究》，北京：中華書局，1986 年，第 111—144 頁；以及陳漢平：《西周册命制度研究》，上海：學林出版社，1986 年，第 163—219 頁。

七十三年,更不徙都。"①考古上所説的安陽時期或"殷墟時期",②
是指公元前 14 世紀至前 12 世紀之間的一段大約 270 年的中國歷
史。殷墟位於洹河南北兩岸,包括二十多處遺址:小屯村、西北
岡、后岡、薛家莊、苗圃、武官村、花園莊、王裕口、霍家小莊、四盤
磨、白家墳、梅園莊、孝民屯、北辛莊、范家莊、大司空村、小司空村、
壩臺、侯家莊、高井臺子和同樂寨等(圖 2)。其中,已經確定的遺
址類型包括宮殿、王陵、宗廟、祭祀臺、作坊、居住區和族墓地等,還
有一些遺址功能不明。③

　　小屯村和其他遺址出土了大量有鑽鑿的刻辭甲骨,大部分甲
骨已經確定是武丁至帝辛時期的遺物。小屯村還發現了宗廟和祭
壇。這是宗教形成的顯著要素,對我們研究商代宗教有重要意
義。④ 在小屯村的宮殿基址附近,發現了幾處祭祀遺址。在 21 處
疑似宗廟的建築基址周圍,環繞着 198 個祭祀坑。這些建築遺址
有方形和〗形兩種,中間都有一個土臺,其中一些已被確認爲祭
壇。土臺四周出土了虎骨、豬骨等祭品。整個遺址還出土了 641
架人骨、40 頭牛、119 頭羊、127 條狗、15 匹馬,和 5 架木製馬車。
大部分遺址都朝南,也有一些朝西或朝東。

　　① 方詩銘、王修齡:《古本竹書紀年輯證》,上海:上海古籍出版社,1981 年,第 30
頁。原引文作"七百七十三年",編者據此本訂改。
　　② "殷墟"一詞,自周克商後不久就開始流行,並沿用至今。有關殷墟的介紹,參
看董作賓:《殷墟沿革》,《董作賓先生全集甲編》,臺北:藝文印書館,1977 年,第 1013—
1030 頁(首次發表在《中央研究院歷史語言研究所集刊》第二本,1930 年)。
　　③ 有關商代考古的基本介紹,參看 Li Chi(李濟):Anyang, Washington, 1978;
中國社會科學院考古研究所:《殷墟的發現與研究》,北京:科學出版社,1996 年;張光
直:Shang Civilization, New Haven, 1980, Archaeology of China(4th edition), New
Haven and London, 1989,特別是後一書的第 295—367 頁。
　　④ 除了考古報告,石璋如也寫過很多論文,比如《殷代坛圯遺迹》,《中央研究院歷
史語言研究所集刊》第五一本第三分,1980 年,第 413—445 頁;《殷墟建築遺存的新認
識:論殷代早期的宗廟》,《中央研究院國際漢學會議論文集(歷史考古組)》(上),臺北:
中研院,1981 年,第 119—143 頁。以下描述很多地方是根據石氏的研究結果。

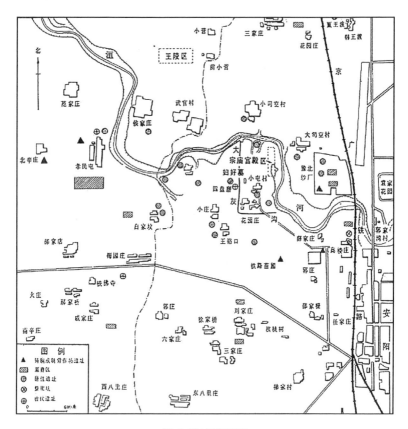

**圖2：殷墟遺址圖**

　　這些遺址的分佈相當有趣：祭壇五個一組，建在大型夯土平臺上，在平臺周圍發現有人體和動物骨骼遺存，穀物和玉石，燒燎、杀伐和肢解動物的痕迹；這些都與甲骨刻辭的記載吻合。各种遺迹和加工品，爲我們理解商代宗教生活提供了鮮活的證據。

　　在商代考古中，坑位、墓葬、祭壇和出土遺物，都是解讀商代信仰體系的無聲資料。我們要經常思考，在這些地方，殷人为何要以這種方式而非其他方式舉行宗教活動。解讀甲骨刻辭時，我們也要把它們與考古證據相比照。遺憾的是,這兩種證據性質不同,可能完全吻合,也可能不完全吻合。比如,親自參与殷墟發掘的石璋如認爲,祭壇和宗廟建築遺存,與甲骨刻辭中的某些象形文字是有關聯的。他認爲長方形遺址是祭祀上甲的宗廟,因爲上甲的名字在甲骨卜辭中寫作"田"。同樣地,他認爲多邊形遺址是報乙、報丙、報丁的宗廟,因爲他們的名字在甲骨文書寫中帶有多边形元素"コ";而正方形遺址與一位名字帶有方形元素"口"的神靈或祖先有關。[1]

　　石氏認爲特定的祭祀要在特定的祭壇和宗廟舉行,這是可取的。但他認爲某種形狀的宗廟必定屬於某些祖先,則不可取,他忽視了這些遺址的年代並不相同。我們應該從遺址自身的考古屬性來分析它們,比如研究建築基址或祭祀坑,要重點分析它們是怎麼設計、建造的,爲何要這樣設計、建造? 它們有何功用?

　　目前,研究商代顔色的使用情況,最直接的證據就是考古發掘所見到的顔色遺存。[2] 顔色遺存主要分爲兩種情況:人殉人牲埋葬和正常死亡埋葬。我們先分析第一種情況。1928 至 1937 年間,中央研究院史語所在河南安陽進行了十五次考古發掘。石璋如在整理殷墟小屯發掘材料時發現,許多殉葬墓中存在有某些值得注意的現象,其一就是不少人骨上塗有顔色。例如,乙七基址北組墓葬的車馬坑,出土了 5 輛馬車,198 具人骨。其中,馬車前面的 25 具人骨上均塗朱。車馬坑右邊有 27 座無頭殉葬墓(石璋如

---

　　① 石璋如:《殷墟建築遺存的新認識》,第 129—135 頁。
　　② 從考古學上說,遠在商代之前,中國就有在宗教活動中使用顔料的傳統。比如,在北京西南周口店山頂洞人遺址中,屍體周圍就撒有赭石這種紅色顔料。參見中國大百科全書編輯部編:《中國大百科全書:考古學》,北京、上海:中國大百科全書出版社,1986 年,第 433 頁。在整個從公元前 5 千年到前 2 千年的新石器時代,有很多考古證據表明,顔料被用於陶器的彩繪和其他宗教目的。但鑒於我的研究重點是商代,因此其他材料在此就不再引用了。

稱爲"黻墓"），共出土 125 人，其中約 21 具人骨塗朱。[1] 中組墓葬出土約 378 具人骨，其中約百餘具塗朱。[2]這些人骨上的紅色從何而來，現在已經很難確知了，可能是由殉葬者身上的紅色服飾染色而來。石璋如認爲北組殉葬墓裏的人骨可分爲幾個等級：一等一人，二等四人，三等二十一人，四等一百人。從人數上看，這與《周禮・夏官・司馬》所記載的四等兵制接近。而第一等到第三等的人骨上染有紅色，可能與相應等級的服飾顏色有關。

　　1958 至 1977 年間，中國社會科學院考古所對安陽後岡的圓形祭祀坑進行了發掘。[3] 發掘出土了很多陶器、玉器、骨牙器和青銅器等，另外還出土了 73 具人骨。這些人骨分三層埋葬。第一層 25 人，骨骼上都覆蓋着一層鮮豔的朱砂；第二層 29 人，多數人骨上亦有朱砂痕迹；第三層 19 人，沒有朱砂痕迹。這些人骨有男性，也有女性，包括青壯年、兒童和嬰兒。這些人骨上的朱砂，可能是直接撒上的，也可能是撒在墓中沾上的，不是從衣服上染來的。例如，第一層靠東側的一具人架，側身屈肢，全身都有朱砂，這絕對不是從衣服上染來的。這種在人牲身上塗撒朱砂的習慣，可能具有某種特殊意義。[4]

---

　　① 參看石璋如：《小屯第一本：遺址的發現與發掘，乙編：殷虛建築遺存》，臺北：中研院歷史語言研究所，1959 年，第 294—297 頁；《小屯第一本：遺址的發現與發掘，丙編：殷虛墓葬之一，北組墓葬》，臺北：中研院歷史語言研究所，1970 年，第 267、275、284、290、293、298、325、412—415 頁。石璋如承認，無法辨別這些顏料是來自衣服還是直接施於屍體。

　　② 石璋如：《小屯第一本，遺址的發現與發掘，丙編：殷虛墓葬之二，中組墓葬》，臺北：中研院歷史語言研究所，1972 年，第 334—335 頁。

　　③ 中國社會科學院考古研究所：《殷墟發掘報告 1958—1961》，北京：文物出版社，1987 年，第 265—279 頁。

　　④ 補記：2010 年 12 月，作者在中國社會科學院考古研究所又看到了一些新材料，其中包括 2 具完全紅色的人骨，十分均匀，看上去不像是來自服飾或屍體染色。殷人有可能還有將人骨染色的習俗。目前還未對這些實物進行科學分析以辨別其成分和染色過程。

　　再看第二種情況，即正常死亡埋葬。殷人多實行陶棺葬和土坑豎穴葬，並以後者最爲流行。關於商代的葬俗，我們現在大體可以根據考古證據進行復原。一般情況下，只要是初具規模的豎穴葬大都按照一定的程式：備葬穴，立槨室，沉棺木，封頂，置隨葬物，填土。① 當然，身份不同，在營造墓穴和入葬安排上都會有所不同。下面我們根據現有發表資料，把顔色出現的情況大致描述一下。

　　墓葬的形制和大小，由墓主身份決定。大中型墓葬多帶墓道，底部多有腰坑，用來填埋犬靈。中等規模以上的墓葬，一般都有槨室，木條鋪底，四邊用大木條橫疊築成井字形四壁。槨室大小也由墓主身份決定，大型墓葬的槨室有時呈亞字形。墓室和槨室中都發現過顔料，墓底多鋪撒朱砂，有時墓道中也有顔料的痕迹。大司空村一區的 SM116 有一條墓道，墓道的三級臺階上都有朱、黑色彩繪，圖案已不能辨識。我們很難斷定這種痕迹到底是器物或畫幔的印迹，還是直接描繪在臺階上的。② 木槨的四壁也常有彩繪圖案。1934 年，史語所發掘侯家莊西北岡 HPKM1001 大墓時，在正室北西壁上發現一片雕刻的紋飾，全部塗紅色，圖案點綫之間鑲嵌野豬牙；從一些紅底黑綫的油漆脱落層推論，墓室的頂上原來也有彩繪。③ 1976 年，中國社會科學院考古所在小屯村北發掘了兩座殷墓，M18 的槨板繪漆，漆皮厚 0.6 釐米，從漆皮斷面看，以紅漆爲主，間有黑漆，多次髹漆而成；M17 的槨板也是紅黑漆相間，還

---

　　① 參見唐際根：《殷商時期的"落葬禮"》，古方、徐良高、唐際根編：《一劍集》，北京：中國婦女出版社，1996 年，第 50—56 頁。
　　② 《殷墟發掘報告 1958—1961》，第 203 頁。
　　③ 梁思永，高去尋：《侯家莊，第二本：1001 號大墓》，臺北：中研院歷史語言研究所，1962 年，第 26、69 頁。

刻有龍紋。①

　　殷人土葬多用木棺,這是沒有疑問的。但是,絕大多數棺木都已腐朽,很難斷定棺制和用料。不過,我們仍然可以從一些遺存推測出,不少木棺上塗有漆料;有時還描繪有紅、黑、黃、白的圖案。1953 年發掘大司空村時,在墓葬板灰的上下時常見到紅色和黑色痕迹,有的還形成各種圖案。如 M143 在紅底之上繪有黑白相間的三角形花紋,出土時顏色鮮豔。② 1969—1977 年在發掘殷墟西區墓葬時發現,不少木棺上繪有三角形、圓圈、點和其他幾何形裝飾圖案。③ 另外,雖然木棺常有彩漆,具體用色卻並不完全相同。大司空村 SM105 墓所見的彩繪由紅黑構成。小屯西地 GM215 墓的彩繪有紅、黑、黃三种顏色,見於墓底板灰。④ 婦好墓出土木棺殘片上有黑白相間的漆皮,而且可以看出是多次髹漆而成。⑤1990 年發掘的郭家莊 160 號墓,棺、槨上都塗有數層黑、紅、白漆。⑥

　　另外,入殯禮雖然不是落葬禮的一部分,但卻可以在後者中得到反映。在屍體入棺之前,先要用席子或紡織物將屍體包裹,並將一些小的隨葬品隨屍放入。棺底通常要鋪撒一層朱砂,或是將朱砂塗在棺木上,這也是人骨和棺內器物多染上朱砂的原因。另外,

　　① 　中國社會科學院考古所安陽隊:《安陽小屯村北的两座殷墓》,《考古學報》1981 年第 4 期,第 491—518 頁。

　　② 　馬得志、周永珍、張雲鵬:《一九五三年安陽大司空村發掘報告》,《考古學報》第 9 期,1955 年,第 29 頁。

　　③ 　中國社會科學院考古研究所安陽工作隊:《1969—1977 年殷墟西區墓葬發掘報告》,《考古學報》1979 年第 1 期, 第 27—146 頁。

　　④ 　《殷墟發掘報告 1958—1961》,第 209—210 頁。

　　⑤ 　中國社會科學院考古研究所:《殷墟婦好墓》,北京:文物出版社,1980 年,第 7—8 頁。

　　⑥ 　中國社會科學院考古研究所安陽工作隊:《安陽郭家莊 160 號墓》,《考古》1991 年第 5 期,第 390—391 頁。

裏屍布有時亦繪有彩色圖案。例如殷墟西區 M1052 的屍體裏有數層彩繪布，上面的圖案以紅色打底，黑綫勾出輪廓，再用白色和黃色填充；圖案紋飾複雜，類似蟬紋。① 將木棺放入槨室後，可以在棺槨之間放置隨葬品；然後加蓋槨室頂板，填土夯實，修好二層臺。二層臺主要用來放隨葬品；有的墓壁上還刻有壁龕，也用來置放隨葬品。在棺槨的上面，還要鋪放蘆席，或是彩繪畫幔，再放置隨葬品。有的是先鋪席子，放置隨葬品，再蓋畫幔。也有的先鋪畫幔，上置放器物，再蓋蘆席。二層臺上常常可以見到清晰的編織席紋和彩繪布紋。1984 年發掘的殷墟 M260，在墓室填土中發現了一塊彩繪木板。在 M259 中，二層臺上有彩繪織物，爲紅、黃、黑、白色的幾何形。② 安陽市文物工作隊發掘的殷墟戚家莊東 269 號墓，在槨頂二層臺上，發現了一件大型絲織彩繪，雖然已經腐朽，還可以看到絲織網路和鑲嵌物。圖案類似饕餮紋，紅色施底，間有黑、黃色。同一墓裏的槨室也漆有黃、黑、白三色，漆皮厚 1.5—2 釐米。棺木則繪朱紅色。③ 最後把土往墓裏回填時，一般都要分層夯打。在這個過程中，亦可將隨葬品埋入。發掘大司空村 SM301 墓時，在距離墓口深約 1.2 米處發現一塊"花土"。這其實是一塊畫幔的遺留痕迹，黃白相間，上面的紋飾爲黑色綫條勾畫。④

　　殷墟之外的情況也差不多。山東滕州商晚期墓 M4 和 M3，二層熟土臺上保留了部分彩繪圖案。M4 的整體圖案已經不太清

① 《1969—1977 年殷墟西區墓葬發掘報告》，第 41 頁。

② 中國社會科學院考古研究所安陽工作隊：《殷墟 259，260 號墓發掘報告》，《考古學報》1987 年第 1 期，第 99—117 頁。

③ 安陽市文物工隊：《殷墟戚家莊東 269 號墓》，《考古學報》1991 年第 3 期，第 323—352 頁。

④ 《殷墟發掘報告 1958—1961》，第 260 頁。

楚,但仍可看出赭、朱、黄、黑、白多種顏色遺迹。南側檔面的東頭,有黑色構成的兩行交錯的三角形,其兩側又連着紅、黄兩色組成的六個小方塊,相對成行,每個方塊以赭色勾邊,中間以黑色點眼。臺的西邊有黑色勾出的兩行交錯三角形,彩繪面厚約2釐米。出土物中包括鑲嵌用的蚌片,可能是朱漆木器的裝飾。這兩個墓出土的棺面都有彩繪,出土時仍鮮豔;棺底還鋪着厚厚的一層朱砂。① 這些現象,特別是彩繪裏屍布和畫幔的情況十分有趣;充分表現了殷人的藝術行爲與宗教思想。

現在,我們再來看一看隨葬品的情況。商代墓葬出土的隨葬物種類很多,包括陶器、石器、玉器、漆木器、青銅器和骨角器等。這些東西當然都是有顏色的。不過,這裏我只想着重討論人工施色的器物,最典型的例子是漆器、彩繪木器和皮革器。商代的漆木器已經很發達,常用整木雕成,然後上漆彩繪,紋飾圖案也極豐富。1934年發掘西北岡1001墓時,曾在木室頂面層上發現不少所謂的儀仗器物。其中一件雕刻的一頭二身蛇形器,全體塗朱紅色。另有兩件"虎杆",兩頭飾虎紋;由鼻尖沿虎背上至尾端爲白色帶,虎身粗凸出來的花紋亦爲白色,其餘部分爲紅色,虎口間的舌片爲朱紅色。另有一件獸面紋圓形器沾滿紅色。此器的南面有一長方形印迹,面微弧凸,刻有紋飾,染紅色。附近還有兩個同心圓,同心圓的中央和外圍呈黑色,中間一圈呈紅色,可能是盤類器留下的印痕。其他諸如戰車、干盾等器物,也多繪有紅、黑、白色的圖案。奇特的是,一些石刀上除了紅色,還有綠色綫條。② 1969—1979年殷墟西區墓葬中出土了一組石磬,其上也有白色的動物紋飾。③ 值

① 中國社會科學院考古研究所山東工隊:《滕州前掌大商代墓葬》,《考古學報》1992年第3期,第365—392頁。
② 梁思永、高去尋:《侯家莊,第二本:1001號大墓》,第56—67頁。
③ 《1969—1977年殷墟西區墓葬發掘報告》,第103頁。

得一提的還有，殷墟墓葬中還發現了不少朱書墨書的玉石器。①
小屯 M18 墓出土的一件玉戈，援上有毛筆書寫的朱字七個。②

　　關於皮革器，HPKM1004 大墓發現的皮甲比較有趣，可惜出土
時已經腐掉。從存留的印迹看，這些皮甲上應當繪有彩色圖案。其
中一件的圖案分上中下三部分。上半部分邊緣飾紋一周，内側是串
菱紋，中心是卷曲紋。中間部分是紅白相間的繩紋。下半部分圖案
不清楚，但可以看出由紅、黑、白、黃色相配。③ 比較重要的還有
HPKM1217 大墓出土的一面鱷魚皮彩繪木鼓。皮面繪紅色螺旋
紋，鼓身塗滿棕紅色，兩端各飾五條周帶紋。由外向内數，第一、
三、四、五帶稍窄，爲紅色；第二帶稍寬，黑色。在五條周帶以内，有
一道三角波浪紋，紅綠相間。鼓身中部爲饕餮獸面紋。④
HPKM1003 大墓出土了一組有趣的彩繪盾牌。盾牌兩面都有圖案，
雖然剥落得比較厲害，仍可看出紋飾的大概圖樣。甲面爲白底，飾
有一對黃色側身立虎，軀幹及兩足飾白色花紋，耳眉眼則黑、白、黃
相間，看上去生動形象；乙面爲紅、黃、黑相配的方形和圓形圖案。⑤

　　上舉各例，雖然都出自墓葬，但與殷人的日常生活都有密切關
係。我們可以想像殷人的服飾是染過色的。他們使用的器物多繪
有彩色圖案，尤其是漆器等。甚至他們住的房子有時也有彩繪。
例如，1975 年中國社會科學院考古所安陽隊在小屯村北發掘了兩

---

① 孟憲武、李貴昌：《殷墟出土的玉璋朱書文字》，中國洛陽偃師商文化國際研討
會論文，1995 年 5 月。
② 中國社會科學院考古研究所安陽工隊：《安陽小屯村北的兩座殷墓》，《考古學
報》1981 年第 4 期，第 506 頁。
③ 梁思永、高去尋：《侯家莊，第五本：1004 號大墓》，臺北：中研院歷史語言研究
所，1970 年，第 30—33 頁。
④ 梁思永、高去尋：《侯家莊，第六本：1217 號大墓》，臺北：中研院歷史語言研究
所，1968 年，第 25—27 頁。
⑤ 梁思永、高去尋：《侯家莊，第四本：1003 號大墓》，臺北：中研院歷史語言研究
所，1967 年，第 28—34 頁。

座殷墟第四期的建築遺存，其中 F11 是一座地穴式房子，裏面出
土了一塊壁畫殘片，上面繪有紅黑兩種顏色的花紋圖案。① 遺憾
的是此類遺存極爲罕見。

　　從殷墟遺址的情況來判斷，殷人肯定能夠獲得很多顏料。他
們應該還有專門生產顏料的工具和作坊。董作賓在殷墟第二次發
掘中就注意到，一些出土的加工品，包括朱砂和塗色龜甲，可能是
用來製作顏料的：

　　　　塗朱之龜板，見於第一區第 9 坑，此器則自第二區 26 坑得
　　　之。器爲一骨製之小鏟形，長約五分寬二分許。一端塗有朱
　　　砂，疑是調朱用具。於同坑得朱砂粒，如梧桐大，色猶鮮豔。②

　　類似的器物在殷墟出土了不少。1976 年發掘的"婦好墓"中
就發現有玉石製成的調色器：一套大理石和玉質製成的研磨顏料
的臼、杵，出土時沾滿朱砂。另外一件玉製調色盤，也染有朱砂痕
迹。③ 西北岡 HPKM1500 出土的一件大理石質牛首舟形盤，也當
爲調色用具。④ 出土器物中還有不少用途不明的陶質箕形器，可
能也與調製顏料有關。⑤

　　另外還有一類造型獨特的調色器，有一至五個筒眼不等，爲方形、
圓形，或動物形；陶質、石質、青銅都有。殷墟小屯曾出土過兩件陶質

---

　　①　中國社會科學院考古所安陽工作隊：《1975 年安陽殷墟的新發現》，《考古》
1976 年第 4 期，第 263、264—272 頁。
　　②　董作賓：《新獲卜辭寫本後記》，收入《董作賓先生全集甲編》，第 465—548 頁
（最早發表在《安陽發掘報告第壹期》，北平：中研院歷史語言研究所，1929 年）。
　　③　中國社會科學院考古所：《殷墟婦好墓》，北京：文物出版社，1980 年，第
149—150 頁。
　　④　據鄧淑萍女士告知並贈照片，1998 年臺北故宮博物院也入藏了一件白色大理
石的調色器，四孔，柄爲牛首形。應該也是商代的器物。
　　⑤　中國社會科學院考古所：《殷墟的發現與研究》，北京：科學出版社，1994 年，
第 245 頁。瑞典斯德哥爾摩遠東古物博物館藏有一件類似的陶質箕形器，为動物造型。

圖 3－1:殷墟出土陶質調色器

圖 3－2:婦好墓出土調色盤　　　圖 3－3:鄭德坤所藏青銅調色器

圖 3　調色器

圓形器,一件有四個洞眼,另一件有五個洞眼(這暗示了商代至少使用了四到五種顏料),洞眼内都存留有黃、綠、白色等顏料(圖 3-1)。[1]西北岡 HPKM1001 出土了一件石質器,其上有三個殘眼。[2] 20 世

---

[1]　李濟:《殷虛器物甲編——陶器:上》,臺北:中研院歷史語言研究所,1956 年,第 62 頁,把它們專門列為一類(210 式)。

[2]　梁思永、高去尋:《侯家莊,第二本:1001 號大墓》,第 99—100 頁。

紀 50 年代大司空村也發現過一件陶製器，其上只有兩個洞眼。①
動物造型的調色器也很別緻。陳仁濤於 20 世紀 50 年代發表的幾
件商代石雕，第一件爲魚形，背上有一個洞眼；第二件爲牛形，背上
有三個洞眼；第三件爲駱駝形，背上有四個洞眼。陳氏當時不知道
這些石雕的用途。② 現在可以推測，它們很可能就是調色器。婦好墓
出土的一件鳥頭人身石雕，背部有一圓眼，可能也是調色器(圖 3－2)。
哈佛大學福格博物館(現爲賽克勒博物館)藏有一件大理石牛首素身
器，上有四個洞眼。瑞典斯德哥爾摩遠東古物博物館也有一件類似的
大理石獸頭素面器，上有四個洞眼。這幾件可能都出自殷墟。

　　哈佛大學福格博物館還藏有一件動物造型的青銅調色器，獸
頭，四端爲四個圓筒，下部變細，作四足。器身飾龍紋，根據花紋形
制可以定爲商代晚期。其上有五字銘文，鄭德坤釋讀爲"羲子圖廬
考"，並據此認爲商代把調色器稱爲"圖廬"。③ 英國牛津大學東方藝
術博物館也有一件藏品，形制與此相近，原爲溫伯格舊藏，青銅質
地，鴨首，素身。美國聖路易斯藝術博物館有一件藏品，原爲蘭伯格－
大衛斯舊藏，牛首，蟬紋，四個洞眼。類似的調色器也見於西周時
期。端方舊藏中有一件，怪獸頭，飾有蟬紋，有四個洞眼，帶兩字銘
文"子龏"；造型風格爲西周。梓溪發表了一件青銅調色器的綫圖，
三角形，有三個圓筒，蟬紋，定爲西周時期，但未著出處。④ 鄭德坤自
己也收藏了兩件青銅質的調色器，方形，空心，四端爲四個圓筒，底
部縮小爲四立足(圖 3－3)，其中一件有兩字銘文"京册"。加拿大皇

---

　　① 《殷墟的發現與研究》，第 245 頁。
　　② 陳仁濤：《金匱論古初集》，香港，1952 年，第 14 頁。
　　③ Cheng Te-kun: "The t'u-lu colour-container of the Shang-Chou period", *Bulletin of the Museum of Far Eastern Antiquities* no. 37 (1965), pp. 239－250. 鄭氏對銘文的解讀還有商榷之處。
　　④ 梓溪：《青銅器名辭解說》，《文物》1955 年第 11 期，第 77 頁。

家多倫多博物館藏的一件青銅調色器,也是四個圓筒足,形制相近。

商代都使用了哪些顏料呢? 中國學者爲方便起見,常把紅色顏料定爲朱砂,把黑色顏料定爲炭黑,因爲在傳統工藝中,紅黑顏料的質地一貫如此。[1] 調色器洞眼內殘存的各種顏料遺存,爲我們研究商代的顏料提供了第一手資料。20 世紀 50 年代,牛津大學考古實驗室曾對鄭德坤收藏的一件調色器(即帶銘文"京册"的那件)中殘留的顏料做過化學分析,結果如下:

1. 白色粉末:氧化鈣或碳酸鈣。

2. 黑色粉末:炭黑或石墨。

3. 紅色粉末:氧化鐵。

4. 綠色粉末:銅化合物。

這些顏料可能是從礦石中提煉的,不是從植物中獲取的。有趣的是,這些礦物質,尤其是朱砂,也是道教煉金術的主要成分。[2]

下面,我們再考察一下殷人占卜使用甲骨所反映出來的顏色情況。在討論商代卜骨顏色的使用和象徵涵義時,考古學證據發揮着重要作用。考古學家很早就注意到,在牛骨和龜甲表面上塗有顏色。[3] 甲骨上的顏色分爲兩種:一種是契刻之前先用毛筆在甲骨上書寫的朱書或墨書,粗略統計有二十餘件。[4]偶爾還能看到一些用毛筆蘸紅色顏料書寫而未契刻的甲骨。[5] 殷商時期,許多

---

① 中國傳統的顏料分植物顏料和礦物顏料。植物顏料常用在染織生產中,而礦物顏料多用於繪畫和化妝。關於製作顏料的傳統方法,參見王定理:《中國畫傳統顏料的製作》,《美術研究》1991 年第 3 期,第 61—69 頁。

② 有關中國煉金術的更多討論,參看 J. Needham, *Science and Civilization in China*, vol. 5, Cambridge, 1976, Sec. 33, pp. 1 - 20.

③ 吉德煒對該問題作了簡要敘述,見 Keightley: *Sources of Shang*, pp. 54 - 56.

④ 陳夢家:《殷虛卜辭綜述》,第 14 頁,列舉了 22 例。劉一曼:《試論殷墟甲骨書辭》,《考古》1991 年第 6 期,第 546—554、572 頁,共收集了 26 例。

⑤ 例如《丙編》27、66;兩片都用紅顏料書寫,可能是用毛筆。有的字契刻過,有的未契刻。

甲骨刻辭可能都填塗過顔料，只是後來顔色褪掉了。① 另一種是直接把顔色塗抹到刻辭裏，有時刻兆中也填塗顔色。現在，我們用肉眼能分辨出來的顔色有紅、褐、黑三種。從這些有限的材料可以看出，在甲骨上填塗顔色似乎很隨意，與刻辭内容並無明顯聯繫。有鑒於此，一些學者認爲商代甲骨上的顔色只是爲了裝飾。② 至於顔料的成分，一般都認爲紅色是朱砂，黑色是碳素，褐色可能是朱砂中摻雜了其他成分。③ 但是，具體情況可能更爲複雜。20 世紀 30 年代，美國漢學家白瑞華与化學家伯納提・皮其莱合作，在美國首次對甲骨上塗抹的顔色進行了化學分析。分析結果表明，紅色確爲朱砂，黑色就較爲複雜，取樣不同，結果就不同。有的確爲碳素，但摻雜了有機物質。他們推測，裏面甚至有可能摻入了濃縮的血液。④

最有趣的是，武丁時期的一些大版龜甲上，同時填塗朱、墨兩種顔色，並且常常是大字填朱，小字塗墨。⑤ 學者對它們的用途有幾種解釋：(1) 裝飾，(2) 增加可見性，(3) 使其神聖化。商代史料對此没有任何解釋。然而，鑒於商代祭祀反映出來的顔色象徵的

---

① 參看陳夢家：《殷虚卜辭綜述》，第 15—16 頁。

② 比如董作賓：《小屯第二本：殷墟文字乙編》（簡稱《乙編》），南京：中央研究院歷史語言研究所，1948 年；在序中，董作賓描述了甲骨上的染色情況，並説卜辭著色僅是爲了裝飾（見《董作賓先生全集甲編》，第 1151 頁）。吉德煒似乎很贊同董作賓的觀點，參看 Keightley：*Sources of Shang*，第 56 頁。

③ 參看陳夢家：《殷虚卜辭綜述》，第 15 頁。張秉權更加謹慎，他認爲褐色可能是紅色褪色的結果，或者是紅色顔料與黑色墨水混合的結果。參看《丙編》，第 2 頁。據中國社會科學院歷史所精通古代印染技術的王浮先生告知，赭石加熱后可能變成褐色。

④ A. Benedetti-Pichler："Microchemical analysis of pigments used in the fossae of the incisions of Chinese oracle bones"，*Industrial and Engineering Chemistry*，*Analytical edition*，no. 9 (1937)，pp. 149 - 152. R. Britton："Oracle-bone color pigments"，*Harvard Journal of Asiatic Studies*，no. 2 - 1 (1937)，pp. 1 - 3.

⑤ 同上，第 15 頁。除了陳夢家所舉的例子，還可參看《小屯第二本：殷墟文字甲編》（簡稱《甲編》），南京：中央研究院歷史語言研究所，1948 年，第 68、89、121、326、391、933、1015、1165 號；以及《小屯第二本：殷墟文字丙編》（簡稱《丙編》），臺北：中研院歷史語言研究所，1957、1972 年，第 1，42 號。

重要性,我們很難認爲甲骨上填塗顔色只是偶然爲之,也很難相信顔料的使用只是爲了裝飾。著色或許已經成爲商代占卜的一項重要内容。與甲骨的鑽鑿、契刻一樣,著色可能也是占卜的一部分。

我認爲,甲骨著色的涵義,最好置於它所處的巫術—宗教儀禮背景下來理解。流傳已久的"丹書"傳説,可能也與商代傳統有某種聯繫。①《吕氏春秋·應同》:"及文王之時,天先見火,赤烏銜丹書集於周社。"《淮南子·俶真》也説:"洛出丹書,河出緑圖。"古人普遍相信"神力"與"顔色預兆"有關,這或許就暗示了某種顔色的書寫是神聖的。在稍後的傳統中,尤其是方術所用的護身符、符咒或占卜,如果用紅色書寫,就被認爲更好、更有效力。② 皇帝詔書也常常用朱筆書寫。相關的例子還有,山西出土的春秋晉國"盟書",就是用紅、黑兩種顔色書寫的。根據發掘者的觀察,盟誓性的文字主要用紅色書寫,其他如占卜、詛咒之類的文字則用黑色書寫。③

概而言之,考古發掘發現了很多商代宗教生活中使用顔料的證據:墓葬中的顔料,塗色的甲骨,刻辭裏的填色等。特納對那登布人顔色系統提出的假設,對我們理解商代的顔色使用也頗有啓發:巫術—宗教思想不僅促使那登布人爲三種基本顔色賦予了特殊的象徵性,而且促使他們非常勤勉地去發現並製作了這些顔料。顔料不是因爲稀少而珍貴,而是因爲它們被賦予了神秘的宗教性。正是這種宗教性,才促使人們克服萬難去獲得顔料或生產顔料。④

考古學與我們的研究關係密切。用考古學證據來支持商代宗

---

① "丹書"一詞在漢以前的文獻中經常出現,在所謂的"讖緯書"裏記載得更詳細。更多的討論參看勞榦:《中國丹砂之應用及其推演》,《中央研究院歷史語言研究所集刊》第七本第四本,1937年,第519—531頁。

② 《後漢書·方術傳·解奴辜》:"又河南有麴聖卿,善爲丹書符劾,厭殺鬼神而使命之。"

③ 山西省文物工作委員會編:《侯馬盟書》,北京:文物出版社,1976年,第12頁。

④ V. Turner, *Forest of Symbols*, p. 87.

教思想的重建,是一種普遍的研究方法。考古學材料也有助於釋讀甲骨刻辭。甲骨刻辭等出土語言文獻,與非語言的發掘物一樣都是社會生産的産物,都攜帶着各種層面的社會信息。二者結合起來,有助於我們復原當時文化環境的全貌。

考古證據同樣可以作爲一種"文本"來解讀。[1] 殷墟考古中的顔色證據,是以商代潛在的顔色體系爲基礎的無聲文本。我們可以利用考古學證據,結合同時代的文字材料,比如甲骨文金文,盡力復原當時的真實語境。然而,考古證據和文字材料雖然都是商代文化的産物,但是作爲兩種不同的呈現方式,它們的解讀方法不同,所反映的内容也不完全一致。比如,考古證據表明商代已經使用並生産了一種綠色顔料(無聲的實物材料),[2]但是我們在甲骨文中找不到表示綠色的詞(有聲的語言材料)。關於這個棘手的問題,本書第二章有詳細討論。

第三節　甲骨卜辭釋讀的兩個<br>問題：書寫與讀音

## 一、商代書寫

中國書寫的歷史十分悠久,遠遠可以追溯到商朝之前。但是,

---

[1]　更多理論方面的探討,參看 R. Fletcher:"The message of material behaviour: a preliminary discussion of non-verbal meaning." Ian Hodder edit: *The Meaning of Things: Material Culture and Symbolic Expression*, London, 1989, pp. 33 - 40; C. Tilley:"Interpreting material culture", same book as above, pp. 185 - 194.

[2]　在鑒定顔料容器中的樣本時,實驗室給程提供了更多信息:白色物質只是磨碎的石灰,紅色物質是磨碎的赤鐵礦,黑色物質是磨碎的木炭。至於綠色,可能是很多種物質,比如孔雀石。不過,這些都只是猜測。參看 Cheng Te-K'un, "The T'u-lu Colour-Container of the Shang-Chou Period", p. 244.

我們對中國文字起源還有不少懸而未解的疑問。① 大約在公元前
兩千年前的某個時期,書寫語言出現並四處傳播。到了商代晚期,
文字已經高度發展;記錄占卜內容已成了慣例。商朝有很多特色,
其中最重要的就是擁有一批文化人,他們把語言書寫了下來。在
晚商都城安陽發現的龜甲和牛胛骨上的刻辭,毫無疑問是一套成
熟的語言符號書寫系統。在本研究中,我從金文、帛書、石刻和竹
簡上,搜集了很多寫法各異的顏色詞,作爲比較的證據。② 因此這
裏不能不對商代書寫系統的特性做些基本討論。

　　世界上各种早期書寫系統,基本都遵循一種普遍發展的模式。
其發展過程可以分爲兩個階段:首先,表示某個可描述的物體的
文字,是通過描畫該物體來實現的,比如用某個特殊的鳥的圖畫來
表示鳥這個種屬。有時,文字可以通過隨機選定的符號來表示。
其次,是基於假借原則的聲符文字。這種情況更加複雜:(1)文字
可以通過描畫與該字讀音相同的一個物體來表示;(2)文字的某
個部分,通過描畫與該部分讀音相同的一個物體來表示;(3)不在
需要時尋找合適的語音符號,而是形成一套針對該語言中所有讀

---

①　雖然我們還不知道漢字起源於何時何地,但是隨着越來越多所謂"前書寫"
(proto-writing)材料的出土,這個問題或許終有一天會通過考古發掘而得到解決。有
關這方面的最新資料和討論,參看李學勤:《考古發現與中國文字起源》,《中國文物研
究集刊》1985 年第 2 期,第 146—157 頁。也可以參看張光裕: "Recent Archaeological
Evidence Relating to the Origin of Chinese Characters", D. Keightley edit: *The Origins
of Chinese Civilization*, pp. 323‑391. 【按: 這些年有不少新的進展。筆者也對此問題
做過一些討論; 參見 Nicolas Postgate, Tao Wang, Toby Wilkinson: "The evidence for
early writing: utilitarian or ceremonial", *Antiquity* 69: 294(1995), pp. 459‑480. 】
②　在有關中國文字發展的討論中,本研究採用了傳統的四期分法:(a)甲骨文是
晚商遺物(前 13—前 11 世紀);(b)西周金文由商代文字發展而來(前 11—前 8 世紀);
(c)春秋戰國時期(前 771—前 221),在這一時期,除了周王朝主流文字系統之外,還出
現了大量其他地方文字系統。相對獨立的諸侯列國採用了更自由的書寫體系;(d)《説
文》中的篆書,可能是公元前 3 世紀秦朝統一的官方文字系統。本研究的重點是早期文
字,因此不把秦以後的文字列入其中。更多討論,參看唐蘭:《中國文字學》(新一版),
上海:上海古籍出版社,1979 年,第 149—192 頁。

音的語音符號,並固定下來,比如,一套字音表(或字母表)。下一步就是減少符號的發明,規範符號的使用,即建立一套造字標準。①

　　中國人傳統上用"六書"來解釋漢字系統。"六書"最早出現在《周禮》中,②周官"保氏"掌教國子六藝和六儀,其中就包括"六書",但《周禮》沒有對"六書"做更多説明。後來的注疏把六書作爲漢字的分類標準,只是不同的文本在措辭上稍有不同。我也無法迴避從漢字分類的角度,來試着解釋"轉注"和"假借"這個難題。③

　　事實上,只要把早期字形考慮在内,"六書"就能被簡化。唐蘭提出了"三書"的分類理論:(1)象形;(2)象意;(3)形聲。④近年來,裘錫圭進一步修正了"三書"説,他認爲"假借"應是獨立的一類,"象形"和"指事"可以歸納到"會意"(即形意或表意)一項中;⑤"會意"是表詞文字,起源於描述或指示事物。漢字的構形和事物的圖畫一致,更重要的是,漢字的字義可以通過字形表現出來。

　　"假借"是走向真正書寫的關鍵一步:已有字體因與另一個字讀音相同或相近,而被借來表示另一個字。解釋"轉注"比較困難,它的基本特點是:沿着語義和語音兩個維度擴展字族,新字和舊字共享某種關係。

　　在漢字書寫系統中,表示語義範疇或語音範疇的符號和記號,已經固定化,並減少到一定程度,但還没有達到字母的程度。個中緣由必定很複雜。從社會歷史學的角度看,中國社會民族和地理的多樣化,可能阻止了漢語朝語音符號化的方向發展。從語言學

---

①　F. Coulmas:*The Writing Systems of the World*,Oxford,1989,pp. 59–60.
②　見孫詒讓:《周禮正義》卷 26,北京:中華書局,1987 年,第 1010 頁。
③　對"六書"的批評,參看唐蘭:《中國文字學》,第 67—75 頁。
④　參看唐蘭:《中國文字學》,第 75—79 頁。
⑤　參看裘錫圭:《古文字學概要》,北京:中華書局,1988 年,第 104—107 頁。

上説,漢字的單一符號特點,使得漢字更容易採用"意義＋聲符"的
書寫系統。借聲字在漢語中也很常見。一個漢字有兩個或多個義
符、聲符,同一個義符和聲符可能由兩個或多個字符來表示,這在
漢字書寫系統中並不少見。聲符常常同時又是義符,讀音相近時,
義符有時還可能互相替換。美國俄裔漢學家卜弼得(Peter A.
Boodberg,1903–1972)曾經提出,漢字的字素(graph,簡稱 G)、
義符(semanteme,簡稱 S)和聲符(phoneme,簡稱 P)之間的複雜
關係可以大致找出兩種方式:(1)G＝S(1)P(1)＋S(2)P(2);
(2) SP＝G(1)＋G(2)。[1]

　　最重要的啟示是,漢字在早期階段,就沿着獨特的方向發
展;"形聲"原則(即"象聲"或"諧聲")開始頻繁使用;大部分漢字
都是按照"形聲"原則構成的。形聲字往往包含兩個元素:表意
符號和表聲符號。在漢字發展中,"形聲"原則逐漸占據了主導
地位。

　　然而,這個過程並不是表意符號和表聲符號簡單的結合。正
如裘錫圭所説,它可能是通過四種方式來實現的:[2](1) 在象形字
上增加聲符;(2) 把原來象形字中的某個部分轉變成聲符;(3) 在
聲音假借字上增加表意符號;(4) 通過替換舊字的元素,來創造新
的形聲字。

　　目前,關於中國文字的性質有很多不同的爭議:象形文字
(pictographic writing),表意文字(ideographic writing),標識文字
(logographic writing),語素文字(morphemic writing)和音節文字

---

　　[1]　P. Boodberg:"Proleptical Remarks on the Evolution of Archaic Chinese",
*Harvard Journal of Asiatic Studies*,no. 2(1937),pp. 329–372.
　　[2]　參看裘錫圭:《古文字學概要》,第 151—156 頁。

(syllabic writing)。① 學者之間很難就中國文字到底是哪種類型達成共識。我這裏的任務不是要澄清這些理論和術語——這個問題還是留給語言學家爲妙。但是,爲了解釋商代甲骨文中的顏色詞,我們有必要了解甲骨文書寫系統的特性,以及象形符號和語音系統是如何在特定規則下運作的。

　　甲骨文是一種成熟的書寫系統,它無疑是中國現代書寫系統的祖先。中國現代書寫系統在很多方面都反映出甲骨文系統的特徵。不過,甲骨文是早期文字,因此可能包含了現代書寫系統沒有的某些特徵。② 與現代漢字相比,甲骨文的字意和字形問題更加複雜。

　　首先,甲骨文中有大量象形元素,這是毫無疑問的。但是事實上,很多商代的象形或表意字也有語音元素。試舉一例,正如于省吾所説,"羌"在甲骨文中寫作个,是個象形字,表示頭上飾有羊符的人;這表現了遊牧部落身穿羊皮的古老傳統;但是,羊符可能同時也用作讀音符號。③ 甲骨文裏的顏色詞"赤"和"幽",通常被視爲會意字;然而,我在後面將要談到,它們的義符可能同時也具有聲符的功能。

　　另外,通過查看甲骨文中大量的形聲字——這些形聲字通常是從帶有聲符的象形字轉變而來——我們能找到更多的綫索,來詳細説明書寫系統中字形、字音和字義之間的相互關係。最特殊的問題是,商代甲骨文中有一種特殊字"合文"。"合文"通常包括

---

　　①　參見 J. DeFrancis:*Visible Speech: The Diverse Oneness of Writing Systems*,Honolulu,1989,esp. pp. 89-121.

　　②　參看李孝定:《從"六書"的觀點看甲骨文字》,《南洋大學學報》1968年第2期,第529—560頁。他制定了一個包括1 226個甲骨文字的表格,其中27%是形聲字,11%是假借字,23%是象形字,32%是複合表意字,另外6%難以歸類。

　　③　于省吾:《甲骨文字釋林》,北京:中華書局,1979年,第435—443頁。

兩個或多個漢字,但同時又是一個獨立的漢字。大多數"合文"是專有名稱、數字、月份、日期、獻祭等習語。比如,祖先"上甲"的名字就寫作合文"⊞"。

問題是:甲骨文中的"合文"應該怎么讀? 是單音節字還是多音節字? 在多數例子中,甲骨文字都讀爲一個音節,這是因爲現代漢語中的漢字都是單音節字。不過,這個假設不可能完全適用於甲骨文。

我們再引用一個于省吾研究過的例子。甲骨文中有以下幾個字:凷、凵、凵、凵。這些是表示各種動物或人被困於陷阱中的象形字。它們有一個相同的含義:埋沉祭祀犧牲。根據推測,它們的聲符可能就是"凵",這個符號表示陷阱,讀爲"坎"。①

原則上來説,這些漢字雖然字形不同,但都表示一個字"坎","凵"既是義符又是聲符;所有這些字都只是"坎"的異體字。不過,我們還要考慮到另一種可能:當"坎"中的義符變成表示鹿、狗、牛、或人的不同圖像,它的字義可能也就變了,可能讀爲兩個字。比如,凷讀爲"坎牛",凵讀爲"坎鹿"。在這種情況下,這些字雖然寫作一個獨體字,卻讀爲多個音節。

美國東方學會 1954 年 4 月 13 日召開的第 164 屆會議上,語言學家喬治·肯尼迪(G. Knnedy)發表了一篇小短文,提出了甲骨文中可能存在多音節字的設想。他認爲,人們本以爲應該有象形符號而其實沒有的那些字,在現代語中常是多音節字,並且可能一直都是多音節字。肯尼迪的觀點因爲沒有確鑿證據支撐,很大程度上就被人們忽視了。②

近年來,裘錫圭也提出了同樣的問題,他更明確地認爲有些甲

---

① 見于省吾:《甲骨文字釋林》,第 270—275 頁。一些學者讀爲"埋"。參看李孝定:《甲骨文字集釋》,臺北:中研院歷史語言研究所專刊,1965 年,第 221—223 頁。

② G. Kennedy: *Selected Works of George A. Kennedy*, Li Tianyi ed. , New Haven, 1964, pp. 238-242.

骨字應該讀爲多音節字。裘氏列舉了更多例子,證明在甲骨文中,一個字有時可以通過改變義符而變成兩個字。① 比如,"登"字一般寫作"鼎",包括兩部分:"豆"表示食器,雙手之形表示供奉;但當供奉的是酒而非食物時,"豆"的元素就被另一個元素替換而變成"鼎"。② 甲骨文中的不少形聲字,其實是從"合文"演變而來的;③可能也是從多音節向單音節過度的證據。

　　甲骨文中出現的顏色詞"🐂",可能就是類似的"合文"變成"形聲"的例子。笔者發現,在幾片早期卜辭中,它以兩個獨立字"瀯牛"的形式出現,"瀯"用作形容詞。但到了晚期卜辭中,"瀯牛"變成了合文,寫作一個單字"🐂",釋作"騂",但可能讀作"騂牛",意爲"紅黃色的牛"。在傳世文獻中,"騂"又變成一個形聲字,做形容詞用。

　　另外一個顏色詞"勿"也是如此。"勿"本身可能是表示雜色的獨立漢字;但是,多數情況下,它用來修飾動物的顏色,尤其是牛的顏色,且常寫作合文"物"。因此,當 "勿"和"牛"這兩個元素寫在一起時,就很難把它與後來的形聲字"物"("牛"=形符,"勿"=聲符)區分開來。

　　概而言之,首先根據普通語言學原理,把甲骨文看作一個表示語言的書寫系統是合理的。現代語言學的鼻祖索緒爾,他在《普通語言學教程》裏認爲"語言和書寫是兩種截然不同的符號系統,書寫存在的唯一目的是表現語言"。④ 多數現代語言學家都贊同他的觀點。然而,書寫系統有一些特殊性;研究中國的文字書寫更是

---

① 裘錫圭:《釋坎》,《古文字論集》,北京:中華書局,1992 年,第 48—49 頁(首次發表在《古文字研究》第 4 期,1980 年)。

② 裘錫圭:《漢字形聲問題的初步探索》,《中國語文》1978 年第 3 期,第 168—169 頁。在這篇文章中,他還認爲"牢"和"宰"不同,它們可能都應讀爲兩個字。

③ 唐蘭已經指出過,後來的形聲字中,很多都是從"合文"發展來的。參看他的《中國文字學》,第 96 頁。

④ De Saussure:*Course in General Linguistics*(C. Balley, A. Sechehaye ed. with the help of A. Redlingger. english editon, W. Baskin, London,1960), p. 23.

如此。一方面,語言和書寫之間的關係必然表現爲:書寫是語言的表示,書寫存在的根本是語言的延伸。另一方面,從技術的角度來看,書寫是圖畫的延伸,尤其是平面藝術的延伸;它跟語言並不同源。因此,正如牛津大學語言學教授哈理斯(R. Harris)在他關於文字起源的書裏所説的那樣,在口頭語之外,還獨立存在着一個書寫系統的發展,這也不是不可能的。①

根據現有的材料,我們很難判斷商代書寫和商代語言是如何協調的。一種書寫系統被創造出來之後,就會隨着使用者的意圖而變化。因此,我們需要特別關注變化背後的動機和文化背景。例如,我們都比較熟悉的"饕餮"一詞,原是雙聲連綿詞,可以用不同的字來表示。只是到了後來,該詞與"饕餮"神話結合起來(傳説中饕餮是一個古代貪食的部落的後代),才在字形上添加了"食"的會意符號,成了"饕餮"一詞的標準寫法。這已經從語言學進入了文化學的領域。②

## 二、商代語音

在商代書寫系統中,義符和聲符在文字的創造和應用中共同起作用。因此,熟悉基礎音韻學知識,是我們成功釋讀甲骨文的必要條件。然而,笔者在這裏討論商代語音,不是为了重建商代的音韻學體系,顯然這需要花費更多時間和更多集體努力。可以斷言,商代語音的很多特點,在很長一段時期内還將是未解之謎。不過,這裏仍然要提到商代語音的幾個基本問題,這與下章甲骨文中的

---

① R. Harris: *The Origin of Writing*, Illinois, 1986, p. 150.
② 有關討論,可以參看我的論文 Wang Tao: "A Textual Investigation of the taotie", R. Whitfield edit, *The Problem of Meaning in Early Chinese Ritual Bronzes*, London, 1993.

顏色詞的考釋有直接關係。

第一個問題是：我們是否可以把擬構的周代音韻系統運用到商代材料上？精確重建古代音韻體系（即公元前 10 世紀前後的周代標準語言），已經被普遍認爲是可行的。可是，在這之前的"遠古"、"前古"，或是稱爲"原始漢語"（proto-Chinese）的面貌尚不清楚。當然，甲骨文中已經有不少諧聲和通假字，這是我們理解商代語音的綫索。從這點看，所有重建古代音韻學的學術著作，對於我們研究商代語言是很有幫助的。①

把周代的語音系統運用到商代文字考釋，需要一個假設的前提，即周人的語言與商人的語言一脈相承。即傳統文獻所說的，周承商制。周人克商后，繼承了大部分商代文化和制度，包括商人的書寫系統，以及他們的"雅言"（即標準語音）。然而，在比較商代語言和構擬的周代語音系統時，不能想當然地認爲它們是完全一致的。在一致性的主流之外，可能還發生了某些改變。語音變化的原因有很多，其中一種解釋是"語言學基質論"，即新來者爲現存語言系統帶來了某些改變。② 儘管現在漢語習慣上被認爲是漢藏語系的一種，但是考慮到漢語的複雜性，把它視爲一種在不同時期受到多種因素影響，或包括不同時期的多種因素的語言，或許是更明智的做法。

多年以來，語法學家、語音學家和詞典學家都對漢語孤立又矛盾的屬性，感到迷惑不解。正如漢學家羅傑瑞（Jerry Norman）指出的：

> 從地理學的角度來看，漢語是介於無音調、多音節的北亞阿勒泰語系，和有音調、單音節的東南亞語系之間的一種語

---

① 不同的學者對古漢語的重建體系有很大出入。有關漢語語音發展的更多討論，參看張世祿：《中國音韻學史》，上海：商務印書館，1938 年；王力：《漢語語音史》，北京：中華書局，1985 年，尤其是第 17—81 頁。

② 參見 L. Bloomfield: *Language*, New York, 1933, chap. 2, esp, pp. 369 - 391. 王力：《漢語語音史》，特別是第 644—774 頁。

言;從類型學的角度來說,漢語也居於這兩個地區兩種語系中間的位置。[①]

古人必然曾與其他語種的人有所交流,很多漢字可能就是從外來語演變來的。我們很難判斷商代語言與侗臺語族、苗瑤語、孟高棉語、阿勒泰語、藏緬語系之間的關係,但是研究漢語與這些近親語系之間的親緣關係,倒是很有用的。[②] 爲了理解商代語言,我們有必要先重新研究古代銘文的所有證據,以及其他相關語言,如藏語、緬甸語、泰語,尤其是歷史上與中國毗鄰的少數民族的語言的相關證據。

從歷史的角度來看,周克商後,繼承了商人的書寫系統,但文字在新的語音環境中可能改變讀音,就像漢字在日語裏有着不同發音一樣。在這段轉變時期,語音發展的一個可能情況就是:周人的語言,是異於商代語言的一種語言或方言。一些學者曾經指出,漢藏語元素可能只構成了漢語的一個基質,並且這個基質有截然不同的來源。從歷史學角度來看,周人的語言可能是一種漢藏語,商人的语言可能不是漢藏語,周人的语言與商人的语言結合了起來,甚至融入其中。[③]

因此,研究商代音韻,難度更大。最棘手的問題是:研究商代語音的材料,與研究周代語音的材料,並不完全相同。構擬周代語音主要有四個材料來源:(1)早期文獻中的諧聲字;(2)傳世的早期文獻,如《詩經》中的押韻;(3)八世紀以來流傳至今的韻書和韻圖,如《切韻》;(4)現代方言以及與漢語相關的外語。

---

① Norman:*Chinese*,Cambridge,1989,p. 12.

② 更多討論參看 E. Pulleyblank, "The Chinese and Their Neighbours in Prehistoric and Early Historic Times", D. Keightley ed. : *Origins of Chinese Civilization*, pp. 411-466.

③ 參看 Paul Benedict:*Sino-Tibetan: A Conspectus*,Cambridge,1972,p. 197. 岑仲勉:《從漢語拼音文字聯繫到周金銘的熟語》,《兩周文史論叢》,上海:商務印書館,1958 年,第 192—225 頁。

一些學者構擬的上古音系統是很有用的。傳統音韻學的長項是分韻分部；真正的擬音始於 20 世紀的歐洲學者，如法國漢學家馬伯樂(Henry Maspero)和瑞典漢學家高本漢 (B. H. Karlgren)。高本漢的影響最大，特別是他的《漢文典》(Grammata Serica)，至今仍有參考價值。漢語作爲一種音節文字，其内部的音節結構分析是關鍵問題。從語音内在的一致性來看，中國學者李方桂(1902—1987)修訂了高本漢的系統之後構建的系統，可能仍然是比較合理的系統，也被多數學者接受。① 根據李方桂構擬的系統，上古音有 27 個聲母：②

| 唇　音 | p-(幫) | ph-(滂) | b-(並) | m-(明) |
|---|---|---|---|---|
| 齒　音 | t-(端) | th-(透) | d-(定) | n-(泥) |
| | | | l-(來) | r-(日) |
| 齒塞音 | ts-(精) | tsh-(清) | dz-(從) | s-(心) |
| 軟顎音 | k-(見) | kh-(溪) | g-(群) | ng-(疑) |
| 圜唇軟顎音 | kw- | khw- | gw- | ngw- |
| 喉　音 | (ying)影 | | | h-(xiao)曉 |
| 圜唇喉音 | ? w- | | | hw- |

① 有關李方桂的上古音理論，參看李方桂：《上古音研究》，《清華學報》(新)第 9 卷第 1、2 期合刊，1971 年，第 1—61 頁；《幾個上古聲母問題》，《總統蔣公逝世紀念論文集》，臺北：中研院，1976 年，第 1143—1150 頁；"Archaic Chinese"，D. Keightley edit：*Origins of Chinese Civilization*，pp. 393 - 408。李氏的古音構擬系統被 A. Schuessler (薩斯勒)編的 *A Dictionary of Early Zhou Chinese* (Honululu，1987)所採納。我在進行古音復原時參考了李方桂以及其他學者擬擬的古音系統。

② 一般認爲，中古音有 36 個聲母，上古音要少一些。李方桂也多次修改自己的系統，在"Archaic Chinese"一文中，他列出了 32 個輔音。

他認爲古代漢語的輔音系統很複雜，關鍵是有複聲母存在。一些學者還構擬出由三個或四個輔音單元構成的輔音系統，而且，如果構擬是由兩個不同的輔音單元構成的輔音，那麼在不同的輔音單元之間就可能有一個半元音，可能是多音節讀音。上古音裏複輔音的研究主要是依據古代諧音字，與藏緬語系和現代方言的比較。例如，在他的論文中，嚴學君還引用了趙炳軒對山西方言的研究，提供了很多在普通話中是單音節，而在山西太原方言中卻是多音節的例子。[①]

另外一個具有創見性的研究者是加拿大漢學家蒲利本(E. G. Pullyblank)。他在《上古漢語的輔音系統》中不僅提出了獨到的見解，還建立了利用文獻中的漢語語音資料來研究古代匈奴語的方法論。[②] 蒲利本後來又提出了一個新說，認爲 22 個干支字實際上是一套拼音字母，可以分爲兩類：十二個清輔音，十個濁輔音。十個濁輔音中，有六個鼻音，四個非鼻音。十二個清輔音中，有八個不送氣塞音，四個摩擦音：[③]

| A　　類 | B　　類 |
|---|---|
| ? w(甲) | ? j(乙) |
| hw(丑) | hj(申) |
| kw(己) | kj(庚) |
| ngw(未) | ngj(午) |

---

① 比如嚴學宭：《周秦古音結構體系(稿)》，《音韻學研究》第一輯，北京：中華書局，1984 年，第 92—130 頁。

② E. G. Pullyblank："The consonantal system of Old Chinese"，*Asia Major*，no. 9 (1962)，pp. 58 - 144,206 - 265. 蒲立本，唐史專家，早年任職於倫敦大學亞非學院。

③ E. Pullyblank："The Chinese Cyclical Signs as Phonograms"，*Journal of American Oriental Studies*，no. 99 (1979)，pp. 24 - 38. 爲了與李方桂擬音進行對比，我對他使用的語音符號做了一些改動。

續　表

| A　類 | B　類 |
|:---:|:---:|
| rw(亥) | rj(辰) |
| tw(癸) | tj(丁) |
| sw(戌) | sj(辛) |
| nw(戊) | nj(寅) |
| lw(酉) | lj(巳) |
| pw(丙) | pj(子) |
| mw(卯) | mj(壬) |

　　這些關係表明,在最初的語音體系中,輔音可能是成對的。蒲利本進一步認爲,這22個干支字最初就是上古漢語中表示輔音的音標符號,而且可以跟他構擬的二元音系統相配合。他認爲上古漢語中可能只有兩個主要元音:-ə-和-a-。二者都在唇音、齒音和軟顎音這些塞音前面。[1] 蒲利本對上古漢語韻尾的構擬太過簡單,似乎有過多推測成分。但是,他的假説如果成立,對我們研究商代的音韻學將産生突破性的推動。[2]

　　現在,我們再來看看古代漢語韻母系統的構擬,這裏的問題更多。傳統上,中國學者都試圖把韻尾分爲陰、陽、入三類,來解釋它

---

[1]　E. Pullyblank,"The Final Consonants of Old Chinese",*Monumenta Serica*, no. 33[1977、1978](1980),pp. 180 - 206. 雖然一些學者不贊同他的理論,但是這種結構主義方法論確實爲研究《詩經》押韻系統中的元音和韻尾的分佈,提供了一個相對簡便的方法。

[2]　蒲立本爲中譯本寫了一篇序文,對"干支字母説"頗爲自信。他説:"許多細節尚需探討,但是我堅信,這個假設的内部一致性正是其正確性的必要保證。要想在很早階段漢語語音系統的建立方面取得實質性的進展,要想理解這種語言的内部結構,而且把這種語言跟其他語言進行比較,弄清其史前的親緣關係,這個假設都爲我們提供了最好的希望。"蒲立本:《上古漢語的輔音系統》(寫在《上古漢語的輔音系統》之後),潘悟雲、徐文堪譯,北京:中華書局,1999年,第199頁。

們的相互關係。現代學者意識到韻部的分類不等於韻母系統；它們之間主要區別在於它們的語音結構，比如元音的分佈。因此，各家都對韻母結構中的元音做了構擬。李方桂構擬出四個主要元音：

　　　　高元音：-i-, -u-

　　　　中元音：-ə-

　　　　低元音：-a-

　　和三個複合元音：

　　　　-ia-, -iə-, -ua-

　　李方桂認爲這些元音似乎能夠解釋大部分語音發展。他還構擬了唇音、齒音、軟顎音和唇齒音這些塞音韻尾，沒有以元音收尾的字。下表是根據李方桂的構擬繪製的：

| | 陰 | 陽 | 入 |
|---|---|---|---|
| I | | -əm(侵) | -əp(緝) |
| II | | -am(談) | -ap(葉) |
| III | -əd(微) | -ən(文) | -ət(物) |
| IV(ⅰ) | -ad(祭) | -an(元) | -at(月) |
| IV(ⅱ) | -ar(歌) | | |
| V | -id(脂) | -in(真) | -it(質) |
| VI | -ig(支) | -ing(耕) | -ik(錫) |
| VII | -əg(之) | -əng(蒸) | -ək(職) |
| VIII | -ag(魚) | -ang(陽) | -ak(鐸) |
| IX | -əgw(幽) | -əngw(冬) | -əkw(覺) |
| X | -ug(侯) | -ungw(東) | -uk(屋) |
| XI | -agw(肖) | | -akw(藥) |

　　爲了解決聲母與韻母的配合問題,李方桂構擬了兩個主要介音-j-和-r-。他認爲介音不僅會使前面的輔音腭化和捲舌化,也會影響後面的元音:介音-j-使後面的元音向上及向前移動,而介音-r-使後面的高元音和中元音下降,或使後面的低元音上升至中央位置。中國語音學家李新魁認爲,有三個介音-j-、-r-、-w-;介音可能是複輔音聲母的依附成分,不是獨立的音類。他認爲-w-只依附於一等、二等、四等的唇音和軟顎音;-r-只依附於二等的齒擦音和齒音,使之變成捲舌音;-j-主要依附於三等的所有唇音、齒擦音、齒音和軟顎音,並使之腭化;-j-還能影響元音和韻尾。因此,他把輔音分爲兩大類:以-j-開頭的軟輔音,不以-j-開頭的硬輔音。李新魁認爲,舌擦音可能是從"腭化"的齒音發展來的。①

　　除了聲母韻母之外,上古漢語的聲調也是學者們討論的對象。② 近來,中國學者鄭張尚芳的上古音研究引人注目;他在王力理論的基礎上發揚光大,自成一家之說。③ 美國學者包擬古(N. Bodman)根據漢藏語言的特點,構擬了一套上古音系統,也頗有可取之處。④ 包擬古的學生白一平(W. Baxter)進一步修正了李方桂的系統,構擬出六個元音:-i-、-ɨ-、-u-、-e-、-a-、-o-,沒有複合元音。他也剔除了李方桂構擬的韻尾輔音-g-、-gw-、-d-、-b-、-r-,以及唇顎音。他認爲中古漢語的很多-jang-音是從上古漢語的-ieng 韻

　　① 參看李新魁:《漢語音韻學》,北京:北京出版社,1986 年,第 369—413 頁。李方桂也認爲舌擦音是從腭化的軟顎音發展來的:﹡＜krj-＞ts-;﹡khrj-＞tsh-;﹡grj-＞dz-;﹡hrj-＞s-。參看李方桂:《上古聲母》,第 1145—1150 頁。

　　② 參看平山久雄:《漢語聲調起源窺探》,《語言研究》1991 年第 1 期。

　　③ 按:鄭張尚芳的論文多發表在二十世紀九十年代。他的代表作《上古音系》於 2003 年由上海教育出版社出版。

　　④ 參看 N. Bodman,"Proto-Chinese and Sino-Tibetan: Data Towards Establishing the Nature of the Relationship", F. van Coetsem and L. Waugh edit: *Contributions to Historical Linguistics*,Leiden,1980,pp. 134 - 199.

發展來的。白一平的構擬，似乎與藏緬同源語和元音、韻尾的分佈更契合。[①] 法國學者沙加爾（Laurent Sagart）對白氏的構擬又有所修改和補充；更可貴的是，他還利用他對"漢藏南島語系"的研究成果，構擬了一批上古詞彙的詞根。這些都值得古文字研究者借鑒。[②]

另外，張琨和張謝蓓蒂夫婦對上古漢語韻尾系統的研究，對我們理解上古漢語也很有參考價值。[③] 在討論所謂的"上古漢語"與"切韻"系統的關係時，他們認爲現代學者構擬的古音韻尾大都是根據《詩經》中的押韻得來的，《詩經》押韻反映了一個統一的語音系統。這個系統代表了周代的標準語音，主要在黃河中游地區使用。但是《切韻》系統不是一個連續的、自然的語音系統，而是多個不同系統，尤其是南音系統的混合體。

按照張琨和張謝蓓蒂的觀點，中國語音史不是直綫形發展的；《詩經》的押韻常常與《切韻》系統相符，因此，《切韻》系統雖然比《詩經》系統較晚，但對於古音韻尾的構擬還是很有用的。有趣的是，他們得出了一些剛好與上述研究結果相符的結論。比如，在他們所謂的"非詩經"類型傳統中，《詩經》系統中的很多"元"韻字，在《切韻》的"真"韻和"殷"韻中都能看到。《詩經》和《切韻》都有 $*$-am 和 $*$-əm 兩個韻部，《詩經》中的 $*$-əm 部字，在《切韻》中仍然屬於-əm 部，但是《詩經》中的 $*$-am 部字，在《切韻》中則分屬於-am 和-əm 兩個韻部。[④] 如果把各種方音也考慮在內，張琨和張謝蓓蒂

---

① 參看 W. Baxter "Some Proposals on Old Chinese Phonology", F. van Coetsem, L. Waugh 編：*Contributions to Historical Linguistics*, pp. 1 - 33. 他最近還出版了一本 *A Handbook of Old Chinese Phonology*, Berlin/ New York, 1992, 是他對上古音韻學研究的集大成之作, 書中詳細説明了他構擬的古音系統。

② L. Sagart：*The Roots of Old Chinese*, Amsterdam/Philadelphia, 1999.

③ Zhang Kun, Betty Zhang：*The Proto-Chinese Final System and the Ch'ieh-yun*, 臺北：中研院歷史語言研究所專刊甲種二十六號, 1976 年。

④ 同上，第 13—26 頁。

的構擬是很值得讚賞的。一些古代南方著作如《楚辭》和《老子》的押韻，與《詩經》中的押韻就不同。比如，《楚辭》中，冬、之、魚、真部的字，與陽、幽、侯、耕部的字都能押韻。①

　　周代的語音資料還是比較豐富的。相比之下，商代除了甲骨文資料、一些零星的石刻銘文和青銅器銘文，就沒有其他同時代的語音資料了。商代也沒有韻文流傳下來。因此，研究商代音韻只能根據甲骨文本資料，比如甲骨文中的同源字、諧聲字和假借字等。與押韻相比，諧聲系統可能代表了一個更早的語音階段。② 通過研究諧聲字，我們很快就發現，商代的語音系統與周代的語音系統並不完全相同。用構擬的周代音韻來解讀甲骨文，有時就顯得過於狹窄而無法讀通：分到不同韻部的甲骨字，字源可能相同；商代的諧聲字經常與後世的語音分類系統相抵觸。③

　　例如，商代甲骨文的一些證據表明，語音在商周之際可能發生了一次轉變，主要元音從-ə-變成-a-。古文字學家唐蘭曾認爲，"真"部和"元"部在上古音中有聯繫。④試舉一個顏色詞爲例，甲骨文中"黑"（＝堇）屬上古"見"母"職"韻，構擬的讀音是 *kjən，然而後來很多從"黑"的諧聲字卻屬於不同的韻部，比如"嘆"<*h(w)an，"難"<*n(r)an，都屬於"元"韻；甲骨字"堇"在周代金文中還與"黄"

---

　　① 董同龢：《與高本漢先生商榷"自由押韻説"兼論上古楚方音特色》，《中央研究院歷史語言研究所集刊》第七本第四分，1937 年，第 533—543 頁。

　　② 有關利用諧聲字重建古音的更多討論，參看喻世長：《用諧聲關係擬測上古聲母系統》，《音韻學研究》第一輯，1984 年，第 182—206 頁。

　　③ 參看趙誠：《商代音系探索》，《古代文字音韻論文集》，北京：中華書局，1991年，第 178—189 頁（首次發表在《音韻學研究》第一輯，1984 年）。趙誠根據甲骨文中的同源字所做的初步研究表明，重建的周代語音系統中有很多可區分的語音，在商代是不分的。商代語言的特點可能沒有在周代語言中保存下來。

　　④ 參看唐蘭：《殷虛文字記》，第 79—81、86 頁。

＜* gwang 混淆。① 如果我們承認這不是偶然的變化,而是一種正常的語音轉變,那麼它可能反映了一個重要的語音發展過程。

除了甲骨文資料,本書還使用了古代銘文等文獻材料來研究上古音系統。這是很有必要的,因爲我們研究的是非常古遠的語言,而商代又没有留下語音磁帶。但是,我們也須牢記這種方法是有弊端的。正如索緒爾指出的:我們無法得知書寫和語音之間的精確關聯;語音的變化,可能會因語言符號的任意性而形成新字。② 總而言之,重建古代語音體系,不是要完全復原一門已經消失的語言,而是要爲其提供最合理的假設。系統地比較商周的語言材料,需要以令人信服的方式進行。閱讀商代甲骨文,一定要牢記商代語言的很多特點還不清楚。然而,在討論甲骨文中的顔色詞以及它們詞源關係的發展時,我們仍然需要用周代的語音知識做指導。

## 第四節　殷墟甲骨卜辭新的分類和分期
## 理論：貞人組和兩系説

無論是作爲出土文物,還是歷史文獻資料,甲骨文的斷代和分期都是一個不可避免的首要問題。我們首先列出商代的世系表:

前王朝時期:
(1) 上甲
(2) 報乙
(3) 報丙
(4) 報丁
(5) 示壬

(6) 示癸
前安陽時期:
(7) 大乙
(8) 大丁
(9) 大甲
(10) 卜丙

---

① 這個問題我將在第二章中將做更多討論。
② F. De Saussure: *General Linguistics*, esp. pp. 23 - 32、151 - 152.

(11) 大庚　　　　　　　(24) 盤庚

(12) 小甲　　　　　　　(25) 小辛

(13) 大戊　　　　　　　(26) 小乙

(14) 吕己　　　　　　甲骨刻辭時期：

(15) 中丁　　　　　　　(27) 武丁

(16) 卜壬　　　　　　　(28) 祖己

(17) 戔甲　　　　　　　(29) 祖庚

(18) 祖乙　　　　　　　(30) 祖甲

(19) 祖辛　　　　　　　(31) 廩辛　康丁

(20) 羌甲　　　　　　　(32) 武乙

(21) 祖丁　　　　　　　(33) 文武丁

(22) 南庚　　　　　　　(34) 帝乙

(23) 象甲　　　　　　　(35) 帝辛

安陽時期：

　　這個世系表是根據《尚書》、《史記》、《竹書紀年》等傳世文獻，結合甲骨文材料制定的。此表只是一個草擬的綱要，詳細的年代表目前尚未制定出來。①

　　甲骨刻辭大多出土於殷墟。目前，最早的甲骨文可以斷定爲商

----

　　①　關於商朝統治的時間，前人做過許多推測。參看董作賓：《殷商疑年》，《董作賓先生全集甲編》，第 113—134 頁(最早發表於《中央研究院歷史語言研究所集刊》第七本)。西方學者中也有幾種不同的説法。參看 David Keightley：*Sources of Shang History*，第 228 頁)。【按：目前比較成熟的是中國國家項目夏商周斷代工程的結果：夏朝：前 2070—前 1600，商朝前期：前 1600—前 1300，商朝後期：前 1300—前 1046；周滅商的絕對年代爲公元前 1046 年。外國學者有不同意見，例如 David Nivison(倪德衛)認爲，周滅商的年代是公元前 1045 或前 1041；參看 "The Dates of Western Chou"，*Harvard Journal of Asiatic Studies*，no. 43 (1983)，pp. 481 - 580，and "1041 as the Date of the Chou Conquest"，*Early China*，no. 8 (1982、1983)，pp. 76 -78. 另外還有他用中文發表的《竹書紀年解謎》，臺北：華藝數位股份有限公司(Airiti Press)，2009 年。】

代晚期武丁之世;最晚的爲帝辛時代。在對甲骨文進行分期時,早期學者都試圖把它分到各個王統治時期。該理論是董作賓於 20 世紀 30 年代提出的,其理論基礎是假定每個王時期只有一種類型的甲骨刻辭。董氏把甲骨文分爲五期,並把每一期定位到某王時期:

第一期: 武丁时期

第二期: 祖庚、祖甲时期

第三期: 辛、康丁时期

第四期: 武乙、文丁时期

第五期: 帝乙、帝辛时期

董氏是對殷墟甲骨文進行系統分期斷代的第一人。他的"五期斷代法"極大地促進了甲骨文的研究。[1]

不過,後來很多學者對董作賓的"五期分法"提出質疑,並提出了建立新的分期理論: 把甲骨文分成兩大貞人系統和若干貞人組。新理論認爲,不同貞人組卜辭之間的關係和發展,是理解占卜系統的關鍵。一方面,新理論可以對甲骨文進行更細緻的分期;另一方面,新理論還能更清楚地解釋不同貞人組卜辭之間的關係,以及商代祭祀系統的發展。

儘管新理論還未被完全接受,但它爲甲骨文釋讀和分析開闢了新的視野。我的研究採用了新的分類分期方法。下面有必要對其進行簡單評介。

新的斷代理論與董作賓的理論有很多區別,同時又是根據董氏的理論發展出來的。董作賓認爲甲骨斷代應該依據十項標準: 世系、稱謂、貞人、坑位、方國、人名、事類、文法、字形和書體。在十

---

① 這裏的概述是根據董作賓:《甲骨文斷代研究例》,《董作賓先生全集甲編》,第 363—464 頁(首次發表在《中研院研究所集刊外編》甲種,1933 年)。吉德煒也討論過商代甲骨斷代問題。他的斷代主要是根據董的方法,同時又吸收了其他學者的觀點。參看 Keightley: *Sources of Shang*, pp. 91 - 133.

項標準中,最重要的是貞人。貞人互相繫聯,因此可以被分成不同
的組,定到不同的時期。他在 20 世紀 40 年代中期重建商代世系
時,進一步完善了他的"五期理論",把貞人組分爲"新派"和"舊派"
兩派。① 他認爲新派卜辭在很多方面都異於舊派卜辭,包括用牲、
曆法、常用語、書體和占卜事類。兩派在甲骨選用、鑽鑿方法上可
能也有區別。董氏認爲舊派主要是武丁和祖庚時期,祖甲繼位後,
改革了祭祀制度,建立了新派體系。祖甲之後的廪辛、康丁,繼續
啟用新派貞人。但武乙、文丁傾向於舊派,拒絕了祖甲建立的新派
體系,於是舊派又重新復興。商末的帝乙、帝辛又恢復了新派
制度。②

　　20 世紀 50 年代初,日本學者貝塚茂樹和伊藤道治注意到,有
些卜辭(即自組、子組和午組卜辭)的内容和書體,與其他卜辭都截
然不同。他們認爲這些卜辭可能屬於王族的另一個獨立占卜系
統,和王自身的占卜系統不同。不過,他們也認爲王族卜辭可能是
第一期武丁卜辭,而非第四期武乙文丁卜辭。③

　　幾乎同時,陳夢家也提出了相似的分期理論。陳夢家強調貞
人之間的繫聯,尤其是共版貞人之間的繫聯。他的分期在很多方
面都與貝塚茂樹、伊藤道治的論斷不謀而合。比如,他也把董作賓
定爲四期的自組、子組和午組卜辭定爲武丁晚期。④ 但那時,陳夢

---

　　① 董作賓在 1945 年發表的《殷歷譜》中首次表達了這種觀點。三年後,他在《乙
編・序》中又進一步闡發了新舊派理論。參看《董作賓先生全集乙編》第 1—2 册。
　　② 考古學家張光直(K. C. Chang)借用董作賓這種五期卜辭分期理論,對商王
廟號進行了研究。他推測商代王室子性分爲兩組,並按照"舊—新—舊—新"交替發
展的理論,來證明晚商政權可能是由前後相繼的兩個王組輪流掌控的。參見 K. C.
Chang: *Shang Civilization*, New Haven: Yale University Press,1980, pp. 183 -
188.
　　③ 貝塚茂樹,伊藤道治:《甲骨文斷代研究法之再檢討》,《東方學報》第 23 册,
1953 年,第 1—78 頁。
　　④ 陳夢家:《殷虛卜辭綜述》,第 145—72 頁。

家没有區分王族卜辭和非王卜辭。

1973 年,考古所在小屯南地發掘了大量刻辭甲骨,新證據有力地支持了新觀點:自組、子組和午組卜辭屬於武丁早期。[①]

甲骨斷代學上的另一個重大突破是"歷組卜辭"的斷代。事實上,加拿大傳教士明義士(1885—1957)早在 40 年代就注意到了這類卜辭應該屬於武丁祖庚時期,但是他的觀點並未引起關注。[②]直到在 20 世紀 70 年代婦好墓發掘和小屯南地甲骨公佈之後,它們的斷代問題才再次成爲討論的熱點。1977 年,李學勤重新提出"歷組卜辭"的問題,他認爲董氏劃爲第四期的歷組卜辭,事實上可能是與賓組卜辭共存的早期卜辭,屬於武丁到祖庚時期。[③] 李學勤的觀點有考古和甲骨資料爲依據,目前已經得到很多學者的支持,並得到進一步修正和完善。[④]

新理論使殷墟甲骨文的分類和斷代爲之一新。首先,新理論認爲甲骨文是考古发掘遺物,很多都是考古發掘所得,因此可以用考古發掘記録和考古學方法対其進行研究。商朝人基本上不會隨意丢棄刻辭甲骨,因此,甲骨出土的坑位和地層就是分期斷代的重要依據。

其次,由於無法把同一類型或同一貞人組的卜辭劃到同一時

---

[①]　參看《安陽小屯南地發現的自組卜辭》,《考古》1976 年 4 期,第 234—241 頁。

[②]　明義士的筆記,直到 1980 年李學勤把它附在《小屯南地甲骨與分期》文後,才得以發表。參看《文物》1981 年第 3 期,第 27—33 頁。

[③]　李學勤:《論"婦好"墓地年代及有關問題》,《新出青銅器研究》,北京:文物出版社,1990 年,第 22—25 頁(首次發表在《文物》1977 年第 11 期)。

[④]　參看裘錫圭:《論歷組卜辭的時代》,《古文字論集》,第 277—320 頁(首次發表在《古文字研究》第六輯,1981 年);林澐:《小屯南地發現與甲骨分期》,《古文字研究》第九輯,1984 年,第 111—154 頁。彭裕商:《也論歷組卜辭的時代》,《四川大學學報(社會科學版)》1983 年第 1 期,第 91—109 頁。有關評論參看 Edward Shaughnessy(夏含夷):"Recent appproaches to oracle-bone periodization: a review", *Early China* no. 8 (1981、1982), pp. 1 - 13.

期,或者把它們置於嚴格的線性發展歷程上,因此,在對殷墟甲骨文進行分期時,新理論採用了以下步驟:(1)嚴格按照字體類型,對甲骨文進行重新分類。(2)利用考古學材料,對甲骨文進行重新分組;可以借用傳統的貞人名來命名個組卜辭,如賓組、出組等,但是有一個組沒有貞人,因此定爲"無名組"。(3)根據稱謂,確定各組卜辭的具體朝代。研究表明,不同類型的卜辭可能屬於同一王室,而一組卜辭可能跨屬於幾個不同的王。

　　根據新的分期理論,殷墟甲骨文可以劃分成兩大系統:王卜辭和非王卜辭。每個系統又可以再往下細分成不同的貞人組。王卜辭就是商王直接控制下產生的卜辭,或與王室活動直接相關的卜辭。王卜辭可以分爲兩系:"村北"系統和"村南"系統。村北卜辭主要出土於小屯村北,村南卜辭主要出土於小屯村南和村中。南北兩系都能進一步分成若干組。①

　　自組卜辭出土於村北和村南,從書體和考古學證據來判斷,自組卜辭可能是我們見到的最早的卜辭,主要屬於武丁早期。常見稱謂有:父甲、父乙、父庚、父辛、陽甲、般庚和兄丁。貞人有自、扶、由、勺,商王自己也經常擔任貞人一職。

　　自組卜辭的內容比其他晚期卜辭更加具體。從語言學上説,它有一些早期特徵,比如把肯定和否定糅合到一个句子結構中,使用疑問詞等。疑問詞的使用只出現在早期卜辭中。②

　　從書體風格上看,自組卜辭可以分成"大字類"和"小字類"兩種,有些字體象形成分較多。在發展過程中,這兩類卜辭可能分化爲賓組和歷組兩類,屬於武丁晚期。自組卜辭可能是村北和村南

---

　　①　比如,黃天樹把王族卜辭分成 20 組。見黃天樹:《殷墟王卜辭的分類与斷代》,北京大學博士論文,1988 年。1991 年由臺北文津出版社出版。
　　②　參看李学勤:《关于自組卜辭的一些問題》,《古文字研究》第三輯,1980 年,第32—42 頁。

系統的共同起源。

在村北系統中,已經確定出四個貞人組卜辭:賓組、出組、何組和黃組。賓組是武丁時期最活躍的貞人組,可能延伸至祖庚時期。常見稱謂有:父甲、父庚、父辛、父乙、母庚和兄丁。賓組至少有 16 位貞人,常見的有賓、殼、爭和亘。

迄今爲止,小屯出土的卜辭,大都屬於賓組卜辭。占卜事類繁多,包括祭祀、田獵、天氣、征伐、夢、健康等。賓組卜辭常用對貞卜辭。商王也經常親自占卜。

賓組也可以細分爲兩個亞組:A 類和 B 類。A 類是村南系統中曆組卜辭的源頭,B 類是村北系統中出組卜辭的直接源頭。

出組卜辭始於武丁晚期,興於祖庚、祖甲時期。出組卜辭的字體很特別,比較工整、拘謹。主要貞人有:出、大、行、喜、旅。在内容上,出組卜辭又有了新發展,創建了周祭制度,即在確定的時間對確定的祖先施行某種祭祀(祭、𩚵、協、肜、翌)的制度。

何組卜辭也能分成若干小組,其中一部分卜辭與出組卜辭有繫聯。常見貞人有何、彭、寧、㱛、口。与其他卜辭相比,何組卜辭更爲復雜,跨越的時間也更長,貫穿武丁、祖庚、祖甲、廪辛、康丁、武乙、文丁時期。

村南系統主要有兩組卜辭:曆組和無名組。曆組卜辭主要出土於村南,董作賓把它定爲第四期武乙文丁時期,但現在學者把它定爲武丁、祖甲時期。曆組卜辭與賓組卜辭長時間共存,它們有很多共同特點,也有一些不同特點。

曆組卜辭有兩類:(1) 曆組一類,字體很小,經常祭祀父乙和母庚;(2) 曆組二類,字體大而粗,經常祭祀父乙、小乙、父丁和小丁。這表明曆組卜辭,尤其是曆組一類卜辭,很可能已從武丁時期延續到祖甲時期。①

　　無名組卜辭直接從歷組發展而來，可能跨越了廩辛、康丁、武乙、文丁四個朝代。與村北的何組有部分重合，最終與黃組卜辭融爲一體。無名組卜辭不記貞人名。

　　黃組卜辭是殷墟晚期卜辭，主要出土於村北，屬於帝乙、帝辛時期。該時期除了中國社會科學院考古所有甲骨文資料，還有其他書寫材料，如晚商金文和雕花骨刻辭。黃組卜辭的貞人有黃、派和立。

　　從内容和書體來看，黃組卜辭顯然与村北的何組卜辭、村南的無名組卜辭都有聯繫。黃組卜辭字體整齊、細密，通常自上而下書寫。内容主要是征伐、田獵和周祭，周祭逐漸占據了主導地位。②

　　"非王卜辭"與"王卜辭"相比，在内容和形式上都有很大差别。非王卜辭中有很多祖先稱謂，是王卜辭裏没有的。這就暗示了，非王卜辭屬於一個相對獨立的親屬體系，可能就是王子或宗室，而非商王自己。

_____

　　①　新的斷代理論也引起了一些異議和反對意見，參看肖楠：《論武乙文丁卜辭》，《古文字研究》第三輯，1980年，第43—79頁；《再論武乙文丁卜辭》，《古文字研究》第九輯，第155—188頁。張永山、羅琨：《論歷組卜辭的年代》，《古文字研究》第三輯，第80—103頁。陳煒湛：《歷組卜辭的討論與甲骨文斷代研究》，文化部文物局古文獻研究室編：《出土文獻研究》，北京：文物出版社，1985年，第1—21頁。對這場爭辯的總結，可以參看王宇信：《甲骨學通論》，北京：中國社會科學出版社，1993年，第194—203頁。

　　②　關於周祭，學者有過很多研究，參看董作賓：《殷歷譜》；島邦男：《殷墟卜辭つ研究》，東京：弘前大學文理學部中國學研究會，1958年，第104—761頁；陳夢家：《殷虛卜辭綜述》，第135—165頁；許進雄：《殷卜辭中五種祭祀的研究》，臺北：臺大文學院，1968年；Pan Wusu, "Religion and Chronology in Shang China: The Scheduled Ancestor rituals and the Chronology of the Late Shang Period" (unpublished PhD. Dissertation, University of Pennsylvania, 1976)；常玉芝：《商代周祭制度》，北京：中國社會科學出版社，1987年。

　　非王卜辭的斷代問題很複雜,但是現在多數學者都同意,非
王卜辭是殷墟早期卜辭,可能屬於武丁時代。非王卜辭有幾種
類型,但這裏我們只粗略地把它分成三組:子組、午組、非王無
名組。①

　　子組卜辭主要出土於村北。字體細小、柔媚,特徵明顯。有些
辭刻有貞人名,如子、余、我。子組卜辭與自組、賓組有一些共同的
祖先稱謂,但子組獨見的還有龍甲、龍母和石癸。午組卜辭主要出
土於村南和村中。書體風格和祖先祭祀都與他組卜辭不同。非王
無名組卜辭自成體系。其中有些卜辭可以和子組卜辭繫聯,但並
不完全相同。本組不記貞人名。

　　非王卜辭的一個重要特點是:經常祭祀未即位先王和一些女
性祖先。② 因此,基本問題是:這些卜辭的主人是誰?"子"的身份
也頗有爭議:傳統上認爲"子"可能是商王之子的統稱,也可能是
人名。林澐認爲,在非王卜辭中,"子"可能既不是人名,也不是商
王之子,而是部落或氏族首領。因此,在研究商代世系、重建商代
社會結構時,也要把這項研究結果考慮進去。③

---

　　① 在《帝乙時代的非王卜辭》一文中(《考古學報》1958 年第 1 期,第 43—74 頁),
李學勤把"非王卜辭"分成五組。那時,他根據董作賓的五期分法,把這五組卜辭劃分到
四個時期。但是現在他認爲"非王卜辭"屬於武丁時代。有關"非王卜辭"斷代分類的更
多討論,參看謝濟:《武丁時另種卜辭分期研究》,《古文字研究》第六輯,1981 年,第
322—344 頁。彭裕商:《非王卜辭研究》,《古文研究》第十三輯,1986 年,第 57—
81 頁。
　　② 陳夢家已經注意到,子組卜辭中有很多與女性祖先和生育有關的卜辭。這些
卜辭的字體更加細小、柔媚。因此,它們很可能是在王后或嬪妃監督下產生的。貞人和
契刻者可能就是女性。參看《殷虛卜辭綜述》,第 166—167 頁。李學勤在《帝乙時代的
非王卜辭》(第 43—47 頁)一文中,把這類卜辭命名爲"婦女卜辭"。
　　③ 林澐:《從武丁時代的幾種"子卜辭"試論商代的家族形態》,《古文字研究》第
一輯,1979 年,第 314—336 頁。也見朱鳳瀚:《商周家族形態研究》,天津:天津古籍出
版社,1990 年,第 35—241 頁。如果他們的論證可靠有據,那麼這些卜辭就爲我們研究
晚商的社會結構提供了重要信息。

　　隨着考古學的進步,甲骨分期分組也開始面臨新的挑戰。1991
年 9 月,中國社會科學院考古研究所在安陽小屯花園莊東發掘出
1583 片甲骨,其中 689 片有字。① 花東卜辭的占卜主體是"子",但字
體和内容與"子組卜辭"有所不同。關於"子"的具體身份,學者們仍
然没有達成共識。不過也都認爲,他可能是武丁中晚期的一位重要
宗族首領或大臣。他的地位很高,似乎是花東卜辭中地位最高的
人,所有的貞人都为他服務。"子"本人也常常在占卜中进行卜问和
祈祷。花東卜辭也常提到历史上赫赫有名的武丁之妻婦好。就祖
先祭祀來説,雖然花東子卜辭也常常祭祀祖甲、祖乙、妣庚及妣己
等,但祭祀程序上卻有所不同。② 顯然,"子"與王室關係密切,与婦
好的關係尤为密切。但奇怪的是,卜辭很少直接提到商王。③

　　根據新的分類分期理論,筆者把甲骨文中出現的祭品及其
顏色進行整理分類,最後發現不同時期和不同貞人組的卜辭,在
顏色使用上似乎有一種不盡相同又相互聯繫的模式。一方面,
本次研究揭示了顏色象徵性是如何在商代晚期祭祀系統中發展
變化的;另一方面,本次研究也驗證了新理論和新方法的合理性
和適用性。

------

　　① 　關於這批材料的發表,見中國社會科學院考古研究所:《殷墟花園莊東地甲骨》,
昆明:雲南人民出版社,2003 年(以下簡稱《花東》)。在此之前,發掘者曾對少部分資料做
了公佈和探討,見劉一曼、曹定雲:《殷墟花園莊東地甲骨卜辭選釋與初步研究》,《考古学
報》1999 年第 3 期。
　　② 　見劉源:《花園莊卜辭中有關祭祀的兩個問題》,收入《揖芬集——張政烺先生
九十華誕紀念文集》,北京:社會科學文獻出版社,2002 年。
　　③ 　花東卜辭的研究是近年甲骨學的重點,主要論述有陳劍:《説花園莊東地甲骨
卜辭中的"丁"——附:釋"速"》,《故宮博物院院刊》2004 年第 4 期;朱鳳瀚:《讀安陽殷
墟花園莊東出土的非王卜辭》,王宇信等編:《2004 年安陽殷商文明國際學術研討會論
文集》,北京:社科文獻出版社,2004 年;黃天樹:《花園莊東地甲骨所見的若干新資
料》,《陝西師範大學學報(哲學社會科學版)》2005 年第 2 期;魏慈德:《殷墟花園莊東地
甲骨卜辭研究》,臺灣古籍出版有限公司;姚萱:《殷墟花園莊東地甲骨卜辭的初步研
究》,北京:綫裝書局,2006 年。

我們可以把貞人組的關係簡單用圖表展示如下：①

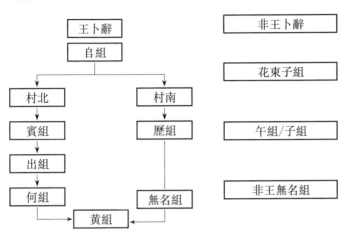

## 第五節　商代的祭祀與占卜

商代甲骨文爲我們研究早期中國宗教傾向的一些重要特點，提供了一個獨特的契機。本章我將概括介紹商代的宗教儀式和占卜。討論中，我對商代宗教系統與其他相關人類學研究成果做了一些比較，並試圖澄清一些觀點，便於以後的深入討論。如果不瞭解殷人的祭祀和占卜過程的話，甲骨文的語言學上的問題也很難完全理解。

## 一、儀式和祭祀

宗教包括信仰和儀式兩部分，二者密不可分。20 世紀初法國

---

① 此表根據李学勤、彭裕商：《殷墟甲骨分期新論》，《中原文物》1990 年第 3 期，第 37—44 頁。但根據新出土的花束卜辭而略有添改。

社會學奠基人涂爾幹(1858-1917)就説過：

> 一些學者把宗教視爲一個不可分的整體。然而，事實上，宗教由部分構成；宗教是由神學、教條、禮儀和儀式融合而成的一個多少有些復雜的體系。没有和部分的聯繫，整體也無從定義。[1]

倘若有條件研究商代宗教的方方面面，那就是最理想的了。然而，商代神職人員没有一本《聖經》那樣的聖書詳細記述他們的信仰體系。因此，我們必須通過他們宗教活動的遺迹，來推演商代的宗教信仰。我們的主要依據是考古發現，尤其是甲骨刻辭。這些甲骨是殷人宗教活動的直接産物。同時，作爲當時的一種文字記載，甲骨文也提供了通向殷人思想的一把最直接的鑰匙。不少學者都對商人的宗教信仰做了深入的討論。下面我只是把一些有直接關係的論點略作述評。[2]

我們所知的商代宗教，其宇宙觀都是通過儀式、祭祀和占卜活動表現出來。在商代人的意識中，宇宙分爲天上、地上和地下三部

---

[1]　D. Emile Durkheim: *The Elementary Forms of the Religious Life*, English edition: Joseph Ward Swain, London, 1976, p. 36.

[2]　有關商代宗教的概述，參看陳夢家：《殷虚卜辭綜述》，第 561—603 頁；島邦男：《殷墟卜辭つ研究》，第 55—348 頁，赤塚忠：《中國古代の宗教と文化：殷王朝の祭祀》，東京：角川書店，1977 年；Chang Tsung-tung（張聰東）: Der Kult der Shang-Dynastie im Spiegel der Orakelinschriften: eine palaographische Studie zur Religion im archaischen China (Wiesbaden, 1970)；張秉權：《殷代的祭祀與巫術》，《史語所集刊》第四十九本第三分，1978 年，第 445—487 頁；Sarah Allan: *The Shape of the Turtle: Myth, Art and Cosmos in Early China*, Albny: SUNY Press, 1991（中譯本《龜之謎——商代神話、祭祀、藝術和宇宙觀研究》，汪濤譯，成都：四川人民出版社，1992 年初版；北京：商務印書館，2010 年增訂版）。重要的英文著作還有 Michiharu Ito, Kenichi Takashima: *Studies in Early Chinese Civilization: Religion, Society, Language and Palaeography*, ed. Gary F. Arbuckle, Hirakata and Osaka: Kansai Gaidai University, 1996；David N. Keightley, *The Ancestral Landscape: Time, Space, and Community in Late Shang China (ca. 1200-1045BC)*, Berkeley, CA: University of California, Institute of East Asian Studies, 2000.

分。他們的土地上居住着所有需要祭祀的神靈。在天上,可能居住着至上神"帝",他對人類擁有支配權能。[1]"帝"也能令風、令雨、令雲、令雷和降旱,而風雨雲雷等可能都是他的庭臣或使者化身。帝作爲至上神,能夠福佑或降禍於商王及其國土、百姓,因此,當他們希望獲得豐收、建造城邑或發動戰爭時,都要求得"帝"的同意。但是,他們很少直接祭祀"帝"神,而是直接祭祀帝臣,如風神、雨神和雷神;祭祀最多的是去世的祖先,他們或許能和"帝"進行直接交流。

中國歷史上盛行的祖先崇拜,早在商代就已占據了顯赫地位。在商代宗教活動中,舉行儀式、獻祭祖先是最重要的活動。大部分卜辭記載的都是各種儀式和獻祭,卜問採用何種儀式,選用何種祭品,祭祀哪位祖先等。

甲骨文中有一些殷人祖先,似乎更像是神話性的、而非歷史性的祖先神。例如夒(夋,俊)、娥、王亥等,他們有時還被稱爲"高祖"。他們一般没有固定的祭祀順序,名字通常是象形字。傳世文獻裏有關他們的記載,都表明這些祖先可能有單獨的神話背景。[2]

商王世系從上甲開始,包括先公和先王;他們頻繁受到敬拜,通

---

[1]　大多學者都認爲,甲骨文中的"帝",除了用作祭祀動詞外,當作名詞使用時,一般都可以理解爲上帝或至上神。詳細的討論,可參看胡厚宣:《殷卜辭中的上帝和王帝》,《歷史研究》1959 年第 9 期,第 23—50 頁;1959 年第 10 期,第 89—110 頁。但是,也有的學者認爲"帝"可能只是直系先祖的稱謂;參看裘錫圭:《關於商代的宗族組織與貴族和平民兩個階級的初步研究》,《古代文史研究新探》,南京:江蘇古籍出版社,1992 年,第 296—342 頁(最早發表於《文史》第十七輯,1992 年)。伊若泊(Robert Eno)同意這個觀點,他認爲"帝"可能只是神靈的集合稱謂,不是至上神。Robert Eno, "Was there a high god Ti in Shang religion?", *Early China*, no. 15 (1990), pp. 1 - 26.【按:朱鳳瀚否定了"帝"是"至上神"的傳統觀點,他認爲"帝"是商代宗教中新發明的一個宇宙神。他還引用了与祭祀帝有關的两版卜辭。參看朱鳳瀚《商周時期的天神崇拜》,《中國社會科學》1993 年第 4 期,第 191—211 頁。最近,艾蘭(Sarah Allan)又提出一個新的看法,認爲"帝"原來是北極星神;參看艾蘭:《商周時期的上帝、天和天命觀念的起源》,《龜之謎》,商務印書館,2010 年,第 231—285 頁;此文爲劉學順翻譯。】

[2]　比如"王亥"一名有時寫作"大𩿊",可能與"玄鳥生商"的創生神話有關。參看艾蘭:《龜之謎》,第 30—38 頁。

過各種儀式享用祭品。除了祖先，商人还祭祀一些先王重臣，如黃尹、伊尹。當然，其他有一些受祭者可能是自然神而非祖先神。比如，嶽、河可能是指嶽山、黃河的神靈。土地神和四方神也是受祭對象。從甲骨文材料看，這些自然神和祖先神之間沒有明確的區別，這些神靈似乎都處於半神靈、半祖先的轉換時期。我們也很難把他們與傳世文獻中的神靈互相對應，因爲傳世文獻的記載也極其含混。

再看祭祀的過程，殷人的獻祭範圍很廣，常規祭品就有穀物、鬯酒、玉、人牲，各種圈養或野生的動物，如牛、豬、馬、羊、狗、鹿、虎、象、鳥、雞等，其中，使用最多的是動物祭品。祭祀儀式也豐富多樣，有歲殺、裂屍、焚燒、釁血、奠酒、驅邪，以及其他多種形式。[1]

這些儀式和獻祭的主要目的何在？關於這個問題，已經有了一些研究成果。很多西方學者認爲，祭祀有助於區分敬神和瀆神，是人神之間的交通，目的是贖罪。[2] 這種理論曾一度流行，但正如不少當代學者意識到的那樣，它們都帶有某種印歐民族文化的痕迹。另外一種看法，祭祀很可能是神話性的宇宙觀的再現，即祭祀的背後都有一個神話背景。[3]但是，這種聯繫有時很難分辨，而且很容易導致所有古代祭祀都與神話有關的絕對觀點。於是，有學者指出：祭祀不一定非得和神話有關。[4] 從普通心理學的角度解釋儀式和祭祀，也是一種比較流行的方法。例如，法國人類哲學家雷内・吉拉德提出的"替罪羊機制"（scapegoat mechanism），他認爲人

---

[1]　甲骨文中至少有 50 餘種不同的祭祀儀式，參看島邦男：《殷墟卜辭つ研究》，第 258—348 頁。

[2]　參見 Henri Hubert and Marcel Mauss：*Sacrifice: Its Nature and Function*，English edition：W. D. Hall，London，1964，pp. 95 - 103.

[3]　參見 A. Jensen：*Myth and Cult among Primitive Peoples*. English edition，M. Choldin and W. Weissleder，Chicago/London，1963，pp. 39 - 58.

[4]　參看 G. S. Kirk：*Myth: Its Meaning and Functions in Ancient and Other Cultures*，Cambridge/Berkeley，1970，pp. 6 - 31.

類模仿的慾望帶來了衝突，通過祭祀可以緩解團體內部的緊張。換句話說，社會通過尋找祭祀犧牲來轉移暴力，以便維護社會安定，加強團結的意識。[1] 語言的起源就與這種宗教的再現性有直接關係。

研究商代祭祀，單一的理論框架很難解釋清楚。把祭祀釋爲一種贖罪儀式，這與基督教信仰的聯繫更爲密切，但是沒有證據表明古代中國宗教也有"贖罪"的觀念。祭祀中要殺牲當然是一種暴力，但也是一種具有象徵性的社會行爲。總之，任何形式的祭祀背後都有基本的象徵結構。解讀祭祀象徵是個雙刃劍：一方面，它是建立在大衆的心理或身體經驗的基礎上的；另一方面，它的性質又由所處的特定自然和社會環境決定。[2]

象徵人類學在研究揭示人類行爲過程時往往有獨到之見。就人與動物的特殊關係來看，也十分有趣。在研究非洲勒勒人（Lele）宗教中祭品的象徵涵義時，英國女人類學家瑪麗·道格拉斯（1921－2007）發現，小穿山甲是勒勒人崇拜的中心，她稱之爲"動物神"。小穿山甲是一種"可怕的怪物"，勝過任何其他物種。它與豐收之源"水"有關。因此，小穿山甲成爲村莊與森林、人類與神靈之間溝通的媒介，可以進入普通手段無法到達的世界。穿山甲現在仍然保持着人類、穿山甲和神靈這種關係。[3] 道格拉斯是埃文思·普理查德（E. E. Evans-Pritchard）的學生，她對社會功能派的學說做了進一步發揮，特別是提出了象徵的社會性問題。

商代祭祀就是這樣一個社會象徵系統。商代祭祀中祭牲的種類和用法相當複雜。很多時候，我們只能猜測其中的涵義，而這些

---

[1] Rene Girard: *Violence and Sacred*, Baltimore/London, 1977, pp. 4-27.

[2] 參看 M. Banton ed: *Anthropological Approaches to the Study of Religion*, London, 1965, esp. Introduction.

[3] M. Dougles: "Animals in Lele religious symbolism", *Implicit Meaning: Essays in anthropology*, London, 1975, pp. 27-46.

涵義又都具有象徵性。比如,求雨時要舉行舞蹈和燎祭,祭祀河神時要用沉祭,可能因爲這些儀式象徵了某種特殊的人神交通。但是,更重要的是,這些祭祀的禮儀和供品都代表了殷人的宗教觀念,是他們信仰系統的一個組成部分。我們要解決的是這個系統的編碼程式。

　　理解商代祭祀的另一個關鍵是殷人與他們的祖先神靈的關係。這裏,我們可以進一步結合人類學的"禮物(gift)"理論。在解釋互動關係時,這種理論似乎更加合理。著名人類學家馬林若夫斯基(1884—1942)是最早提出這種理論的學者。一戰期間,馬林若夫斯基滯留在太平洋中的特羅布里恩島(Trobriand islands),他觀察到給與和占有在當地土著居民庫拉(kula)部落的生活中占據着重要地位。交換行爲必須依據嚴格的規定,交換不僅僅是一種經濟考慮,也是建立在社會關係之上的。[①] 法國學家莫斯(1872 - 1950)發展了"禮物"理論,他認爲禮物創造了社會關係,並延伸到人與神之間的關係,特別明顯地反映在祭祀中:

　　　　人與人之間、人與神之間的交往和交換的關係,揭示了犧牲理論的整個特點……有了他們(死人和神的靈魂),交換就成爲必需,有了他們,不交換就是最危險的。獻祭所造成的破壞,是一種必要的互相酬答的給與行爲。[②]

在任何祭祀中,這種給與和索取都是酬答關係的象徵表達,而非單純的物質交換。[③]

　　在商代祭祀系統的編碼過程中,祭牲的顏色似乎是既隱秘又顯

---

　　① B. K. Malinowski: *Argonauts of the Western Pacific*, London, 1922, esp. pp. 173 - 179, 510 - 513.
　　② 見 M. Mauss: *The Gift: The Form and Reason for Exchange in Ancient Societies*,英譯本 W. D. Halls, London, 1990, pp. 15 - 16.
　　③ 見 E. Leach, *Culture and Communication: The Logic by Which Symbols Are Connected*, Cambridge, 1976, chapt. 18, "The Logic of sacrifice", pp. 81 - 93.

著的一個部分。擇牲時，要着重選擇祭牲的種類、性別、數量、組合和顏色。因此，當祭祀儀式合適時，祖先和神靈就被迫對人類施與恩惠。

## 二、占卜

晚商時期，牛肩胛骨和龜甲是主要占卜材料。[1] 動物骨骼用於宗教目的，在其他古代社會和中國新石器文化中都並不罕見。然而，儘管用牛骨、羊骨占卜或埋葬的習俗在商代之前就有很長歷史，但龜甲的使用卻還相當稀少。大部分考古證據表明，使用龜甲的習俗可能起源於東部沿海和長江沿岸地區，包括公元前 4000 年左右的大汶口文化、大溪文化和馬家浜文化。[2]

觀察商代占卜用骨的實物，參以後世文獻的記載，就能粗略復現當時炙卜和契刻的細節。占卜之前，要對選出的卜骨、卜甲進行清洗、乾燥、拋光和鑽鑿，並剔除軟骨。占卜之時，貞人（或商王）灼燒骨和甲，使之產生斷裂，裂紋就被釋爲預兆。占卜的內容和結果，有時會被書寫或契刻到兆裂的骨甲上作爲記錄。[3]

但並非所有刻辭都是占卜刻辭，有些是記事刻辭。也有骨臼

---

[1]　關於商代占卜習俗及其淵源，參看宋鎮豪：《夏商周社會生活史》，北京：中國社會科學出版社，1994 年，第 514—532 頁。也見李零：《"南龜北骨説"的再認識》，陝西省考古研究所編：《遠望集——陝西省考古研究所華誕四十周年紀念文集》，西安：陝西人民美術出版社，1998 年，第 338—345 頁。

[2]　參看高廣仁、紹望平：《中國史前時代的龜靈與犬牲》，中國考古學研究編委會編：《中國考古學研究——夏鼐先生考古五十年論文集》，北京：文物出版社，1986 年，第 57—63 頁。考古證據表明，商代文化中有一些重要方面，來源於東部沿海的山東大汶口文化，不來源於中原地區河南當地的龍山文化。用龜甲占卜和書寫的傳統，就與大汶口文化的宗教思想和活動有關。有關商代文化與大汶口文化關係的更多討論，參看 K. C. Chang（張光直）：*Shang Civilization*，特別是第 345—347 頁。

[3]　有關商代龜卜制度的詳細描述，參看董作賓：《商代龜卜之推測》，《董作賓先生全集甲編》，第 813—884 頁（初次發表在《安陽發掘報告》第 1 冊，1929 年）；也參看 Keightley：*Sources of Shang History*，第 3—27 頁。

刻辭,記錄甲骨的進貢者。偶爾還會發現干支表和習刻。① 不過,
絕大部分甲骨刻辭都是占卜刻辭,其表達格式如下:

前辭＋命辭＋占辭＋驗辭

　　前辭、命辭、占辭、驗辭四者皆備的卜辭很少,因爲現存的甲骨
大多是碎片,而且即使在商代,通常也會省略某些内容。②

　　"命辭"是卜辭的關鍵部分,通常由"貞＜*tjing"(或"鼎＜*ting")
字引領。學者一般把"貞"理解爲"占卜"或"貞問",所有"命辭"都是問
句。然而,從語法學上看,大部分"命辭"不是疑問詞。因此,一些學
者,包括美國學者吉德煒(D. Keightley),都認爲"貞"意爲"檢驗、確定",
或"決定什麼是正確的";"貞"字後面的句子是陳述句,而非疑問句。③

　　另一位漢學家倪德衛(D. Nivison)贊同吉德煒的觀點,他認爲
有必要把貞人説的話和他要做的事區分開。除了獲取資訊,貞人
可能也想追求以下幾點:④

　　(1)在占卜過程中,把神靈吸引到祭祀儀式中。貞人可能只
是簡單的描述正在進行的事情。

　　(2)確定某項已經決定了的政策。貞人可能只是簡單地重複
儀式,每次他都陳述王打算做的事情和他願望出現的結果,直到獲

---

　　①　一些例子表明,偶爾也用鹿骨、虎骨和人骨來刻辭,但這些刻辭與占卜無關。
參看陳夢家:《殷虛卜辭綜述》,第44—46頁。

　　②　參見 Keightley, *Sources of Shang History*,pp. 37‐40. 關於甲骨綴合,請參
看肖良瓊:《卜辭文例與卜辭的整理和研究》,《甲骨文與殷商史》第2輯,上海:上海古
籍出版社,1986年,第24—63頁。

　　③　這個觀點是吉德煒在他未發表的論文 "Shih cheng: a new hypothesis about
the nature of Shang divination (1972)" 中提出的,他在 *Sources of Shang History* 第29
頁注腳7中重複了這個觀點。如何釋讀"占辭",一直都是甲骨學界的熱門話題;*Early
China*, no. 14(1989), pp. 77‐172,彙集了幾位著名學者的相關討論,包括裘錫圭、倪德
衛、吉德煒、夏含夷、雷焕章、饒宗頤、范毓周和王宇信。

　　④　D. Nivison: "The 'question' question", *Early China*, no. 14 (1989),
pp. 115‐125.

得理想的回復爲止。

（3）通過儀式來保證國家事務按着希望發展，比如病人的康復，或者下一旬無禍事。

（4）乞求神靈以尋求吉祥的回應。

爲了更好地解決這個問題，把甲骨卜辭研究置於占卜的人類學研究背景之中，是更好的選擇。一般來説，占卜是爲了消除疑惑。占卜通常被視爲一種預測未來、揭露超自然知識的手段，無論結果是喜是悲。

試舉一例，甲骨文占卜的主題通常是王室活動，尤其是儀式和祭祀。[①] 命辭常以“对貞”的形式出現，比如（圖4）：

　　　　甲辰卜，殸，貞：奂来白馬……王繇曰：吉，其來；
　　　　甲辰卜，殸，貞：奂不其来白馬五。　　　　　　　　　（《合集》9177）

“其”通常理解爲“或許、可能”，[②]但我不知道“或許、可能”在該卜辭中有何用途。該卜辭有兩句對貞卜辭：奂送來五馬，或奂不送五馬。商王查看兆相後説：吉，其来。但“或許、可能”似乎並未解決“來不來馬”的問題，而占卜的目的就是要解決這個問題。

命辭有時會以“選貞”的形式出現，貞人提出命辭，以便決定選用合適的祭牲和儀式：

---

①　參看艾蘭：《龜之謎》，第139—152頁。在本書中，艾蘭總結了商代占卜研究過程中的幾個問題，並把商代占卜內容分爲三大類：（1）关于祭品的占卜；（2）關於未來的占卜；（3）關於災禍的占卜。

②　介詞“其< * giəg”在甲骨文中很常見，可能表示某種不確定性，通常譯爲“perheps”，即“或許、可能”。但是這種翻譯引起了一些問題。正如賽瑞説的那樣，它通常暗示一個“不希望出現的結果”，但是英語的“perhaps”不能表達這個意思。參看 Paul L.-M. Serruys：“Studies in the language of the Shang oracle inscription”，*T'oung Pao*，no. 60 (1974)，p. 94，no. 8.“其”在商代甲骨文中的用法，參看 K. Takashima（高島謙一）：“Subordinate structure in oracle-bone inscription: With Particular Reference to the Particle *chi*”，*Monumenta Serica*，no. 33 (1977)，pp. 36 - 61.

圖 4:《合集》9177 正

庚子卜，祖辛歲……吉。不用。

叀羊；

叀幽（牛）；①

叀勿牛。

（《屯南》139）

對照上一版占卜的形式卜問是否會送來白馬，結果是吉祥。這一版占卜的形式是提出幾種選擇——羊牛、幽牛、勿牛——從中選出一種適合祭祀祖辛的某種特定顏色的牛。選貞由"叀＜＊gwidh"引領，可能暗示了一個希望得到的結果，甚或某種神聖意義。②

對於商王和貞人來說，甲骨上的裂紋就是預言。他們的任務是提出不同的命辭，以便確定孰吉孰凶。在商代祭祀中，正如艾蘭（S. Allan）所說，占卜和獻祭的目的可能複雜多樣，其原理卻大體相同，即商代占卜是企圖確定神靈獲得滿意的祭祀，以便能免除災禍。③

納斯卡皮人（Naskapi）的情況與商代類似。納斯卡皮人是生活在拉布拉多半島森林裏的美國土著印第安部落，他們也用胛骨占卜，向動物骨骼施熱，然後解讀裂紋。納斯卡皮人經常占卜的一個狩獵問題是：獵人應該往哪個方向去？但是，正如人類學家莫

---

①　這裏省略了"牛"字。

②　在甲骨文中，"叀"和"隹"是最常用的虛詞，常置於句首，作爲命辭的提示。關於這兩個詞的討論，參看 M. V. Kryukov(劉克甫)：*The Language of Yin Inscriptions*，Moscow，1980，p. 68. 傳統觀點認爲這兩個字是疑問詞，但 Paul L.-M. Serruys 對此不以爲然，因爲這兩個字也在陳述句中出現；參看 *Language of the Shang*，第 24—25 頁。Jean A. Lefeuvre（雷煥章）認爲"叀"有某種神聖意義；參看 Jean A. Lefeuvre，*Collections of Oracular Inscriptions in France*，Taipei /Paris：1985，p. 292. 近來，高島謙一認爲這兩個詞是"連係詞"，"叀"具有外向性和可控性，但"隹"是中立的，無感情傾向的，"叀"常與"其"或"于"在對貞卜辭中搭配使用；參看 K. Takashima："A study of the copulas in Shang Chinese"，*The Memoirs of the Institute of Oriental Culture*，no. 112（1990），pp. 1 - 92，esp. pp. 63 - 66.

③　艾蘭：《龜之謎》，第 141—149 頁。

爾指出的,這種占卜不僅要控制隨機性,也要提供隨機性,通過提供多種選擇,來避免無意識的陳規俗識,使人類活動具有了機會主義的特性。[1]

商代占卜最有力的佐證,來自對當今中國境内的少數民族的研究。考古人類學家汪寧生發表了幾篇有關雲南、四川境内的彝族和納西族占卜習俗的田野考察報告。他的文章經常被甲骨學者引用,因此這裏有必要詳細介紹一下。[2]

彝族巫師用灼燒動物骨骼的方法進行占卜,但他們用羊胛骨,不用牛胛骨或龜甲。彝族牧師占卜時,不對羊胛骨進行抛光或鑽鑿,他直接用火燒,然後把裂紋釋爲預言進行解讀。

彝族的羊骨占卜主要分兩類:"涅式"和"所住"。"涅式"占卜整個事情的吉凶禍福,"所住"占卜問題的具體解決方法。

涅式要求一個總結性的回答,所住要爲面臨的問題提供建議。涅式只需占卜一次,所住需要占卜多次,因爲它不能回答總問題。進行所住占卜儀式時,占卜者需要提供多種不同的解決方法,讓羊胛骨判斷是否可行。一個提議被否定后,需要再提出另一個提議,直到最後得出滿意的肯定答覆。比如,用"所住"占卜出行時,占卜者不能直接問"哪天適合出行?",而是問"明天出行,吉利嗎"? 如果結果不吉,他就要問"後天出行,吉利嗎"? 如果用"所住"占卜的是部落衝突問題,他不能問"我們應該從哪個方向派遣軍隊"? 而是問"從東邊進攻敵軍,吉利嗎"? 如果答案是否定的,他要接着問

① 參見 O. K. Moore:"Divination-a new perspective", *American Anthropologist*, no. 59 (1957), pp. 69 - 74.

② 汪寧生:《雲南永勝縣他魯人(彝族)的羊骨卜——附論古代甲骨占卜習俗》,《民族考古學論集》,北京:文物出版社,1989 年,第 233—238 頁(最早發表在《考古》1964年第 2 期);《彝族和納西族的羊骨卜——再論古代甲骨占卜習俗》,《民族考古學論集》,第 239—258 頁(最早發表於文物出版社編輯部編:《文物與考古論集》,北京:文物出版社,1986 年)。

"從西邊進攻敵軍,吉利嗎"? 如此這般,直到問出答案爲止。

　　他們有時也占卜祭祀用牲的問題,這與我們的研究密切相關。其中最複雜的問題,是祭神的用牲。比如某人生病了,占卜者首先進行一次"涅式"占卜,然後再進行一系列"所住"占卜,卜問"用雜色羊祭祀神靈合適嗎"? 如果答案不吉,他就接着問"用雜色牛祭祀神靈合適嗎"? 就這樣卜問下去,直到獲得滿意的答覆。祭祀用牲通常由小及大:占卜者可能從雞開始,如果神靈對雞不滿意、結果不吉利的話,他就可能問"用羊行嗎"? "用豬行嗎"? 最後問"用牛行嗎"?

　　在卜問祭祀用牲時,占卜者需要指明動物的顏色。豬一般分黑色豬、白色豬、雜色豬、黑臉豬、雜色臉豬或雜色蹄豬等;牛分爲黑牛、白牛、黃牛。動物的特定顏色是由疾病的類型和引起疾病的神靈決定的。因此,如果腳受傷了,並且是由"血和光之神"造成的,那麼祭祀用牲必須是黑色的,占卜者在占卜時就會卜問用"黑羊"或"黑牛"。

　　研究商代祭祀儀式中爲何以及怎樣占卜顏色時,用彝族占卜情況來對比是很有益的。正如汪寧生觀察到的,商代占卜和彝族巫師的占卜有一些相似之處,比如處理占卜用骨的方法、占卜和解讀的方法,尤其是反復提出命辭的獨特方式。[1]

　　另外,彝族占卜和商代占卜的内在規則也很相似。商代貞人解讀甲骨上的裂紋,他們的任務是提供不同的選擇,決定執吉執凶。一些學者已經注意到商代占卜没有靈異性,占卜命辭的模式非常冷靜、平淡、理性,就像事對事的討價還價。[2] 貞人

---

　　[1]　汪寧生:《雲南永勝縣他魯人(彝族)的羊骨卜——附論古代甲骨占卜習俗》,《民族考古學論集》,北京:文物出版社,1989 年,第 251—258 頁。

　　[2]　參見 Keightley, "Late Shang Divination: The Magico-Religious Legacy", H. Rosemont ed: *Exploration in Early Chinese Cosmology*, California, 1984, pp. 11-34.

不能預測未來，只能解讀占卜象徵符號，這些符號可能包含
着各種暗示。正如法國結構主義人類學家列維・施特勞斯
所説：

> 象徵的效驗恰好在於這種"誘發特性"，由不同物質在生
> 命的不同階段（有機過程、無意識心理、理性思維）構成，在形
> 式上同源的結構正是依靠這種特性而得以相互聯繫起來。①

占卜的過程也是衝突和交融的過程。人類學家特納在研究了
非洲恩登布人（Ndembn）的占卜之後，認爲占卜不僅僅是探明神靈
意願、診斷痛苦起因的手段，更是一個社會發展過程。特納指出，
恩登布的貞人在自己的信仰體系裏工作。他們解讀占卜符號的方
式，可以深刻揭露當時的社會結構和人性。他們知道自己也受當
時環境的影響。換句話説，這種占卜更多是在"發現事實"，而非
"預測未來"。因此，在占卜過程中，貞人不僅要溝通人神，還要在
社會價值和自身靈感的共同作用下，表達自己的觀點。②

---

① C. Levi-Strauss, "The Effectiveness of Symbols", *Structual Anthropology*, English edition: C. Jacobson, B. G. Schoepf, New York, 1963; Penguin edition, 1968, p. 201.

② Victor W. Turner: *Ndembu Divination: Its Symbolism and Techniques*, Manchester, 1961.

# 第二章

# 殷墟甲骨刻辭中的
# 顏色詞

## 第一節 釋 "赤"

漢語中表示紅顏色的字很多，而"赤"可能是中國古典文獻中最常用的一個。[1] 羅振玉當初在甲骨文中釋讀出這個字並不困難，[2]甲骨文"赤"字的字形，與《説文》中"赤"的小篆字形幾乎完全相同。

在甲骨文中，"赤"寫作"🔥"。[3] 該字有兩部分構成：上面的符號表示"人的正面形象"，下面的符號表示"火"。金文中的"赤"與甲骨文中的"赤"寫法相似，也由這兩部分構成，只是筆劃更規整一些：🔥 🔥 🔥。[4] 顯然，最後一個字形就是《説文》中的小篆字形的來

---

① 現代普通話中，最常用的表示紅色的詞是"紅"，但這個詞在先秦文獻中很少使用。有關"紅"的最早記載是在戰國（前4—前3世紀）楚墓中出土的竹簡上，參看高明：《古文字類編》，北京：中華書局，1980年，第236頁。殷人表示紅顏色的詞是"赤"。由於語意的變化，"赤"在現代漢語中也表示"裸露的"；參看《現代漢語詞典》，北京：商務印書館，1988年，第145頁。但自古以來"赤"都可以用作顏色詞。

② 李孝定：《甲骨文字集釋》，第3197頁。

③ 中國科學院考古所編：《甲骨文編》，北京：科學出版社，1965年，第1238頁。

④ 容庚、張振林、馬國權合編：《金文編》，北京：科學出版社，1985年，第1664頁。

源。隨着書寫系統的發展,上下兩個符號最終演變成獨立漢字
"大"和"火"。許慎就是根據最後這個字形來解釋"赤":"赤,南方
色也;从大从火。"①

　　許慎(58—148)接受了當時流行的"五行説"理論,把"赤"與四
方聯繫起來,認爲"赤"是南方之色;他還認爲"赤"是會意字,根據
字形就能判斷出它的涵義,跟火有關。然而,許慎的解釋可能會誤
導後來的古文字研究,使研究者忽視了該字形中可能還有聲符元
素。現在讓我們來看該字的幾種變體,也許爲我們提供了它在語
音方面發展的一些綫索。

　　在春秋時期的銅器《邾公華鐘》②銘文中,"赤"的字體比較獨
特,寫作"䵧",用爲形容詞,修飾一種金屬的顏色。上面的符號
"大"增飾兩橫畫,變成"土",下面的符號"火"增飾爲"炎"。而《説
文》中收錄的"赤"的另一個字形"古文䵼",③"炎"和"土"的構形更
加明顯,只是位置顛倒罷了。據許慎説,該字"从炎从土"。④

　　如果不是書寫的錯誤(有學者持這種觀點⑤),那麼,該字構形
中是否存在語音符號? 我們必須考慮到,"土"在其字形演變中是
否已經扮演了某種聲符功能。⑥

---

　　①　《説文》,第 212 頁。

　　②　上海博物館編:《商周青銅器銘文選》(以下簡稱《銘文選》),北京:文物出版
社,1986 年,第 827 頁。

　　③　王國維認爲,《説文》中所謂的"古文",主要在戰國時期東方各國内使用。參看
《觀堂集林》,北京:中華書局,1959 年(首次出版 1921 年),第 2 册,第 305—320 頁。近
來的考古發現也驗證了這個觀點。參看李學勤:《東周與秦代文明》(第 2 版),北京:文
物出版社,1991 年,第 361—370 頁(首次出版於 1984 年)。

　　④　《説文》,第 212 頁。

　　⑤　比如,見金祥恒:《釋"赤"與"幽"》,《中國文字》第 8 期,1962 年,第 4 頁(參看
周法高與其他學者合編:《金文詁林》,香港:香港中文大學出版社,1974 年,第 6021
頁。以後簡稱《詁林》)。

　　⑥　苗夔(1783—1857)提出的這個觀點。見丁福保(1874—1952)編:《説文解字
詁林》,上海:商務印書館,1928 年,第 4551 頁。

　　在傳統音韻學中，“赤”是昌紐，鐸韻，讀爲“＜*khjiak”。其他一些從“赤”的諧聲字，也有相似的聲部和韻部：赫＜*hrak，“赤紅色”，“生氣的”；赦＜*skhjiak，“赦免”，“原諒”。① “土”是透紐魚韻，讀爲“＜*thag”。“社”字，讀爲＜*djag；即從“土”。②

　　乍一看，“土”和“赤”之間似乎不可能存在語音上聯繫，它們的聲母完全不同，只有元音和韻部相近。在周代的語音體系中，很難解釋二者之間的聯繫。可是，在重建的古藏緬語體系中，“赤”讀作＜*tsak。③ 另外兩個從“赤”的諧聲字：䞓＜*grag，赭＜*tjag，之間可能也存在這種語音關係，兩者都是後齒音或軟齶音。它們的意思也是“紅顏色”。④王蘊智的博士論文搜集了商周甲金文的大量實例，並試圖解釋它們之間的詞源關係。根據李新奎提出的音韻系統，王蘊智認爲許多同源字不單是從後齒音發展來的，也有從軟齶音發展來的；他認爲語音的變化是：*k->*kj>*tj->*t-，由-j-引起的鄂音化，是影響這類音韻結構和發展的關鍵因素。⑤根據他的觀點，“赤”＜*khjiak 和“土”＜*thag 之間似乎確實存在着語音上的聯繫，它們可能是同源字。

　　上面的討論還不能視作古音韻學的定論。我在這引用上古音討論中的一些觀點，主要爲了説明在“赤”的字形變化過程中，可能

　　① 　參看 B. Karlgren：*Grammata Serica Recensa*，*Bulletin of the Museum of Far Eastern Antiquities*，no. 29(1957)：779，793.
　　② 　更多討論參看戴家祥：《“社”、“都”、“土”古本異字考》，《上海博物館季刊》第 3 輯，1986 年，第 7—9 頁。
　　③ 　參看周法高：《中國音韻學論文集》，香港：香港中文大學，1984 年，附録 1，第 292 頁；在這本書中，周法高根據 P. Benedict 的《漢藏語》(*Sino-Tibetan*)，重構了很多藏—緬語同源詞。
　　④ 　參看《説文》，第 213 頁。
　　⑤ 　王蘊志：《殷周古文同源分化現象探索》，吉林大學博士論文，1991 年，第 272—274 頁。

還伴有語音的影響。儘管這只是一種假設,有待新的證據和深入研究來證明,但這也提醒了我們,對那些傳統上常常認爲是象形字或會意字的字,我們還需進行更深入的研究,以揭示它們在詞源發展中可能存在的語音關係。

現在,需要檢測"赤"字在甲骨文中是否真的用作顔色詞。甲骨文中的"赤"字很罕見,不過我們還是可以找出一些例子。

歷組卜辭中有一條卜辭:

> 甲寅,貞,射比赤。　　　　　　　　　　　　(《合集》33003)

這裏的"赤"顯然是指人名,不是顔色詞。顔色詞直接用作人名或地名的例子,在後世文獻中也很常見,例如"赤狄"、"白狄"①等,但在商代甲骨文中還很少見。②

另外,我們在賓組卜辭裏還找到一例:

> 戊午卜,殼,貞我獸(狩)彔,罕(擒)。之日獸,允罕。[隻]
> (獲)虎一、鹿四十、狐[二]百六十四、龟(麑)百五十九。圍赤
> □友二赤小……四……　　　　　　　　(《合集》10198 反)

這是一片武丁時代的賓組卜辭。它記錄了一次打獵事件,並詳細記錄了獵物的種類和數量。這裏的"赤"是否爲顔色詞還不確定。從字形來判斷,"赤"前面一字可能是指一種用網捕捉動物的狩獵方式,"赤屮友"可能是某種飛禽的名字。不管怎樣,"赤"或許與動物的顔色有關。③ 遺憾的是,其他刻辭多因爲字跡模糊或辭例殘缺,無法拿來作爲佐證。

---

① 《春秋·宣公三年》:"秋,赤狄侵齊。"《左傳·僖公三十三年》:"晉侯敗狄于箕,郤缺獲白狄子。"杜預注:"白狄,狄別種也。"
② "赤"在周朝金文中有用作人名的例子,如《銘文選》823:《薛仲赤簠》。
③ 李圃認爲在這片卜辭中,"赤"是一種用火焚林、以驅逐動物的狩獵方式。見李圃:《甲骨文選注》,上海:上海古籍出版社,1989年,第188—194頁。

　　不過在另外一些卜辭中，“赤”的確是指動物的顔色，尤其是馬的毛色：

　　　　乙未……長……不……

　　　　乙未卜，睌，貞：舊乙左馭①，其俐不爾②。

　　　　乙未卜，睌，貞：［狄］入［墣］③，其俐不爾。

　　　　乙未卜，睌，貞：今日子入［墣］，乙俐。

　　　　乙未卜，睌，貞：师賈入赤駁④，其俐不爾。吉。

　　　　　　　　　　　　　　　　　　　　　（《合集》28195）

　　　　乙未卜，……貞：左［駁］……其俐不［爾］……不用。

　　　　乙未卜，睌，貞：在甯田，駁黄，右赤馬……其俐……

　　　　乙未卜，睌，貞：辰入駁……其俐……　（《合集》28196）

　　　　癸丑…貞：右……馬。

　　　　癸丑卜，睌，貞：左赤馬，其俐不爾。　（《合集》29418）

在這些卜辭中，“赤馬”和“赤駁”毫無疑問是指一種“紅毛色的馬”。只不過，這裏的赤色不等同於現代的“紅色”，可能比較接近棗紅色。商王及其貞人專門爲馬占卜，是爲了確定這些駕駛王車的馬是否可靠。商代的車馬可能是從北方草原傳入的，在當時還很稀少，主要用來展示王權和威儀。上面幾版甲骨都是何組卜辭，時代可能是廩康時期，屬於殷墟中期。這幾條卜辭内容基本相同，字體

---

　　①　該字寫作合文𩥉，釋爲“馭”。

　　②　該字意思不明，我這裏採用了于省吾的解釋，參看《甲骨文字釋林》，第328—329頁。

　　③　該字寫成了合文，在“馭”的字符上附加了馬的性别符號。

　　④　該字寫作𩥉，釋爲“駁”。該字在《詩經·有駁》中出現過，毛亨注：“馬肥强貌。”參看《毛詩正義》卷20.1；《十三經注疏》，北京：中華書局，1980年，第610頁（以下所引《十三經》全依此本）。

風格相近,可能是"成套卜辭"。①

商代甲骨文中,還有很多指稱各種顏色的馬的字。② 商王似乎特別關心馬的顏色。周代也是如此,《詩經·魯頌·駉》就是一例。王室的馬場上跑着各種顏色的馬:

> 駉駉牡馬,在坰之野。薄言駉者,有驈有皇,有驪有黃,以車彭彭。思無疆,思馬斯臧。
>
> 駉駉牡馬,在坰之野。薄言駉者,有騅有駓,有騂有騏,以車伾伾。思無期,思馬斯才。
>
> 駉駉牡馬,在坰之野。薄言駉者,有驒有駱,有駵有雒,以車繹繹。思無斁,思馬斯作。
>
> 駉駉牡馬,在坰之野。薄言駉者,有駰有騢,有驔有魚,以車祛祛。思無邪,思馬斯徂。

"驈"、"皇"、"驪"、"黃"、"騅"、"駓"、"騂"、"騏"、"驒"、"駱"、"駵"、"雒"、"駰"、"騢"、"驔"、"魚"、"二目"等,都是馬的名稱,而且幾乎都與馬的顏色有關。毛鄭舊注云:"驪馬白跨曰驈,黃白曰皇,純黑曰驪,黃騂曰黃。蒼白雜毛曰騅。黃白雜毛曰駓。赤黃曰騂。蒼祺曰騏。青驪驎曰驒。白馬黑鬣曰駱。赤身黑鬣曰駵。黑身白鬣曰雒。陰白雜毛曰駰。彤白雜毛曰騢。豪骭曰驔。二目白曰魚。"這些馬匹都是用來駕駛儀仗隊的馬車的。孔穎達正義曰:"此等用之以駕朝祀之車,則彭彭然有壯力,有儀容矣。"③

---

① 關於成套卜辭的深入討論,參看張秉權:《論"成套卜辭"》,中研院歷史語言研究所季刊外編,第四本第一分,1960 年,第 389—401 頁。
② 參看王宇信:《商代的馬和養馬業》,《中國史研究》1980 年第 1 期,第 99—108 頁。
③ 《毛詩正義》卷 20.1,《十三經注疏》,第 609—610 頁。

　　根據文獻記載，馬在先秦祭祀儀禮中也可用作祭牲。《周禮·地官·牧人》："掌牧六牲，而阜蕃其物；以共祭祀之牲。"鄭玄注："六牲，謂牛馬羊豕犬雞。"①商代甲骨文中也有少量用馬做祭牲的例子。在上引各辭中，赤紅色馬都是駕馭王車之馬，不是祭牲，因而我們很難判斷，赤紅色馬是因爲稀少而受重視呢，還是因爲這種毛色在商代宗教思想中有特殊涵義。根據《山海經·大荒南經》的記載，有"赤馬"居於神山之上。② 可見，神話中的赤馬非同一般。後代的史書中仍有關於"赤馬"的記載。③

## 第二節　釋　"騂"

　　雖然"赤"在甲骨文中可以表示紅色，但是甲骨文中表示紅色的字不止一個。甲骨文中還有一個更常見的表示紅色的字：𤚈，④隸定爲"𤚈"，由上"羊"下"牛"兩個象形符號構成。羅振玉最先把它釋爲"騂"的初文，認爲甲骨文中的"𤚈"是指紅色的牛，是商代祭祀中常見的犧牲。這種解釋有文獻佐證，因而已被廣泛接受。⑤

　　在漢代以前的多數字書中，"𤚈（𤚈）"都寫作"騂"。它的字義很明確，如《玉篇》所説："騂，馬赤黃。"可見這是一種發黃的紅色，

---

　　① 《周禮》中還提到用"六牲"爲膳用；如《天官·膳夫》："凡王之饋，食用六穀，膳用六牲。"鄭玄認爲這裏的"六牲"也是"馬牛羊豕犬雞也"。可是王引之在《經義述聞·周官上》中指出："此六牲與《牧人》不同。《牧人》之六牲謂馬牛羊豕犬雞，此六牲則牛羊豕犬鴈魚也。蓋膳夫之飲食膳羞，與《食醫》之六食、六膳、百羞相賴。"

　　② 參看袁珂：《山海經校注》，上海：上海古籍出版社，1980年，第384頁。

　　③ 《晉書·劉曜載記》："曜將戰，飲酒數斗，嘗乘赤馬，無故踢頓，乃乘小馬。"《北史·王晧傳》："嘗從文宣北征，乘赤馬，旦蒙霜氣，遂不復識。"

　　④ 參看《甲骨文編》：1155。

　　⑤ 參看《甲骨文字集釋》，第3047頁。

不是上文討論的赤紅色。《詩經·魯頌·駉》載有"有騂有騏"。毛亨注："赤黃曰騂。"孔穎達疏："言赤黃者,謂赤而微黃,其色鮮明者也。"[1]二者都説明"騂"是一種亮紅黃色,或橘色,騂牛就是橘黃色的牛。

　　不過,這個象形字的語音關係和構字原則還未得到合理解釋。裘錫圭已經指出,𦍋可能是個合文,因爲它常與另一個合文對舉。[2]"羊"和"牛"合起來寫,爲什麼就有了"紅"的含義?筆者大概揣測,認爲這個甲骨字最初應該是諧聲字,字體里包含有語音元素。"騂"是心紐耕韻,"羊"是喻紐陽韻,它們的聲部接近。但在李方桂構擬的上古音系統中,這兩個字的元音卻很不相同:

　　　　騂＜*hrjing　　羊＜*rjang

　　然而,如果根據蒲立本構擬的上古音,耕部和陽部讀音接近:耕＜*an,阳＜*ang;[3]我們從許多諧聲字和韻文,尤其是《詩經》中知道,耕部和陽部在上古漢語中可能是相通的。該字可能也是源於藏緬語。在重構的上古藏緬語系中,"騂"可能讀作*kyeng。[4]因此,從語音學上看,在"𦍋"的構字中,"羊"可能是語音符號,代表該字的讀音。

　　當然,作爲合文,"𦍋"或許應該讀爲兩個字的詞組"騂牛"。這種推測可以從甲骨文中找到例證。在兩版歷組(或無名組)卜辭中,有"漢牛"的寫法出現:

　　　　……登漢牛,大乙白牛,叀元……　　　　　　　(《合集》27122)

---

①　《毛詩正義》卷20.1;《十三經注疏》,第609—610頁。

②　裘錫圭認爲,𦍋可能是合文,因爲它常與另一個合文對舉。參看《古文字論集》,第84頁。

③　E. G. Pulleyblank: *Final Consonants*, pp. 183 - 187, 202 - 203.

④　參看周法高:《中國音韻學論文集》,香港中文大學出版社,1984年,第293頁。

丁丑卜，王其𠂤潒牛于……五牢。① 　　　　（《合集》29512）

這裏的"潒牛"可能就是"𤙫"的原始寫法，②"潒"是形容詞而非名詞。③ 晚至無名組和黃組卜辭時，"潒"字進一步簡化，並且和"牛"寫得越來越近，最終變成合文"𤙫"，④成爲祭祀中常用的"橘黃色牛"的專名。比如：

叀騂牛……吉。 　　　　（《合集》29514）

丙午卜，貞：康祖丁祊，其牢，𤙫。 　　　　（《合集》36003）

在西周金文中，"𤙫"還保持這種寫法，並繼續用作顏色詞，尤其是祭牲的顏色。故宮博物院所藏的西周中期青銅食器《大簋》銘文曰："王……易（錫）𡢙𤙫犅。"⑤"𤙫犅"顯然是一種祭牲，即橘黃色的公牛，"𤙫"是形容詞。另一個例子是山西侯馬出土的東周晉國盟書，刻在玉石片上，上有"𤙫義（犧）"一詞，應該也是指"橘黃色的公牛"。⑥ 在周代祭祀中，騂牛是最受歡迎的一種祭牲。《詩經·魯頌·閟宮》云"享以騂犧"，"白牡騂剛"，多數注疏家都認爲

---

① "牢"和"宰"這兩個字完全不同。參看《甲骨文字集釋》，第313—316頁。傳統解釋認爲"牢"是"太牢"，包括一牛、一羊、一豬；"宰"是"少牢"，包括一羊、一豬。但現在大多學者都同意把它們解釋成"圈養的牛"和"圈養的羊"。關於這個問題的進一步討論，參看胡厚宣：《釋牢》，《史語所集刊》第8本第2册，1939年，第153—158頁；張秉權：《祭祀卜辭中的犧牲》，《史語所集刊》第38期，1968年，第211—215頁；嚴一萍：《"牢"義新釋》，《甲骨古文字研究》第一輯，臺北：藝文印書館，1976年，第135—172頁；姚孝遂：《"牢"、"宰"考辨》，《古文字研究》第9輯，1984年，第25—35頁。雖然這兩個字習慣上讀爲一個字"牢"，但它們最初可能讀爲"牢牛"和"牢羊"。
② 徐中舒主編：《甲骨文字典》，成都：四川辭書出版社，1988年，把這個字列到"騂"的異體字一欄中；見《甲骨文字典》，第1070頁。
③ 在甲骨文字中該字也用作地名，比如《合集》1141。
④ 有時也有例外。比如合集35986與合集36003內容接近，但"宰"的兩個元素"牛"和"羊"寫得很開，成了兩個獨立的字。
⑤ 《銘文選》：395。
⑥ 《侯馬盟書》17∶1。

“騂犧”、“騂剛”是赤黄色的公牛。①

　　“羍”也在其他語境中出現過。春秋銅鐘《者減鐘》曰“不帛不羍”，“羍”是修飾金屬顔色的形容詞。② 後來，“羍”演變成一個聲符。在《説文》中“羍”不是獨立的漢字，而是構成其他漢字的字素，例如埐、觪。這兩個字顯然是諧聲字，都以“羍”爲聲符。

　　“羍”可能既是聲符，同時也是義符，“埐，赤剛土也”。③《周禮》中也出現了“騂剛用牛”。孫詒讓認爲這裏的“騂”可能假借爲从土的“埐”字，因而“騂剛”可能不是動物，而是一種黄紅色土壤。④ “觪”也與之相關。根據毛亨對《詩經·小雅·角弓》“騂騂角弓”的注解，《説文》釋之爲“用角低仰”。⑤毛注曰“騂騂，調利也”，⑥指的是牛角的形狀。但筆者認爲，它也可能是描述牛角顔色的形容詞。⑦

　　在《説文》的引文中，“騂”仍寫作古體“觪”。但在時代較晚的《詩經》定本中，舊的聲符“羍”已被新的聲符“辛”所替代。《秦石鼓文》中也有類似的情況，石鼓文中“羍”寫作“牸”，以“牛”爲義符，以“辛”爲聲符。⑧ 這些字雖然寫法不同，但實質上都是一個字，而字形的改變應該是在東周時期發生的。

　　事實上，“騂”與“辛”的發音並不完全相同。二者都是“心”紐，但是“辛”是真韻，“騂”是耕韻。“辛”、“騂”的讀音可以擬定爲：

---

① 《毛詩正義》卷 22，《十三經注疏》，第 615 頁。

② 《銘文選》：534。

③ 《説文》，第 286 頁。

④ 孫詒讓：《周禮正義》卷 30，第 1184 頁。

⑤ 《説文》，第 94 頁。

⑥ 《毛詩正義》卷 15.1，《十三經注疏》，第 490 頁。

⑦ 《墙盤》銘文中也有類似的詞句，用來修飾牛角，可能就用作顔色詞。參看第二章“釋戠”。

⑧ 參看郭沫若：《石鼓文研究》，《郭沫若全集（考古編）》，第 6 册，北京：科學出版社，1982 年，第 3—274 頁。本書收録了石鼓文的“先鋒本”拓本。郭氏的抄本見第 59 頁。有關石鼓文的更多研究，參看 G. Mattos: *The Stone Drums of Ch'in*，Monumenta Serica Monograph Series no. 19 (1988)，pp. 144 - 145.

辛＜* hrjin　騂＜* hrjing

在上古音中，“真”部與“耕”部因爲讀音接近而相通轉。在後來的形聲字中，“辛”更常用作聲符。

概括來説，在這些形聲字中，義符是最基本的元素，但可以是多重的。因此，當“羍”用來描述黄紅色的土壤時，就要加上義符“土”，即“埪”；加上義符“馬”，就指橘黄色的馬；加上義符“牛”，就指橘黄色的牛。但實踐中並没有如此嚴格的區分。在早期文獻中，帶有聲符“羍”(辛)的形聲字，似乎都是通用的。它或用作名詞，或用作形容詞，指代各種紅色的事物。這就表明，在早期階段，漢字的構造和使用非常靈活，而聲符和義符的關係是比較複雜的。

## 第三節　釋　“白”

“白”在甲骨文里寫作◖、◗、◖。[1]“白”一直用作顏色詞，字形變化也不大，因此相對較容易識别。不過，“白”到底是象形字、象意字，還是假借字，卻引起了很多麻煩和論争。

《説文》是這樣解釋的：

白，西方色也；陰用事，物色白；从入合二，二陰數。[2]

許慎的定義讓人費解，他是根據“白”的古文字形“◖”，並用陰陽學理論對“白”進行了哲學化的解釋。没有證據能夠表明，這個甲骨字的造字初衷就已暗含了後世陰陽學的信息。事實上，單從字形上來看，商周銘文中“白”的早期字形就與許慎的解釋相衝突。

---

① 《甲骨文編》：0984。
② 《説文》，第160頁。

　　一些學者還認爲"白"是"魄"的初文。魄，"陰神也"，意爲"空無"，"白色"即由此引申而來。[1] 這種觀點很大程度上也只是猜測，還與陰陽學術語混雜不分，因此比許慎的觀點更難以服人。

　　另一種理論認爲"白"是太陽的象形。法國學者禮甬·威格(1856－1933)在其名著《中國漢字》中這樣描述：

　　　　初昇之日，中間一點是指示符號，表示太陽；早晨，即東方變白之時。[2]

　　他認爲"明亮"和"白色"這兩項意思都是從太陽的形象引申而來。在早期文獻中，"白色"和"太陽"之間確實存在某種聯繫，但是早期的金石學材料並不支持這種看法。在商周銘文中，"日"與"白"是兩個不同的漢字。

　　郭沫若對甲骨文和金文都有深厚研究，他認爲"白"是拇指的象形，原意是表示伯仲之"伯"，或者王伯之"伯"；作爲顏色詞使用的"白"，只是基於讀音的假借字。[3] 近來，趙誠認爲"白"是一個表示抽象含義的圖像字，作爲顏色詞使用時，只是單純的語音符號，即他所説的"音本字"。[4]

　　不過，只要認真研究一下甲骨文中出現的"白"字，就會發現它有三種不同的意思：

---

①　《詁林》，第 4929 頁。

②　L. Wieger：*Chinese Characters: Their Origin, Etymology, History, Classification and Signification. A Thorough Study from Chinese Documents*，New York，1965，p. 223. 這種理論是根據前輩學者的觀點，參看《詁林》，第 4931—4935 頁。朱駿聲：《説文通訓定聲》，北京：中華書局，1984 年，第 464—465 頁。

③　郭沫若：《金文叢考》，北京：人民出版社，1956 年，第 181—182 頁。郭氏認爲"白"和"拇"在語音上有聯繫，但"白"是並母鐸韻，"拇"是明母之韻。可是，根據李芳桂重建的語音系統，這兩個字上古讀音並不接近：白＜* brak，拇＜* magx。

④　趙誠：《本字探索》，《古代文字音韻論文集》，北京：中華書局，1991 年，第 78—79 頁。

（1）地名：

  貞：不雨在白。       《合集》12523）

  庚子卜：王往田于白。     《合集》33425）

（2）爵稱，可能指方伯首領：

  甲隹王來征盂方白。     《合集》36509）

  甲骨文中還有很多“白＋方國名”的例子，比如“白尹”、“白冏”。這個涵義的“白”，在後世表示家中長子。[1]

  （3）顏色詞，用來形容祭祀用牲和穀物的顏色，有“白豕”、“白牛”、“白黍”等。試舉幾例：

  叀白牛燎。         《屯南》231）

  乙丑卜，燎白豕。      《合集》34463）

  叀白黍登。        《合集》32014）

  “白”作爲顏色詞，在各個貞人組、各個時期的卜辭中都很常見。在以後的章節中，我還會詳細討論很多類似的卜辭，因此這裏只暫舉幾例。“白”用來修飾動物有些費解。雖然今天也有白色的動物，但並不多見，而甲骨文中記載的白色動物數量驚人。是不是商人掌握了繁殖的訣竅，能夠有意識地控制動物的毛色？ 或者是他們用“白”來表示所有的淺色？ 把動物身上的毛刮掉，露出來的皮也可以用“白”來描述。[2]

  最後還要説明一點，在甲骨文中，顏色詞“白”＜*brak 還作爲

---

  ① 後來“白”字用作表示兄長或首領的名詞時，爲了區別，增加了一個偏旁，變成形聲字“伯”。儘管在現代普通話中這兩個字讀音不同，但在上古漢語中都讀爲＜*brak。

  ② 這是一位復旦大學的學生提示我的，他刮完鬍子就是“小白臉”。

聲符出現在形聲字裏,如"帛＜* brak","白"顯然是"帛"的聲符。[1]
數字"百＜* prak"與"白"讀音、構形都相同,但數字"百"一般都寫
作"⬧、⬧"。商人在契刻顏色詞"白"和數字"百"時,通常會刻意做
出區別。日本天理大學所藏甲骨中有一片:

> 丙午卜,御方九羊,百白豭。　　　　　　　　　　　(《天理》300)

卜辭記錄了在丙午這一天占卜,対"方"實行御除災禍之祭,用
九隻羊和一百頭白色公豬作爲祭品。在這片卜辭中,"百"和"白"
同時出現,"白"顯然就是顏色詞。

## 第四節　釋　"勿"

在甲骨文中,有一個字寫作🐂和🐂。[2] 在甲骨文中,該字常指
一種祭祀動物,有兩種釋讀:"物"的初文,在甲骨文中指雜色牛;或
指"犁"的初文,也指牛,但是黑色的牛。

王國維首次把它釋爲"物",依據是《詩經》中的"三十維物"。
根據後世的注疏家,"物"是一種雜色祭祀動物。[3] 王國維因此把
它釋爲"雜色牛"。[4]

不過,郭沫若後來對此提出異議,他認爲該字應釋爲"犁",是
一種黑色牛。[5] 後來他又用這個語言學證據來研究商代的農業,

---

① "帛"在後世文獻中意思是"絲綢",在卜辭中用作地名。參看《合集》36842。
② 參看《甲骨文編》:0083。
③ 《毛詩正義》卷 11.2;《十三經注疏》,第 438 頁。
④ 王國維:《觀堂集林》,第 287 頁。但王國維没有指出該字可能是合文。
⑤ 郭沫若:《甲骨文研究》,《郭沫若全集:考古編》第 1 册,北京:科學出版社,
1982 年,第 83—92 頁(首次出版於 1931 年)。

認爲牛耕在商代已經很普遍。①

事實上,“勿”和“牛”這兩部分在很多卜辭書寫中都離得很遠,有時“牛”的部分還可以省略。因此,當這兩個部分寫得很緊密時,它可能是“合文”,正如金祥恒指出的。② 在出組和黄組卜辭中,“勿”和“牛”寫得很緊密,如、,像是形聲字,其中“牛”是義符,“勿”是聲符。但最初它應該是兩個字,讀爲“勿牛”,其中“勿”是修飾語。

甲骨文中還有更多證據。“勿”除了和“牛”合爲一體之外,還出現在其他幾個字中:(1)與“牢”(圈養的動物)結合成爲“”;與馬結合成爲“”;(2)增加到表示動物性别的字上,如“、”。把這些字讀爲一個字是不妥的,我們最好把它們讀爲“勿牢”、“勿馬”、“勿牡”、“勿牝”,以此類推。

甲骨字“”在周初金文中依然沿用,但主要用作否定詞。這個甲骨文可能就是後來讀爲否定詞的“勿”,但遺憾的是,包括郭沫若在内的很多學者都忽視了這一點。③ 後來,裘錫圭發現“”在甲骨文中確實用作否定詞。由此可見,這兩個字可能讀音相似。④

要確定該字是指雜色牛還是黑色牛,我們要對它做兩步分析:首先,必須通過研究它的字形、字義,以及它在早期刻辭和文獻中與其他字的關係,重建它的字源發展史;其次,通過研究它所在的語境,確定它在卜辭中的釋讀情況。

① 郭沫若:《奴隸制時代》,北京:人民出版社,1956年,第7頁。但是,牛經常在商代祭祀用作祭牲,没有證據表明商代已有牛耕。更多討論參看許進雄:《甲骨文所表現的牛耕》,《古文字研究》第九輯,1984年,第53—74頁。

② 金祥恒:《釋“物”》,《中國文字》第8期,1968年,第2頁。

③ 參看《甲骨文字集釋》,第321—323頁。

④ 裘錫圭:《釋“勿”“發”》,《古文字論集》,第70—74頁(首次發表在《中國文字研究》第2輯,1981年)。

　　王國維的弟子徐中舒認爲，"勿"是犁翻土的象形，因此它的原意可能是指土的顏色。① 相反，裘錫圭認爲這不是犁而是刀。周圍的點表示刀切開的物體；因此，他認爲該字的原意可能是"切割"，"選擇"。②

　　在後來的傳世文獻中，"物"的字義和用法相當複雜。《説文》認爲該字是形聲字，表示普遍的物體："物，萬物也。牛爲大物；天地之數起於牽牛，故从牛勿聲。"③許慎的解釋根據的是後來的文獻，當然不是該字的本意。"物"用來表示事物、物體，可能到戰國晚期才開始。④ 做名詞用時，除了"萬物"的意思外，它還指事物、事情、植物、動物、標識、魅精、類別、種類等。⑤

　　不過，在《周禮》、《國語》等先秦著作中，"物"還保留着"雜色"、"顏色"的古義。有時它也用作動詞，表示選擇；常見的有"物牲"或"物地"，這或許暗示了顏色是選擇的基本標準。比如《國語·楚語》中有："毛以示物，血以告殺。"⑥"物"指祭牲的顏色。

　　《周禮·地官·草人》："掌土化之灋以物地。"⑦鄭玄注"占其形色爲之種"，即通過占卜決定耕種土地的顏色和類型。⑧

　　《保章氏》云："以五雲之物，辨吉凶。水旱降豐荒之祲象。"⑨鄭玄注："物，色也。視日旁雲氣之色。"又曰："凡物各有形色，故天

————————————————————

　　① 參看《甲骨文字集釋》，第 318—319 頁。
　　② 裘錫圭：《釋"勿""發"》引文，第 72—73 頁。
　　③ 《説文》，第 30 頁。
　　④ "物"最早用爲名詞"事物"，是在戰國時期中山國青銅器上，"見於天下之勿（物）"。參看《銘文選》：880。
　　⑤ 參看《漢語大字典》，成都：四川辭書出版社，1986—1990 年，第 1805—1806 頁。
　　⑥ 《國語》卷 18，上海：山海古籍出版社，1988 年，第 565 頁。
　　⑦ 《周禮正義》卷 30，第 1182—1183 頁。
　　⑧ 同上。另一處的注文更加清楚："物，色也。"
　　⑨ 《周禮正義》卷 51，第 2124 頁。

之雲氣，地之土色，物之毛色，通謂之物。"①後來的注疏家解釋説，五種顏色的雲代表不同的徵兆，綠色代表蟲害，白色代表死亡，紅色代表戰爭，黑色代表洪水，黃色代表豐收。②

另外，有一種雜色旗幟也稱爲"物"："司常掌九旗之物名……雜帛爲物……"③

《説文》中也有相似的記載："州里所建旗。象其柄有三游。雜帛，幅半異。所以趣民，故遽稱勿勿。"④王筠（1784—1854）認爲"勿勿"應讀爲"匆匆"（悤悤）。⑤

如果只糾纏於文獻中的各種説法，很難精確地重建"物"這類字的語源學發展歷程，因爲相關文獻的斷代問題還沒有解決。不過，這些文獻證據表明，"物"字的原義可能跟"顏色有關係"。我認爲，"物"可能是古代最先出現的顏色類別，它包括了一切有顏色的東西，與"白"對立。後來，"物"發展到總指一種物類，其中暗含着以顏色進行區別的意思，而"事物"、"物體"這類較晚的字義就由此而來。晚起的字義逐漸占據了主導地位，其他意思就隨之消亡了。

通過研究"物"和"犁"這兩個字的關係，我們可以找到更多的證據。雖然這兩個字的現代讀音不同，但它們的上古讀音似乎頗有關係。在傳統音韻學上，"物"是明紐物韻，讀爲＜*mjət，"犁"是來紐脂韻，讀爲＜*ljədh。在商代甲骨文中，"勿"也經常出現在形聲字中，

---

① 《周禮正義》卷 51，第 2124 頁。參看孫詒讓的注。

② 商代已有占卜雲色的記録。甲骨文中有"各雲"（《合集》10405、10406、21021、21022）、"六雲"（《合集》33273、《屯南》1062）和"五雲"（《屯南》651）之類的詞語。有關中國望雲而占的更多討論，參看何丙郁、何冠彪：《敦煌殘卷"占雲氣書"研究》，《文史》第二十五輯，1985 年，第 67—94 頁；《文史》第二十六輯，1986 年，第 109—122 頁。

③ 《周禮正義》卷 53，第 2200 頁。孫詒讓對"九旗"的解釋也很有用。"九旗"是根據形狀和顏色來區別。

④ 《説文》，第 196 頁。

⑤ 王筠：《説文釋例》，北京：中華書局，1987 年，第 446 頁。

比如𢑥,即後來的形聲字"利"<＊ljət。① "物"和"犁"可能是從同一個字根發展而來,因爲在古漢語中它們的聲符關係密切。

除了聲符之間的關係外,"物"和"犁"的字義可能也有關係。很多注疏家把"犁"解釋爲"黑色",而且經常用文獻材料來支撐他們的觀點。相關文獻材料如下:

首先,"犁"在一些先秦文獻中用爲"雜色"。《山海經·東山經》"其狀如犁牛",郭璞(276—324)注:"牛駁,皮似虎文者。"②《論語》中有"犁牛之子",晉代注疏家何晏(3世紀)注:"犁,雜文。"③所有這些文獻材料都表明,"犁"確實應該理解爲"雜色的",尤其是指雜色牛。④

在其他一些傳世文獻中,"犁"指一種黑色,但不是純黑。《尚書·秦誓》中有"播棄犁老",這裏"犁"用來形容滿臉皺紋和褐斑的老人。⑤《戰國策》中也有類似的句子"面目犁黑",這裏"犁黑"連用,注解說"犁黑"是指偏黃黑色。⑥

最可靠的確證來自於甲骨文,"勿"常用作形容詞,指祭牲的顏色。如:

貞:侑于示壬妻妣庚,叀勿牡。　　　　　(《合集》938 正)

辛丑卜,旅,貞:祖辛歲,叀勿牝。　　　　(《合集》22985)

---

① 參看《説文》,第 91 頁。犁的古文寫作𤛿。

② 《山海經校注》,第 101 頁。也見郝懿行(1757—1852):《山海經箋注》卷 4,郝還引用了另一種注解,認爲"利"是雜色牛,但更準確地説是"黃地黑文"。

③ 《論語注疏》卷 6,《十三經注疏》,第 2478 頁。

④ 有關"犁"的更多討論,參看王引之(1766—1834):《經義述聞》,上海:上海古籍出版社,1936 年,第 266—267 頁。

⑤ 《尚書正義》卷 11,《十三經注疏》,第 181 頁。《尚書·秦誓》已被確定是周以後的僞作,但孔穎達採用此篇,並注"犁"爲"駁"。

⑥ 《戰國策》卷 3,上海:上海古籍出版社,1985 年,第 85—86 頁。"犁"通"黧"。參看郝懿行:《爾雅義疏》,北京:中華書局,1982 年,第 23—24 頁。

另有一片上海博物館藏的甲骨，内容如下：①

（1）癸丑卜，行，貞：翌甲寅毓②祖乙歲，叀幽勿牛。兹用。

（2）貞：叀黃勿牛。

儘管沈之瑜堅持認爲“勿”即黑色，但由此這片卜辭中的“幽勿牛”、“黃勿牛”之語就解釋不通了。怎麼理解“幽黑牛”這樣的短語呢？我們最好還是把它理解爲“偏黑的雜色牛”和“偏黃的雜色牛”較好。③

“勿”這種顏色，在早期可能涵蓋了所有暗色，其他顏色如“赤”、“黑”、“黃”等都是從“勿”中分離出來的。“勿”和“犁”的釋讀問題，常常與顏色自身的分類問題相關。不過，甲骨字“勿”的字義很可能是“雜色”，即各種顏色的混合，尤其是指有斑紋的動物。

在商代卜辭中，“黑”和“勿”有明確的區別。儘管二者都用來表示祭牲的顏色，但黑色的動物與勿色的動物用途不同：勿色動物用於祖先之祭，黑色的羊用於求雨之祭。有時它們同出現在一片卜辭上。這表明“黑”和“勿”之間不僅語義不同，象徵涵義也不同。因此，從語言學上講，我們也最好把甲骨文中的“勿”解釋成“雜色”或“深色”而非“黑色”。

## 第五節　釋　　“戠”

該字在甲骨文中寫作“戠”或“戠”。④　羅振玉最先把它釋爲顏

① 這片甲骨的發表，見沈之瑜：《甲骨卜辭新獲》，《上海博物館季刊》第 3 期，1986 年，第 161 頁。

② “毓”是表示“祖先”的通詞。也用作動詞，意爲“生育”。

③ 參看裘錫圭：《甲骨文中所見的商代農業》，《古文字論集》，第 165 頁（最早發表在《農史研究》第 8 期，1989 年）。在這篇文章中，裘先生認爲，甲骨文中的“勿”可以解釋爲“雜色”，並經常與“犁”（橘黃色牛）對舉。

④ 《甲骨文編》：1511，但此書只收錄了第一種字形。

色詞,在甲骨文中用來表示牛等動物的顏色。①

羅振玉的解釋主要根據漢以前文獻中的轉注字。《尚書・禹貢》中有"厥土赤埴墳";後世注疏家如鄭玄都已指出,埴<* djək,戠<* trjək,熾<* thrjək,皆"赤"也,可以互轉。②

資料來源不同,對"埴"的解釋也互相矛盾。瑞典漢學家高本漢把"厥土赤埴墳"讀爲"厥土赤、埴、墳",意思是"這是一種紅色、有黏性、且肥沃的土壤",把"埴"翻譯爲"clayey",即"黏土的"。③這種翻譯採用了孔穎達等注釋家的觀點。④

"戠"具有"紅色"和"黏土的"兩種意思,除此之外還有第三種意思。漢代劉熙所著《釋名》曰:"土黃而細密曰埴。"⑤事實上,這個解釋也包括了前兩種意思,同時從顏色和質地兩個方面對它進行定義。事實上,《禹貢》中的"赤埴"可能是一個同義連綿詞,不是表示濕度和密度的兩個詞。用作顏色詞時,它可能是指一種偏紅的黃色(不是偏黃的紅色)或褐色。

"戠"在甲骨文中有幾種不同的意思和用法。首先,它可能是一個名字:人名如"子戠",⑥或者地名如"王入戠"。⑦

"戠"在很多卜辭,尤其是在出組卜辭中,可能是祭名:

戊午卜,旅,貞:王賓大戊,戠,無尤。　　（《合集》22846）
壬申卜,行,貞:王賓戠,無囚。　　（《合集》25702）

---

①　參看《甲骨文字集釋》,第 333 頁。

②　參看孫星衍(1753—1818):《尚書今古文注疏》,北京:中華書局,1986 年,第 154—155 頁。

③　B. Karlgren, *The Book of Documents*, BMFEA, no. 22(1950), p. 14.

④　《尚書正義》卷 6,《十三經注疏》,第 148 頁。

⑤　王先謙(1842—1917):《釋名疏證補》,上海:上海古籍出版社,1984 年,第 18 頁。

⑥　比如《合集》30036、30037、32775。

⑦　這類例子更多,如《合集》5068、5165、1535、16101、16102、16103、16104、16105。這些卜辭時代較早,主要是賓組、歷組和子組卜辭。

　　據于省吾研究，“散”是祭牲的乾肉。① 近來，裘錫圭認爲“散”在一些卜辭中也用作動詞，意思是“等待”。②

　　這裏的問題是：“散”在一些卜辭中，尤其是與“牛”連用時，是否用作顏色詞？ 在一些卜辭中，“散牛”連用，但在另一些卜辭中，“散”更可能用作祭名或動詞。比如：

　　　　乙卯卜，行，貞：王賓祖乙，散一牛。　　　　　（《合集》22550）

這裏的“散”可以理解爲祭名，也可以理解爲及物動詞“炙烤”，“牛”是動詞賓語，“一”指牛的數量。

　　很多卜辭，尤其是歷組卜辭中，有“日有散”、“月有散”之語。③ 郭沫若認爲“日有散”是指日食，④陳夢家認爲這是太陽黑子。⑤ 在“日有散”和“月有散”中，“散”都可以理解爲太陽或月亮不斷變化的顏色。這個觀點已被很多學者採納，這類卜辭被認爲是中國天文學研究的科學依據。⑥

　　然而，近年來一些學者對此提出異議。日本學者伊藤道治近來仔細研究了甲骨卜辭不同時期“散”的用法。⑦ 他認爲“日有散”、“月有散”不是表示日食、月食或太陽黑子等的天象記錄，而是表示祭祀太陽或月亮的儀式，“散”應該理解爲祭名。

　　甲骨刻辭中，“散牛”連用的例子並不少，但多數都辭例殘缺，

―――――――――

　　① 于省吾：《釋林》，第 182—184 頁。
　　② 裘錫圭：《説甲骨卜辭中“散”字的一種用法》，《古文字論集》，第 111—116 頁。
　　③ 刻有“日有散”的卜辭數量巨大，比如《合集》33696—33704，27388，29697—29699，《懷特》：1371。《屯南》726 中有“月有散”一語。這類卜辭大都是歷組和無名組卜辭。
　　④ 郭沫若：《殷契粹編》，北京：科學出版社，1956 年，第 13 頁。
　　⑤ 陳夢家：《殷虚卜辭綜述》，第 240 頁。
　　⑥ 參看温少鋒、袁庭棟：《殷墟卜辭研究——科學技術篇》，成都：四川科技出版社，1983 年，第 29—31 頁。張亮：《新出土的“月有散”卜辭》，《中國天文史研究：天問》第一輯，1984 年，第 119—128 頁。
　　⑦ 伊藤道治：《“散”字考》，夏商文明會議論文，洛陽，1991 年。

不足爲證。①然而,在黃組卜辭中,我們見到一些例子,其中"哉"與"牛"常常寫得很緊密,成了合文"",而且,這裏的"哉"更可能用作修飾牛的顏色的形容詞,意思是"褐色":②

　　　　丙申卜,貞:康祖丁,其牢。
　　　　其哉牛;兹用。　　　　　　　　　　　　　　　　(《合集》35995)
　　　　甲辰……乙……其
　　　　其哉牛;
　　　　甲寅卜,貞:武乙宓,其牢;
　　　　其哉牛;兹用。
　　　　丙午卜,貞康祖丁祊,其牢;
　　　　其哉牛;兹用。
　　　　丙午卜,貞康祖丁祊,其牢;
　　　　其哉牛;兹用。
　　　　丙辰卜,貞:康祖丁祊,其牢。　　　　　　　　　(《合集》36002)
　　　　甲申卜,貞:武乙宗祊,其牢;兹用。
　　　　其哉牛。
　　　　……貞……武丁……受有祐。
　　　　……勿牛……用。　　　　　　　　　　　　　　　(《合集》36081)

　　儘管這些卜辭都殘缺不全,但顯然命辭是對貞卜辭,卜問的是祭牲的選擇。貞人先提議各種動物,如"牢",然後提議各種顏色的動物,如"哉牛"、"勿牛";這些詞都寫作合文,"哉"可能與"勿"形成

---

①　比如《合集》8969、15761、16229 和 23000。在這些卜辭中,"哉"可能用作名字或動詞,不是形容詞。有一片較早的無名組卜辭,《合集》30718,在這片卜辭中"哉"可能是形容詞,但因辭例殘缺,無法肯定。在黃組卜辭中,"哉"也指祭祀,比如《合集》38115,但"哉"的寫法不同,寫作""。

②　前文已經説過,羅振玉首次把該字釋爲顏色詞"戠"。

對比。這些卜辭是黄組卜辭。我們在下文還會看到,黄組卜辭中有很多卜問祭牲的命辭,形式都類似。

黄組中還有一片罕見的雕花骨刻辭,其中"戠"的用法很能説明它是一個表示褐色的顏色詞:

壬午,王田于麥麓,獲商戠兕。王易(錫)宰丰寢小[圖]兄①。在五月,隹王六祀肜日。　　　　　　　　　　(《補編》11299)

這是一片記録商王田獵的刻辭。"戠兕"是田獵中獵獲的動物(犀牛或野水牛之類)。② 這片刻辭的内容和書體都近似於《佚存》427(即《補編》11301),不同的是《佚存》427獵獲的是"白兕"。

既然"戠"可能是表示褐色的顏色詞,尤其是在商末的黄組卜辭中,那麽,把它與周初金文做比較研究還是很有用的,因爲它的用法很容易在周代文本中繼承下來。在周代金文中,"戠"常用來修飾絲織品、衣服等物品,最常見的是"戠衣"。③ 很多學者讀"戠"爲"織",布帛也。也有一些學者認爲"戠"是顏色詞,例如陳漢平就認爲"戠"是表示淺黄色的顏色詞。④

1976年12月陝西扶風出土的西周恭王時期(前927—前908)的《墻盤》銘文中有這個字(圖5):⑤

---

① 參看郭沫若:《宰豐骨刻辭》,《郭沫若全集:考古編》第1册,第405—410頁。

② 本字寫作"[圖]",表示一種頭大、有角的動物。

③ 比如《銘文選》:229《豆閉簋》,252《免簋》。

④ 參看陳漢平:《西周册命制度》,第226—228、292頁。還可參看《詁林》,第7003—7018頁。

⑤ 見《銘文選》:225。有關《墻盤》的論文很多,比如李學勤:《論"史墻盤"及其意義》,《新出青銅器研究》,第73—82頁(最初發表在《考古學報》1978年第2期);裘錫圭:《"史墻盤"銘解釋》,《古文字論集》,第371—385頁(最初發表在《文物》1978年第3期);李仲操:《"史墻盤"銘文》,《文物》1978年第3期,第33—34頁;于省吾:《墻盤銘文十二解》,《古文字研究》第五輯,1981年,第1—16頁;趙誠:《墻盤銘文補釋》,《古文字研究》第五輯,1981年,第17—26頁;連邵名:《史墻盤銘文研究》,《古文字研究》第八輯,1981年,第31—38頁。

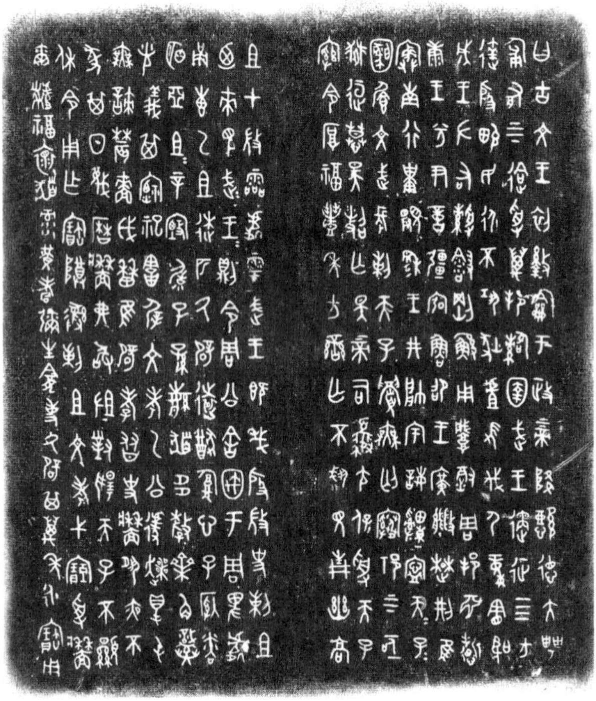

圖 5：強盤銘文

　　檳角羆光，義（宜）其？祀

正如連邵名說的，這裏的"檳角"可能指牛角，"羆"很可能是表示褐色的顏色詞，用來修飾牛角。① 因此，我們有理由相信，"戠"最初在甲骨文中用作表示褐色的顏色詞。

————————

　　① 參看連邵名：《史墻盤銘文研究》，第 35—36 頁。夏含夷在《周代史料：青銅器》中釋讀了這片銘文，並把它譯成英語，在處理這兩句銘文時，他似乎採納了連邵名的意見，把它譯爲"Even-horned and redly gleaming, appropriate were his sacrifice"。參看 *Sources of Western Zhou History: Inscribed Brozee Vessels*, Berkeley. Los Angeles. Oxford，1991，pp. 182-192. 另外，夏含夷還對"羆"字有所發凡，認爲義符下面兩手舉皿""的形象，可能暗示像鏡子反光那樣的亮度。

近年出土的戰國簡牘裏也有很多用"戠"修飾祭牲的例子，顯然也是沿襲了商周祭祀傳統。但是，既然學者對該銘文的理解各異，我們也無法排除"戠"的其他解釋。例如，很多學者認爲甲骨文中的"戠牛"可能就是後世文獻中的"特牛"。上文已經説過，在很多周代文獻中，"戠"通"埴"，而"埴"又可通"特"。[1] 這三個字之所以能通假，是因爲它們讀音相近，可以互相假借："戠"和"特"都是定紐職韻，不同的只有介音。它們的構擬讀音非常接近：

戠＜＊tjək　　埴＜＊dək。

檢索一下《周禮》、《禮記》、《左傳》、《國語》等先秦文獻，就會發現"特"常用作形容詞，限定修飾祭祀動物，如"特牲"、"特羊"、"特豚"、"特牛"。但學者對這些"特"字的解釋卻千差萬別。比如，《周禮·夏官·校人》曰"凡馬，特居四之一"，鄭玄注："四之一者，三牝一牡。"顯然他認爲"特"指雄性動物"牡"。[2]《説文》曰"朴特，牛父也"，[3] 很多學者都認同"特"指雄性動物的觀點。

然而，還有另外一種完全不同的解釋，認爲"特，一也"。比如，《尚書·堯典》曰：[4]

　　歸，格于祖，用特。

《左傳·襄公二十二年》曰：[5]

　　祭以特羊，殷以少牢。

---

① 參看陸德明（550—630）：《經典釋文》，上海：上海古籍出版社，1985 年，第683、759 頁。他認爲在《禮記》中"特"和"埴"可通假。

② 《周禮正義》卷 62，第 2613 頁。

③ 《説文》，第 29 頁。

④ 《尚書正義》卷 3，第 127 頁。參看孔穎達注。

⑤ 《春秋左傳正義》卷 35，第 1974 頁。參看杜預注。

《國語·晉語二》曰：①

> 子爲我具特羊之饗。

《國語·楚語下》曰：②

> 諸侯舉以特牛，祀以太牢；卿舉以少牢，祀以特牛；大夫舉以特牲，祀以少牢；士食魚炙，祀以特牲。

《禮記·郊特牲》曰：③

> 郊特牲，而社稷大牢。

在上述文獻中，"特"都被解釋爲"一"，尤其是《禮記》中的這段文獻，"特"很難説是表示"雄性"性別，只能理解爲數量詞。段玉裁在給《説文》做注時也説："因古有朴特之語，而製犉字，特本訓牡，陽數奇；引申之爲凡單獨之稱。"④

因此，即使我們同意"哉牛"就是後世文獻中的"特牛"，其確切涵義還是難以把握。⑤　"特"在後世文獻中用法相當混亂，很難確定它到底是指動物的顏色、性別、還是數量。

## 第六節　釋"黄"和"黑"

這裏把"黑"與"黄"放在一起討論，是因爲二者的字形在早期書寫中經常混淆不清。

"黄"在甲骨文中有幾種變體：⑥

---

① 《國語》卷 8，第 286 頁。參看韋昭注。
② 《國語》卷 18，第 564—565 頁。參看韋昭注。
③ 《禮記正義》卷 25，第 1444 頁。
④ 段玉裁(1735—1815)：《説文解字注》，上海：上海古籍出版社，1981 年，第 50 頁。
⑤ 參看裘錫圭：《説甲骨卜辭中"哉"字的一種用法》，《古文字論集》，第 111—116 頁。
⑥ 《甲骨文編》：1606。

然而，這幾個變體都有一個基本結構，即表示人的正面形象；一些學者認爲，該字形可能表示一種類胸前佩玉、類似於薩滿的宗教人士。① 例如裘錫圭認爲它代表了巫尪，他認爲"黃"的字形演變過程是：②

"黃"在甲骨文中常用作人名，如"黃尹"。但它也用作表示祭牲，比如：

　　　　叀黃牛，有正。　　　　　　　　　　　　（《合集》31178）
　　　　乙卯：其黃牛，正，王受有祐。　　　　　（《合集》36350）

這裡的"黃牛"應該不是指牛的種屬（Bos taurus demestica），而指毛色。有時，"黃"還用來表示金屬的顔色，比如：

　　　　丁亥卜，大…其鑄黃呂，乍凡③利，叀…　（《合集》29687）
　　　　王其鑄黃呂，奠盟；叀今日乙未，利。　　（《英藏》2567）

這些卜辭不只説明"黃"用來表示金屬的顔色，還説明商代在鑄造青銅器時伴有祭祀活動。④ 在甲骨文中，"黃"用作顔色詞可能是假借。

_____

　　① 參看唐蘭：《毛公鼎"朱韍、蔥衡、玉環、玉琮"新解——駁漢人"蔥珩佩玉"説》，《光明日報》1961 年 5 月 9 日。
　　② 裘錫圭：《説卜辭的焚巫尪與作土龍》，《古文字論集》，第 218 頁（首次發表在《甲骨文與殷商史》第 1 輯，1983 年）。
　　③ "𢆶"可能是棺材的象形，但這裏用的是否是原義，還不確定。參看趙誠：《甲骨文簡明詞典》，第 224 頁。
　　④ 參看燕耘(林澐)：《商代卜辭中的冶鑄史料》，《考古》1973 年第 5 期，第 299 頁。這些卜辭表明，在青銅冶鑄時進行了占卜和血祭。

　　“黃”在周代銘文中也頻繁出現，字形與甲骨文中的字體幾乎全同。[①]它是衣飾“幩”、“衡”（珩）的假借字，也有學者認爲它是玉器“璜”。[②]　“璜”和“衡”都是見紐陽韻，構擬的讀音分別爲：

　　　　璜＜＊gwang　　衡＜＊grang

　　除了表示腰帶（或玉佩），“黃”在周金文中還可用作顏色詞。比如，西周孝王時代（約公元前 9 世紀）的《白公父簠》銘文有“其金孔吉，亦玄亦黃”。[③] 這裏，“玄”和“黃”都是修飾金屬的顏色詞。

　　另外，“黃耇”一語在周代金文和《詩經》等傳世文獻中也經常出現。[④]“黃”用來形容老人頭髮的顏色。[⑤] 其他詞如“黃帝”、“黃鐘”，在晚周金文中也有出現。這些例子表明，“黃”可能是表示黃色的顏色詞。

　　現在我們來看看“黑”這個字。甲骨文中有這樣一個象形字“𡗗”，是頭部較大的人的正面形象。根據于省吾的推測，該字用作顏色詞時，表示“黑色”。[⑥] 他的解説已被學者廣泛引用。

　　在周初金文中，“黑”有幾種變體，如：𡗗、𡘙。[⑦] 其基本字形結構與甲骨文中的字形很接近，但頭部用小點加以強調。一些學者認爲這些小點表示墨水，墨水暗示黑色。這個字表示面部被施以墨刑的人的正面形象，説明當時就已出現了“黥面”之刑。[⑧] 然而，甲骨文“黑”沒有墨點，它在金文中也從不用作顏色詞。因此，這種解釋只能説是一種假設。

---

①　參看《金文編》：2207。
②　參看《甲骨文字集釋》，第 4039—4045 頁。
③　參看《銘文選》：301。
④　參看《銘文選》：201、471；《詩經》：172、246、302。
⑤　參看《爾雅義疏·釋詁第一》，第 23—25 頁。
⑥　于省吾：《釋林》，第 227—230 頁。
⑦　參看《金文編》：1662。
⑧　參看唐蘭：《陝西省岐山縣董家村新出西周重要銅器銘辭的譯文和注釋》，《文物》1976 年第 5 期，第 59 頁。

　　許慎在《説文》中對"黑"的字形和字義是這樣解釋的："火所熏之色也；从炎，上出囧。囧，古窻字。"①很多現代學者都反對許慎的説法，因爲他解釋的是小篆字體"黑"，這與甲骨文字形不符。正如陳昭容説的，這個篆文可能有另一個來源，而甲骨字卻不能與後來的"黑"字直接對等。②

　　"黑"字還有另一種解釋。如果只根據字形分析，它應釋爲"堇"。③它在甲骨文中有兩個主要變體：黑、黑。④這兩個字與"黑"結構幾乎完全相同，只不過前一個上部增飾"廿"，而後一個下部增飾"♨"。

　　唐蘭首次把下列卜辭中的"莫"字與現代漢字"暵"（乾旱）聯繫起來：⑤

　　　　庚戌卜，貞：帝其降莫（暵）。　　　　　（《合集》10168）

　　　　丁未卜……龍方……降莫（暵）。　　　　（《合集》10187）

　　在以上卜辭中，"莫"似乎用作名詞，但它有時也用作動詞，比如：

　　　　……丑卜，貞：不雨。帝隹莫（暵）我。　　（《合集》10164）

　　　　辛卯卜，彀，貞：帝其莫（暵）我。　　　　（《合集》10172）

　　于省吾讀"黑"爲"黑"，訓爲黑色，黑暗。⑥既然這些字的用法有時毫無區別，⑦那麼我們就假設它們的讀音也相同。

---

　　①　《説文》，第 211 頁。

　　②　陳昭容：《古文字中的"莫"及从"莫"諸字——兼論漢字演進過程中的紛歧現象》，《漢學研究》第六卷第二期，1988 年，第 135—178 頁。

　　③　"堇"在《説文》（第 290 頁）中寫作"堇"，也作"堇"，意爲"黏土"。古文作堇。

　　④　參看《甲骨文編》：1599。

　　⑤　唐蘭：《殷虛文字記》，北京：中華書局，1981 年，第 82—86 頁。

　　⑥　于省吾：《釋林》，第 229—230 頁。

　　⑦　比如《合集》10170、10181、10187、10184。這些卜辭都有"莫（暵）"字，但都寫作"黑"，沒有"廿"這個符號。

即使該字不是"黑"而是"堇",它仍然可能與"黑色、黑暗"的意義相關。它在甲骨文中也的確用作修飾祭牲顔色的形容詞。比如：

　　叀堇(黑)犬,王受有祐。　　　　　　　　　　(《合集》29544)

　　庚寅卜,貞：其堇(黑)豕。　　　　　　　　　(《英藏》834)

　　另外還有一片内容與之相似的卜辭,但"堇"字的寫法不盡相同：

　　　　其用蘆(黑)牛。①　　　　　　　　　　　(《粹編》551)

　　"堇"也是"艱"的聲符,"艱"字在甲骨文中出現頻率很高,意爲困難、阻礙。比如：

　　　　甲子卜,旅,貞：今日無來艱。　　　　　(《合集》24161)

　　這些從"堇"的字可能都有字源上的聯繫。問題就是,應該如何在周代的語音系統下解釋它們之間的關係。"黑"是曉紐職韻,構擬的讀音是<*hək;"堇"是見紐文韻,構擬的讀音是<*kjiən;其他有關的幾個字：暵<*hwan;艱<*krən;艱<*krən與"堇"<*kjiən;讀音也很接近。不過,它們只是聲母相近,韻母還有區別。

　　後來,"堇"爲聲符的形聲字,也明顯分爲兩類：

　　(1) 勤,墐,饉,覲,僅

　　(2) 暵,熯,戁,漢,難

　　第一類中的字,聲母大都是：群<*k-,韻母爲文<*-ən,或真<*-in;第二類中的字,聲母各異,如泥<*n-,曉<*h-,透<*th-,而韻母則大都爲元<*-an。從語音學看,第二類中

---

① 很多學者都誤讀了這片卜辭。郭沫若:《粹編》把這個字隸定爲蘆,但他認爲這是"緇"的假借字,意爲"赤色","蘆牛"跟"騂牛"同義。參看《考釋》,第20頁。張聰東認爲這是名詞 hunchback,駝背。Serruy 也把它譯爲 hunchback,參看 Language of Shang, p. 105, no. 32.

的韻母可能與藏緬語系有關，因爲在緬甸語中 ink（墨）的是 <*hmang。①如果這種變化是由外來語或方言變體造成的，那麼"基質變遷"理論可能就是很好的解答。②

本節開篇就已指出，"黑"（堇）和"黄"在甲骨文中是兩個不同的顏色詞。它們都用來説明祭牲的顏色，比如"黑羊"、"黄牛"。它們雖然字形相仿，但仍有區別。

然而，這兩個字在後來的銘文中就混淆了。比如，"堇"在周金文中常用作名字，也用作"勤"或"觀"的假借字，③這時它寫作𦰩：④在《毛公鼎》中，"艱"寫作𩖌，其中"堇"的元素被"黄"替代了。⑤這些例子表明"堇"和"黄"已經混淆了。⑥

這兩個元素之間的替代可能是抄寫錯誤造成的，但也可能是語音上的原因。不同的字形以這種方式互相替代，可能是因爲它們在語音上相近。⑦換句話説，這兩個字可能不只是字形混淆，讀音也可以通用了。

雖然我們現在的任何觀點都只是假設，但是這些證據似乎可以表明，商周之際歷經了一次從中元音-ə到低元音-a-的變動。在構擬的周代語音系統中，"堇"屬"文"韻<*-ən，"黄"屬"陽"

---

① 周法高：《論文集》，第 294 頁。

② 參看我前面第一章中關於商代語音的討論。

③ 在一些例子中，"堇"用來修飾玉璋，作"堇璋"，這裏的"堇"也可以理解爲"瑾"，美玉也；參看《銘文選》：434《頌鼎》、435《頌簋》、436《頌壺》。不過，把"堇"讀爲顏色詞也不是完全不可能的。很多倖存至今的古代玉璋都是黑色的。

④ 參看《詁林》，第 7467—7468 頁。

⑤ 《銘文選》：447。

⑥ 參看《詁林》，第 7469—7476、7525—7536 頁。

⑦ 比如，巴納(Barnard)在研究楚簡時注意到，有相當大比例的多元素字發生了重大變化；他認爲這些變化主要是受語音影響産生的。參看 Barnard edit：*The Ch'u silk manuscript: translation and commentary*，Canberra，Australian National University，1973，p. 51.

韻＜*-ang。從現代語音系統來看，這兩個韻部之間幾乎沒有任
何聯繫。但是，正如上文提到過的，"堇"（堇）還有另一個讀音，
屬"元"韻＜*-an。因此，這些韻部在上古漢語中肯定存在某種聯
繫。① 這些韻部之間的早期語音關係，可能比我們知道的要複雜
得多。

## 第七節　釋"幽"（玄）

"幽"在幾片甲骨文中出現過，"幽"和其他顏色詞一樣，也用來
修飾動物，比如"幽牛"，可能是顏色詞。② 由於這個用法與"幽"在
現代漢語中的用法沒有區別，所以多數學者為方便起見把它釋為
"黑"。但是，在商代祭祀中，"幽"色的動物與"黑"色的動物用法不
同。因此，甲骨文中的"幽"不可能是"黑"的同義詞，而是有獨立起
源的一個字。

"幽"傳統上被視為形聲字，即它的字形能夠反映讀音和字義。
《説文》曰："幽，隱也；从山中丝，丝亦聲。"③然而，正如一些學者説的，
"幽"的古文不从"山"，"山"可能是"火"的簡化形式，而"火"是義符。④

在甲骨文中"幽"寫為"𢆉"。⑤ 該字有兩部分構成："δδ"和
"Ｍ"，前者表示兩條紐結的絲綫，後者表示火。⑥

如果這個甲骨文中表示紐結絲綫的符號寫作"δ"，那麼它就成

---

① 唐蘭認為"真"部和"元"部在上古音中有聯繫。參看《殷虚文字記》，第79—
81、86頁。
② 比如《合集》14951、29510、33606；《屯南》73、139、2363、4420；《懷特》1410。
"幽"作為修飾動物的顏色詞出現的卜辭，大多是賓組、歷組和無名組卜辭。
③ 《説文》，第84頁。
④ 參看《詁林》，第2481—2483頁。
⑤ 參看《甲骨文編》：0533。
⑥ 在甲骨文中，"山"和"火"這兩個符號經常混淆不分。

了另一個字"玄"的簡化。"幽"、"玄"二字的讀音和字義都有關係，它們之間可能存在語源上的聯繫。

從字義上來看，這兩個字確實有聯繫。《説文》釋"玄"爲"幽"的同義詞：

> 玄，幽遠也。黑而有赤色者爲玄，象幽而入覆之也。①

因此，"玄"也有"隱蔽"的意思，但是這裏把它定義爲一個顏色詞。從嚴格語義學意義上來講，"玄"不是純黑色，而是偏紅的黑色。

在商代甲骨文中，"幽"、"玄"二字可能還没有區别。試舉一例：

乙巳貞：桒禾于𥄫（䫃）三玄牛。　　　　　　（《合集》33276）

在這片卜辭中，"玄"字從一個紐結的"8"。從内容來看，它可能是顏色詞，可能就是從"88"的字的減省寫法。因此，"玄"最初可能就是從"幽"分化來的。

如果幽和玄是同源字，那麼它們的古音可能很接近。然而，二者之間的語音關係，就如堇、黄之間的語音關係一樣，研究起來頗有難度。"玄"屬匣紐元韻，根據李方桂構擬的古音系統，"玄"讀爲<* gwian，"幽"讀爲<* ʔjiəgw，二者差别很大。

《説文》中也有"幺"字。② 從甲骨文中可知，幺、玄字源相同。"幺"是影紐宵韻，構擬的古音是<* ʔjagw。它的聲母和韻母都與"幽"接近，但是韻腹不同。語音從中元音-ə-到低元音-a-的鄂化和移動，可能就是這種區别產生的原因。

---

① 《説文》，第84頁。
② 許慎對"幺"的構形的解釋很奇怪："小也，象子初生之形。"參看《説文》，第83頁。

　　在甲骨文中，"&&"除了構成形聲字"幽"之外，還是一個獨立單字"兹"。該字在後世詞典中訓爲"黑色"或"黑暗"，[1]但在甲骨文中也用作形容詞或代詞，訓爲"這個"。"兹用"是甲骨文中的常用語，在後世文獻中仍然存在。[2]

　　幽、兹二字在現代普通話中讀音不同，但是它們的古音可能也有關係。在古漢語中，"幽"屬影組幽韻，"兹"屬精組之韻。它們的構擬古音分別是：幽<$^{*}$ʔjiəgw，兹<$^{*}$tsjəg。它們的韻部非常接近。其他一些漢字可能也是從同一個字根發展來的，比如"幼"<$^{*}$jiəgw，年輕；"黝"，以"幺"爲聲，暗綠色；"幾"<$^{*}$kjəg，小的。而絲綫的象形字最後演變成表示絲綫或絲綢的"絲"，該字在甲骨文中還未找到使用原意的例子，它的構擬古音<$^{*}$hrjəg 也與"幽"<$^{*}$ʔjiəgw 和"兹"<$^{*}$tsjəg 有關。這些例子本身就能説明，從"&&"的這些字在語音和字義上都有某種聯繫。這些字經常可以互相假借；某些情況下，它們是同源字，但有時也可能只是後來的假借字。[3] 王藴志認爲這些字追根溯源，都來源於商代的同一個字根。他搜集了很多例子來支持他的古音構擬：

| 漢字 | 現代 | 中世紀 | 秦漢 | 周 | 殷 |
|---|---|---|---|---|---|
| 幽 | <jiu | <ʔ iəu | | | <$^{*}$ʔ jəu |
| 兹 | <tsʔ | <tsi | tʃiw | <tjw | <$^{*}$ʔ jəu |
| 幺 | <jiau | <ʔ ieu | | <ʔ jau | <$^{*}$ʔ jəu |
| 玄 | <ʔ yan | <iwen | <gjwn | | <$^{*}$ʔ jəu |

---

①　參看《説文》，第 84 頁。

②　更多討論參看胡厚宣：《釋"兹用""兹御"》，《史語所集刊》第八册第三分，1940年，第 467—484 頁。

③　王藴志：《殷周古文同源分化現象探索》，吉林大學博士論文，1993 年，第 180頁。但是他的語音解釋太過簡略，難以作爲最終結論。

可見，"幽"和"玄"雖然在現代漢語中都是黑色，但在商代甲骨文中可能是一種偏紅的黑色，不是純黑色。謹愼起見，我把它理解爲"黑紅色"。比如：

　　　　叀幽牛，又黃牛　　　　　　　　　　　　　（《合集》14951）
　　　　叀幽牛。　　　　　　　　　　　　　　　　（《合集》33606）
　　　　……卜，小乙卯，叀幽牛，王受祐。吉。　　　（《屯南》763）

在這些卜辭中，"幽牛"（黑紅色牛）似乎是要取得商王祖先的贊許。出現"幽牛"的祭祀語境，與出現黑色動物如"黑羊"的語境不同，但卻與偏紅色動物相似。

　　儘管甲骨文中的"幽"經常從"火"，但也有一些例外。比如：

　　　　叀幽牛。　　　　　　　　　　　　　　　　（《屯南》4420）

在這片卜辭中，"幽"顯然用來表示牛的顏色，但其字形卻省略了"火"的元素。另外，"𢆶"這個符號與"牛"寫得很近，猶如合文"𤞤"。在前面已經引過的《屯南》139 中，語境就能表明"幽"即"幽牛"，因此"牛"字就省略了。

　　在周朝金文中，"幽"和"玄"都是限定性形容詞，即顏色詞。"玄"主要用來描述金屬或礦石，如"玄鏐"，[①]"玄銑"，[②]以及織物和服飾，如"玄衣"，"玄袞"；[③]而"幽"似乎主要用來修飾玉石，如"幽黃"（璜）。[④] 在這些銘文中，"幽"和"玄"可能意爲"黑色"、"紅黑色"，甚或"暗綠色"。值得注意的是，在周金文中，很多顏色詞都常用來修飾周王賜予臣子之物，如服飾等。正如陳漢平注意到的，玉

──────────

①　例如《銘文選》826：《邾公牼鐘》，827：《邾公華鐘》。
②　《銘文選》538：《吳王光鑑》。
③　《銘文選》201：《師望父鼎》，202：《師𩛥鼎》。
④　《銘文選》416：《柳鼎》。在"幽黃"一語中，"幽"有時可與"蔥"通假，比如《銘文選》44：《毛公鼎》。

石和服飾等賜物的顏色,可能象徵着被賜者的社會地位。①

　　在現代漢語中,"幽"和"玄"的詞義毫無區別,都是表示"黑暗、黑色"。但在一些先秦文獻中,它們的詞義還是有所區別的。比如,《詩經》中有"其葉有幽"(《詩經・小雅・隰桑》),"何草不玄"(《詩經・小雅・何草不黃》)。在這兩句詩中,"幽"和"玄"都用來表示植物的顏色,但是根據注疏家的説明,"幽"訓爲"黑色"或"暗綠色",而"玄"正如鄭玄特別指出的,訓爲"黑紅色"。② 這些證據給我們一個暗示,即"綠/藍"這種顏色分類可能是從"幽/玄"中演化出來的。

　　後來,"幽"和"玄"的詞義變得更加複雜,尤其在文學和哲學作品中,這兩個詞具有黑暗、深幽、遠遠、隱秘、神秘、細小、細微、安靜等多重含義。③例如,"玄"在傳世文獻《老子》中具有深刻的哲學涵義:

　　　　谷神不死,是謂玄牝。玄牝之門,是謂天地根。

　　這裏的"玄"不只是與神靈相關聯,而且還是陰性,表示"母性關係",可能還有"經血"的意味。④

　　在先秦文獻中,"玄"和"幽"常用來指示神靈世界,但二者似乎還有所區別:"玄"多表示與天上有關,《释言》:"玄,天也。"一些相關詞彙,如玄都、玄宮、玄圃、⑤玄闕等都與天庭相通。⑥ 例如《海內十洲記・玄洲》曰:"上有大玄都,仙伯真公所治。"所謂"大玄都",就是傳説中天上的神仙居處。相傳東晉道家人物葛洪(284—364)

―――――――――――

① 陳漢平:《西周册命制度》,第 286—293 頁。

② 《毛詩正義》卷 15.2、15.3,《十三經注疏》,第 495、501 頁。

③ 參看《漢語大字典》,第 280—281、10094—10095 頁。

④ 參看陳鼓應:《老子注譯及評介》,北京:中華書局,1984 年,第 85 頁。

⑤ 這裏的"玄"可能是"懸"的假借字。

⑥ 當然也有例外,例如玄宅就是指墳墓。酈道元:《水經注・淯水》:"父沒當葬,女自相謂曰:'先君生我姊妹,無男兄弟,今當安神玄宅,翳靈后土。'"

所著的《枕中书》，其中的描述更加生動：“《真記》曰：玄都玉京七
寶山，週迴九萬里，在大羅之上，城上七寶宮，宮內七宝臺，有上中
下三宮……上宮是盤古真人元始天尊太元聖母所治。”這顯然就是
道家對天庭的想像。①

　　而在先秦文獻裏，“幽”則多與北方關聯，如“幽都”，表示北方
之地（朔方）。《尚書·堯典》曰：“申命和叔宅朔方，曰幽都。”孔傳：
“北稱幽，則南稱明，從可知也。都，謂所聚也。”蔡沉集傳：“朔方，
北荒之地……日行至是，則淪於地中，万象幽暗，故曰幽都。”《淮南
子·脩務》：“北抚幽都，南道交趾。”高誘注：“陰氣所聚，故曰幽都，
今雁门以北是。”

　　“幽都”也指地下世界，是人死後歸宿的地方。《楚辭·招魂》
有云：

　　　　魂兮歸來！君無下此幽都些。
　　　　懸火延起兮玄顏蒸。

　　“幽”和“玄”在這裏同時出現，但它們所描述的對象卻不同。
根據王逸（公元二世紀）的注解：“幽都，地下后土所治也。地下幽
冥，故稱幽都。”而“玄顏”則是指天空的顏色。②

## 第八節　總結：顏色詞及其分類

　　理解顏色分類過程是一個多維活動：顏色的效果取決於色度
（hue）、亮度（brightness）和飽和度（saturation）。顏色詞有時表達
的不是物體本身的色度，而是它的亮度或飽和度；而且，色度、亮

---

　　① 參看劉仲宇：《葛洪〈枕中书〉初探》，《中國道教》1990 年第 4 期。
　　② 洪興祖（1090—1155）：《楚辭補注》，北京：中華書局，1983 年，第 201、213—
214 頁。

度、飽和度這三個特性經常混合或重疊。

　　每個顏色詞具體表示哪個波段的顏色，這是經常困擾我們的科學問題。不過，確定顏色範疇的依據，不只是純粹的生物—身體反應，也包括它所在的文化環境。正如西方哲學家翁貝托·艾柯（Umberto Eco）指出的：

　　　　當一個人説出某個顏色詞時，他不是要指世界的一種狀態（所指的過程），相反，他是要把這個詞與一種文化或理念聯繫起來。顯然在特定知覺下，該詞的使用是確定的，但是，把感官刺激轉化成一種認知，在某種方式上是由該詞的語言學表達與其文化意義或文化語境之間的符號學關係決定的。①

　　在任何具有文化目的論特點的語境中，都不能以單一的方式對待顏色範疇。這種觀點已經得到了現代人類學研究的支持。很多學者使用顏色波譜進行研究，證明不同群體對顏色波譜的分類也有很大區別。換句話説，相鄰顏色詞之間的界限，經常因人而異。

　　比如，人類學家考克林發現，菲律賓哈努魯魯人（Hanunoo）對顏色的分類與我們完全不同。② 他們有四種基本顏色詞：（ma）lagti 相當於英語中的 white（白色），但也同時包括所有其他淺色；（ma）biru 相當於 black（黑色），但也同時包括所有其他淺黑色；（ma）rara 大致相當於 red（紅色）、orange（橙色）和 maroon（褐紅色）；（ma）latuy 相當於 yellow（黃色）、綠色和淺褐色。另外，他們還根據乾濕原則對顏色進行分類，完全不同於按照亮度/强度原則

---

　　① Umberto Eco："How culture conditions the colours we see", *On Sign: A Semiotics Reader*, Oxford：1985，p. 160.

　　② H. Conklin："Hanunoo color Categories", *Southwestern Journal of Anthropology*，no. 11. 4（1955），pp. 339－344.

的分類。

　　1967 年，美國加州伯克利大學的人類學家伯潤特·伯林和保羅·凱進行了一項顏色詞研究，這可能是當時綜合性最強的研究了。① 他們研究了包括漢語在内的 98 種語言或方言，得出了一些關於顏色詞整體發展的有趣結論。他們認爲：（1）人類大致有 11 種知覺上的顏色類别；（2）在某種特定語言的歷史上，從人們對顏色的知覺發展出顏色詞，有一個固定的次序；（3）所有暫時的次序，都應被視爲一個進化階段。顏色詞較少的語言，它所對應的文化和技術就較簡單；顏色詞較多的語言，它所對應的文化和技術就較爲複雜。②

　　根據伯林和凱的研究，在顏色分類的初期階段，有黑、白兩色。第二階段出現了紅色，第三階段出現了黄色和綠色，第四階段出現了藍色，第五階段出現了褐色，後來又分化出其他顏色。這個所謂的整體順序如下：

A. 黑/白

B. 紅

Ca. 綠/黄

Cb. 黄/綠

D. 藍

E. 褐色

F. 紫色，粉色，橙色，灰色

　　伯林和凱的研究成果，爲跨文化比較研究提供了理論框架。白一平（W. H. Baxter）就試圖對古漢語中出現的顏色詞進行分

---

① Brent Berlin, Paul Kay: *Basic Color Terms: Their Universality and Evolution*, Berkeley, 1969；在《附録》中，他們還提供了一份先前研究的概述。

② 同上書，第 134—151 頁。

析，認爲商周時期的基本顔色詞有四種。[1]筆者通過對商代刻辭的研究，分辨出八個常用的顔色詞：赤，騂，白，勿，戠，黑（或堇），黄，幽（或玄）。商代可能還有其他我們尚未釋讀出來的顔色詞。不過，這八個顔色詞就足以説明商代有豐富的顔色詞，這也爲我們研究商代的顔色分類提供了依據。

在甲骨文中表示顔色的詞，它們的用法不只一種。除了用作顔色詞外，它們還用作動詞、否定詞、人名或地名。作爲顔色詞使用時，它們常用來修飾祭品的顔色，尤其是祭牲的顔色，構成"形容詞＋名詞"的偏正結構。[2]商代刻辭中的所有顔色詞都是這種用法。通過對甲骨文中的顔色詞及其所在語境的研究，可以重建商代的顔色分類體系。

然而，我們在解釋甲骨文中的顔色詞時，還需非常謹慎，因爲我們無法確定現代人與商代人對這些顔色詞的界定是否一致。雖然很多商代的顔色詞一直沿用至今，但現代人對這些詞的知覺反應與商人並不完全相同。趙誠在研究甲骨文的語意系統時注意到，顔色詞"白"、"赤"、"黄"、"黑"在甲骨文中的外延，比在現代漢語中的外延要廣泛得多："黑"包括了黑灰色，"白"包括淺灰色和淺黄色，"黄"包括褐色，"紅"包括黄色和橙色。[3]總之，顔色詞使用的語境非常廣泛。雖然漢語史是連續的，但每個顔色詞的語言學史則是複雜的，不同的顔色詞可能産生於不同的時期和不同的地點。比如在周代，舊的顔色詞仍在使用，新的顔色詞也出現了很多。另外，即使某一

---

①　W. H. Baxter：" A look at the history of Chinese color terminology"，*Journal of the Chinese Language Teachers' Association*，no. 19（1983）.

②　有關商代刻辭中限定性短語的更多討論，參看高島謙一："Noun Phrases in the Oracle-Bone Inscriptions"，*Monumenta Serica*，no. 36（1984、1985），esp. pp. 263 - 267.

③　參看趙誠：《甲骨文詞義系統探索》，第 101—102 頁（首次發表在《甲骨文與殷商史》第 2 輯，1986 年）。

個字在歷史上一直用作顏色詞,它所指的顏色範疇也是不固定的。

商代的顏色詞代表了五個主要的顏色範疇:"白","赤","黑","黃",以及表示雜色的"勿"。它們經常成對出現,形成對比,如白/黑,紅/黃。"駍"、"幽"、"䵎"這類顏色詞可能是兩種或多種顏色的混合色。根據甲骨文提供的證據,我們制定出圖表來表示商代的顏色分類過程:

第一階段:把甲骨文資料考慮在內,商代人最先分辨出來的顏色可能是"白"和"勿"。

伯林和凱的研究認為最早的顏色分類為白/黑。本次研究發現,最早的分類應該是無色/有色。所有淺色、亮色都屬於"白"(無色/素),所有深色、暗色都屬於"勿"(有色/雜)。

第二階段:"白"和"勿"產生之後,"黑(堇)"被定義為另一個極端的顏色,"紅色(赤)"也從"勿"中分化出來。

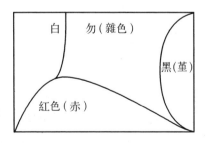

在甲骨文中,"駍"和"幽"屬於"赤"這一類別。"䵎"可能也是一種紅色。紅色是人類視覺經驗中最深沉的顏色,它的波長範圍

比其他顏色都廣泛。"赤"、"戠"、"騂"、"幽"雖然都是紅色,但在甲骨文中還有語意上的區別。它們都表示偏紅色,但是"赤"用來修飾馬,而"騂"、"戠"、"幽"用來修飾牛。事實上,這些詞的區別可能是顏色的光度,而非色調。儘管從語言學上說,它們很難被視爲同義詞,但它們在商代祭祀中的象徵意義可能是相似的。在解讀商代顏色詞時,有一個重要現象值得注意:"赤"和"幽"的字形中有"火"的符號,暗示了它們的字義,"黑"(堇)與"暵"、"艱"有關。這種關聯產生的原因,可能是自然現象與人類對顏色的知覺之間存在着某種心理感應。關聯背後的基本法則可能是類比心理:紅色使我們聯想到火與血,綠色會産生綠樹和自然的想像。人類對顏色的知覺,正如上文提到的,常常與某種自然現象有關。①

第三階段:"黃"被區分出來。

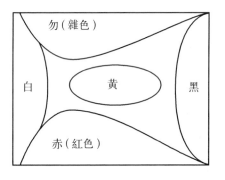

在後來的顏色分類中,"黃"似乎是一種中性顏色,既可以視爲亮色,也可以視爲暗色,主要取決於亮度和感覺過程。比如,《詩經·魯頌·駉》中也有"黃",並且與"騂"對立出現:"赤黃曰騂",

---

① 參看第一部分第一章;也見 V. Turner: Forest of Symbols, pp. 88 - 91.

"黃驪曰黃"。孔穎達用亮度和飽和度來解釋二者的區別："毛色之中自有淺深。"①

在商代色譜中，"黃"可能與土地的顏色有關。許慎在《説文》中説："黃，土色也。"②在甲骨文中，黃色動物用於祭祀四方神或土地神，"黃"常與"幽"形成對比。

根據伯林和凱的理論，接下來應該出現"緑"或"藍"。但我們在甲骨文中没有發現表示"緑"或"藍"的詞，儘管考古證據表明當時可能已經使用了這兩種顏色的顏料。③ 因此，我們假設商代只有四種主要的顏色分類。"緑/藍"這兩類是後來才區分出來的。它們發展的情況可能如下："青"是從"黑"中分化出來的，早期還能與其他顏色詞"蒼"、"幽"、"玄"通用。後來，顏色分類更加具體，"幽"和"玄"之間有了區分，於是"青"中又分化出新的顏色"緑"和"藍"。

後來表示"緑/藍"這種顏色的詞是"青"＜* tsing。"青"在甲骨文中寫作"𐋠"，但從不作爲顏色詞使用。④ "青"在文獻中作爲顏色詞使用，可能直到西周時期才出現。我們之前引用過的《墙盤》銘文，其中就有"青幽高祖"一語。這裏的"青"和"幽"連用，可能是"青幽"一詞意義的延伸，指祖先居住的天空或上界的顏色。⑤

在先秦文獻中，"青"的涵義非常複雜。正如清水茂指出的，它的字義可能是：(1) 指緑色，如青草；(2) 藍色，如青天；(3) 有時也

---

① 《毛詩正義》卷 20.1，《十三經注疏》，第 609—610 頁。

② 《説文》，第 291 頁。

③ 參看第一部分第二章；根據鄭德坤的報告，在該時期的顏料盒中發現了一種緑色粉末。

④ 參看《甲骨文字集釋》，第 1739 頁。王湘和李孝定認爲在其中一片甲骨上，該字可能用作顏色詞"青"。但證據表明它應釋爲"南"，不是"青"。

⑤ 很多學者認爲"青"是"静"的假借字。比如李學勤：《論史墙盤及其意義》，《新出青銅器研究》，第 78 頁(最初發表在《考古學報》1978 年第 2 期)。

指黑色或暗色。①

　　"青"的語言學發展過程,最能説明顏色詞和顏色分類的相互關係。比如《詩經》中有"綠竹青青"(《詩經·衛風·淇奧》)②和"其葉青青"(《詩經·小雅·苕之華》)③。在這兩句詩中,"青"都可能是表示綠色的顏色詞,尤其是第一例中,"青"用來形容"綠竹"。

　　在形容天空時,"青"通"蒼"(墨綠色)。《詩經》中表示天空的顏色詞是"蒼"<* tshang:"悠悠蒼天"(《詩經·王風·黍離》);④"彼蒼者天"(《詩經·秦風·黃鳥》)。⑤《莊子·逍遙遊》中用了"青天"⑥一詞,但同一章中還有"蒼天":

　　　　天之蒼蒼,其正色邪? 其遠而無所至極邪?⑦

　　除了"蒼"與"青",用來形容天空的顏色詞還有"幽"或"玄"。這些詞表達的是顏色對内心、視覺和情感所產生的影響,因此可以是模糊的,或象徵性的,或帶有某種神秘的暗示。

　　比如,晉朝道士葛洪曾經這樣描述天空的顏色:

　　　　……天無質,仰而瞻之,高遠無極,眼瞥精極蒼蒼然也;譬旁望遠道黃山而皆青,俯察千仞之谷而黝黑。夫青冥色黑,非有體也。⑧

_____

　　① 清水茂:《説青》,香港中國語文學會編:《王力先生紀念文集》,香港:商務印書館,1987年,第141—162頁。
　　② 《毛詩正義》卷3.2,《十三經注疏》,第321頁。
　　③ 《毛詩正義》卷15.3,《十三經注疏》,第501頁。
　　④ 《毛詩正義》卷4.1,《十三經注疏》,第330頁。
　　⑤ 《毛詩正義》卷6.4,《十三經注疏》,第373頁。
　　⑥ 郭慶藩:《莊子集釋》卷1,北京:中華書局,1961年,第14頁。
　　⑦ 同上書,第4頁。
　　⑧ 傳世本的《抱朴子》中没有這段話,這裏轉引自《太平御覽》卷2,北京:中華書局,1960年,第7頁。

有趣的是，與此相近的是歌德在《色彩理論》中有一段名言：

> 這種方法可能是古人情感模式的易變性和不確定性造成的，尤其是在古代，人們更信賴豐富的感性印象。事物的特性以一種模糊的方式敘述，因爲它們深深印在了每一個想像中。①

根據商代的顏色分類，我們幸或能復原出中國顏色詞的發展序列。商代甲骨刻辭是中國最古老的書寫語言，不僅內容豐富，而且未受其他因素影響，因此能夠爲我們提供這樣一個獨特的機會。從顏色發展的過程來看，第一次顏色劃分可能是在"白"、"勿"之間。"白"表示所有亮色、淺色，其餘深顏色和各種雜色都屬於"勿"的範疇。接着分離出"黑"，表示顏色譜中的另一個極限，然後又從"勿"中陸續分離出"赤"和"黃"。"騂"（紅黃）、"戠"（褐）和"幽"（黑紅）可能屬於紅色的範疇，但與其他顏色也有重疊。後世表示綠色或藍色的"青"字，雖然在甲骨文中也出現了，但從不用作顏色詞。不過，考古發現證明殷人確實使用過綠色顏料。這就表明在顏色分類的早期階段，某些顏色尚未在語言學上區分出來。通過對商代顏色詞的研究，可以證明顏色分類確實是一個不斷演變的過程。

---

① Von Goethe：*Theory of Colours*，p. 242.

# 第三章
# 商代祭祀中的顏色

## 第一節　殷人尚白

　　傳統觀點認爲"殷人尚白"。現代學者對此多有質疑，反對最強烈的是黃然衛。[①] 他指出在甲骨文中，殷人用於祭祀的動物有各種顏色，不只是白色，他還指出"殷人尚白"的傳統觀點與"五行説"理論有關。

　　關於這個問題，我們首先梳理一下甲骨文中的相關證據。本文以不同貞人組爲序，按組來分析有關白色的甲骨文資料。先從自組卜辭開始，因爲這可能是已發現的最早的晚商王室卜辭。前文已經提過，與他組卜辭相比，自組卜辭的早期特徵較多：字體更富象形性，占卜主題非常廣泛，用詞也很有特色。自組卜辭後來發展成村北和村南兩個系統。因此，分析自組卜辭，是我們理解晚商祭祀系統中顏色使用的第一步。

　　只有少數幾片自組卜辭提到了祭牲的顏色。比如：

　　① 黃然偉：《殷禮考實》，臺北：臺灣大學文史叢刊，1967 年，第 6—18 頁。

乙卯……自……庚……婦

……午卜，王㞢(侑)折①……白羖。②　　(《合集》19999)

這是一片殘辭，但貞人的名字"自"還清晰可辨。這可能是一次祭祀商王某妻(婦)③的求生育儀式，由商王親自主持，祭牲是白色公豬。

另一版卜辭更難解讀。從字體來看，這可能是一片自組或子組卜辭，刻在一小片碎骨上，字體細小，難以辨認。④　卜辭內容暫定如下：

……卯，子𡧗入，歲……侑𡧗，三小牢……勿牛，白豕……

歲祖乙二牢……用。咸……叀……祝⑤……

　　　　　　　　　　　　　　　　(《合集》19849)

這是一片祭祀祖先的卜辭。受祭者是祖乙和咸。祭品包括鬯酒和動物。祭祀用牲的數量、種類、顏色都有規定：白豬、勿牛和兩頭圈養的牛、三頭圈養的羊。卜辭還指明了用牲方法"歲"。"歲"寫作"𢧜"，是商代祭祀中常見的殺牲儀式，工具可能是用斧頭。⑥

──────────

①　"㞢"意思很多，這裏可以釋為"侑"，意思是"祭祀"，"獻祭"。參看《甲骨文字集釋》第 2259—2263 頁。更多討論，參看 D. Nivision, "The pronominal use of the verb Yu(giug)：㞢, 璒, 㝷, 有", *Early China* no. 3 (1978), pp. 1 - 17. 高島謙一："Decipherment of the Word Yu in the Shang Oracle bone inscriptions and in Pre-Classical Chinese", *Early China*, no. 4(1980), pp. 19 - 29. 嚴一萍：《說侑》，《古文字研究》第六輯，1981 年，第 195—206 頁。

②　該字寫作"𢀛"，可能是指被閹割的公豬；參看聞一多：《聞一多全集》，上海：開明書店，1948 年，第 539—544 頁。也見《甲骨文字集釋》第 2985—2986 頁。

③　有關甲骨文中的"婦"的更多討論，參看趙誠：《諸婦探索》，《古文字研究》第十二輯，1985，第 99—106 頁。

④　另一種釋文參看姚孝遂、蕭丁主編：《殷墟甲骨刻辭摹釋總集》，北京：中華書局，1988 年(以下簡稱《總集》)，第 440 頁："……惟……祝用成……歲祖乙三牢勿牛白豕……示鼎三小牢/卯子祝歲……"

⑤　寫作"祼"，參看《甲骨文字集釋》，第 83—85 頁。

⑥　這裏我採用了于省吾的解釋，《甲骨文字釋林》，第 67—68 頁。"歲"在甲骨文中有幾種意思：年，歲星，斧頭的象形；常用作及物動詞，有時也用作祭名。參看《甲骨文字集釋》，第 479—493 頁。

接下來分析午組和子組卜辭。這兩組卜辭也是武丁時期的卜辭，但屬於非王卜辭。概括來説，非王卜辭與王卜辭有一些區別，尤其是在受祭祖先稱謂方面。

但與王卜辭相比，非王卜辭中白色祭牲的使用同樣普遍。比如：

　　卯子祝歲……

　　甲申……侑子🜚白豕。　　　　　　　　　（《合集》11209①）

　　……般庚三牢戠；②

　　……父甲三白豕，至……　　　　　　　　（《合集》21538）

　　丙子卜，燎③白羊，豕……父丁、妣癸，卯④?……

　　　　　　　　　　　　　　　　　　　　　　（《屯南》2670⑤）

在這些卜辭中，受祭者是盤庚、祖甲、子🜚、父丁及其配偶妣癸，祭祀儀式是燎、卯犧牲，祭牲是白色動物。

這裏的祭品包括人牲。甲骨刻辭和考古發現都表明，晚商時期人牲的使用非常頻繁，砍頭也很常見。⑥ 事實上，人牲是一種普遍的祭祀方法，在古代中美洲文化中也很常見。儘管古代美洲文化和古代中國文化之間没有直接聯繫，但是二者使用人牲的方法

---

　　① 《合集》的編者把這片卜辭定爲賓組卜辭，但從字體來看，它當是一片子組卜辭。

　　② 寫作"戠"，意爲被砍頭的人牲。有關討論參看姚孝遂：《商代的俘虜》，《古文字研究》第一輯，1979 年，第 371—372 頁。

　　③ "燎"字寫作"米"，參看《甲骨文字集釋》，第 3143—3144 頁。這是商代最常用的獻祭之一。更多討論參看陳夢家：《古文字中之商周祭祀》，《燕京學報》第 19 期，1936 年，第 113—133 頁。

　　④ "卯"字寫作"仰"，可能是一種對半剖劈開祭牲的方法。參看《甲骨文字集釋》，第 4343—4347 頁。

　　⑤ 本片與《合集》11209 一樣，字體風格近似自組，但《屯南》的編者把它們定爲午組卜辭。這裏我謹慎地採用了《屯南》的觀點。

　　⑥ 關於商代祭祀人牲的更多研究，參看島邦男：《殷墟卜辭研究》，第 333—340 頁；黃展岳：《中國古代的人牲人殉》，北京：文物出版社，1990 年，第 41—132 頁。

極其相似,比如普遍使用戰俘虜祭祀,使用砍頭、殺戮,肢解等殺法。①

　　在商代祭祀中,人牲和物牲經常用於御祭,有時還特別指出用白色的物牲,比如:

　　　　戊子卜,至子御②父丁白豕;

　　　　戊子卜,至子御兄庚羌③牢。　　　　　　　　(《合集》22046)

　　這是一版大龜甲。御祭對象是父丁和兄庚。命辭關注的是祭牲的種類:白豬,圈養的牛,以及商西邊的部落羌人。

　　商王室經常舉行御祭。後來,御祭逐漸和季節性祭祀聯繫起來,每年都要舉行。④ 但在殷商時期,御祭可能是祖先祭祀的一部分。⑤ 御祭不只是爲了驅除邪惡。正如人類學家瑪嘉莉薩·斯旺茲説的,御祭也是"個體的肯定和強化。個人潛意識地希望通過模擬體驗,以及死亡和毀滅的力量所帶來的認同,造成全新的統一狀態"。⑥

　　再看另一版大龜甲:

--------

　　① 有關古代人牲的一般討論,參看 E. O. James, *Sacrifice and Sacrament* (London, 1962),第 77—103 頁。關於瑪雅文明中的人牲研究,參看 L. Schele, M. Miller: *The Blood of Kings: Dynasty and Ritual in Maya* (London, 1992), pp. 110, 216‐220.

　　② 學者對該字在甲骨文中的意思意見不一,參看《甲骨文字集釋》,第 91 頁。我這裏採用的是楊樹達的解釋,參看《積微居甲文説》,上海:上海古籍出版社,1986 年,第 30 頁。

　　③ "羌"在甲骨文以及後來的史書中經常出現。有關商代時期羌人的更多研究,參看羅琨:《殷商時期的羌和羌方》,《甲骨文與殷商史》第 3 輯,1991 年,第 405—426 頁。

　　④ 見 Derk Bodde, *Festivals in Classical China*, New Jersey, 1975, esp. pp. 75‐138.

　　⑤ 有關甲骨文中御祭的深入研究,參看島邦男:《殷墟卜辭つ研究》,第 331—333 頁,裘錫圭:《讀"安陽殷墟出土的牛胛骨及其刻辭"》,《古文字論集》,第 332—335 頁(首次發表在《考古》1972 年 5 期)。

　　⑥ Marja-Liisa Swantz, *Ritual and Symbol in Tranditional Zaramo Society*, Sweden, 1986,第 159 頁。

乙酉卜，御新①于父戊白貑；

乙酉卜，御新于姁辛白曑(盧)豕。　　　　（《合集》22073）

一些學者釋“盧”爲“剥割”，②但“盧”在一些卜辭中可能是形容詞。甲骨文中多處提到“盧豕”一詞（《合集》19957、20576、22048、22209），這裏的“盧”很可能是形容詞，不是動詞。在後來的文獻中，“盧”用來描述物體的顏色，意爲“黑色”。③

白豬再次被特别用於御祭。受祭者是父戊和姁辛。

甲骨文中有很多選貞命辭，貞人常常提供多種選擇。這類卜辭早在武丁時期的非王卜辭中就出現了。例如：

叀白豕；

叀剛；④

叀剛羊。　　　　　　　　　　　　　　（《合集》21955）

這是一小片殘片，從字體來看，這可能是一片子組卜辭。這片卜辭雖然辭例殘缺，但顯然是專門占卜祭祀用牲的，一連串的命辭卜問什麽是合適的獻牲。

上文曾經提過，非王子卜辭中可能有一種“婦女卜辭”。下面

---

① 在甲骨文中，“新”通常用作形容詞，意思是“新的”，參看《甲骨文字集釋》，第4097—4098 頁。但在這片卜辭中，它更可能是動詞“切碎”。參看趙誠：《甲骨文簡明詞典》，北京：中華書局，1988 年，第 246、277 頁。

② 參看《甲骨文簡明詞典》，第 313 頁。

③ 參看《釋名疏證》，第 18 頁，其中有“土黑曰盧”一語。在一些傳世文獻如《尚書·文侯之命》中，還有“盧弓”、“盧矢”之類的短語。參看《尚書正義》卷 20，《十三經注疏》，第 254 頁。關於“盧”的字源問題研究，參看沈兼士(1886—1947)：《沈兼士學術論文集》，北京：中華書局，1986 年，第 307—310 頁。不過，“盧”可能還有另一種意思。《詩經·齊風·盧令》有“盧令令”一語，注曰“盧，田犬也”。參看《詩經正義》卷 5.2，《十三經注疏》，第 353 頁。《詁林》2217：把“白盧豕”讀作“盧白豕”，訓“盧”爲陳牲之“臚”。

④ 根據許慎《説文》中的解釋，很多學者把它讀爲“剛”，動詞，意爲“剝砍”，參看《甲骨文字集釋》，第 1523 頁。但《禮記》中有“騂剛”之語，清代注疏家孫希旦(1736—1784)指出，“剛，牛也”。參看《禮記集解》卷 31，第 850 頁。

試舉一例：①

　　戊寅卜，盟②牛于妣庚；

　　戊寅卜，燎白豕卯牛于妣庚；

　　戊寅卜，盟三羊。　　　　　　　　　　　（《英藏》1891）

　　在這片卜辭中，白豬被用於血祭。血祭在古代宗教中具有重大意義，如結盟、贖罪等，對生育也有積極影響。③　在這片卜辭中，血祭對象是一位重要的女性祖先妣庚，祭祀原因可能是生育問題。

　　有趣的是，花東子卜辭裏有很多專門提到祭牲顏色的卜辭，尤其是祭祀卜辭。花東卜辭中出現的顏色有白、黑、驔。比如：

　　甲寅，劇祖甲白猴一，祐④兒一，籩⑤自西祭；

　　甲寅，劇祖甲白郎一。

　　乙卯，劇祖乙白猴一，籩自西祭，祖甲延；

　　乙卯，劇祖乙白猴一，籩自西祭，祖甲延。（《花東》4）（圖6）

　　这是一片大龜甲，刻辭塗黑。这片龜甲的四条卜辭內容重複。甲寅日，用白猴和白郎祭祀祖甲；乙卯日，用白猴祭祀祖乙，祭牲都陳列在（宗廟）西邊。這或許可以説明，商代宗廟神主的排列，與後世的"昭穆"制度相似，都是左右依次排列。

---

①　《合集》1912 內容與此相似，時間也相同，可能是同套卜辭。這類卜辭字體齊整柔美，非常精緻和女性化。

②　盟寫作"兔"："殺牲歃血，朱盤玉敦，以立牛耳。"《説文》，第 142 頁。也讀作"血"，"祭所薦牲血也"，《説文》，第 105 頁。

③　關於甲骨文中血祭的研究，參看連邵名：《甲骨刻辭中的血祭》，《古文字研究》第十六輯，1989 年，第 49—66 頁。關於戰國時期歃血爲盟的作用，參看 M. E. Lewis, *Sanctioned Violence in Early China*, Albany：SUNY, 1990, 第 43—50 頁。對血祭在其他古代文化中的情況，參看 E. O. James, *Sacrifice and Sacrament*, Oxford, 1962, 第 60—76 頁。

④　這個字段象形是食物被供奉到祭壇上，隸定爲"祐"。

⑤　這個字段象形是食物容器，隸定爲"籩"，可能是指用容器盛放的食物。

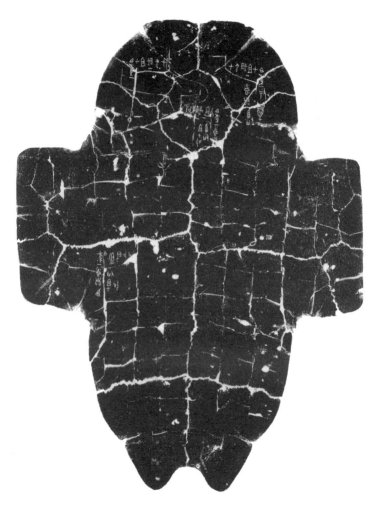

圖 6:《花東》4

　　我們還能引用更多類似的卜辭，在這些卜辭中，白豬（包括野豬）和圈養的羊、鬯酒一起用來祭祀祖先。有時，卜辭還會記下用牲方法。比如：

　　　　乙巳，劇祖乙白麤一，又簋，祖乙永。　　　　　　　（《花東》29）

《花東》296 与《花東》29 内容相似，也是用白色野豬祭祀祖乙，占卜也在乙巳日舉行。另一位經常受祭的祖先是妣庚，她和男性祖先一起受祭：

　　　　劇妣庚白麤。　　　　　　　　　　　　　　　　　　（《花東》53）
　　　　庚戌，侑①祭妣庚，白郎一。　　　　　　　　　　　　（《花東》267）
　　　　……祖甲白郎一，祖乙白郎一，妣庚白郎一。
　　　　　　　　　　　　　　　　　　　　　　　　　　　　　（《花東》309）

　　更重要的是，在很多花東卜辭中，介詞"叀"的使用，説明白豬是專門選出來祭祖的。比如：

　　　　乙卯卜，叀白豕祖甲不用；
　　　　乙卯，劇祖乙豛一，祐鬯一。　　　　　　　　　　　　（《花東》63）

　　这片卜辭的焦點是祭祀祖甲、祖乙的各种祭品，卜问是否用白豬来祭祀祖甲。

　　花東還出土了另一板龜甲，分別在甲、己、庚、辛和壬日占卜。己日這天，占卜如何祭祀妣庚，還特別提到御祭妣庚的祭牲是白豬。

　　　　己卜，叀多臣御往于妣庚；
　　　　己卜，叀白豕于妣庚，又鬯；

---

① 該字寫作ㄔ，與ㄔ接近。加兩點可能是爲了區别祭名"侑"和介詞"有"。

> 劃牝于妣庚，又毖；
>
> 劃牡于妣庚，又毖。　　　　　　　　　　（《花東》181）

這次占卜是爲了確定應該由誰去御祭妣庚，最合適的祭品是什麼。可供選擇的祭牲有白豬、公牛、母牛和公羊。祭牲的顏色、數量與祭牲的性別一樣，都是擇牲的重要因素。

有時用牲方法也很複雜。比如：

> 甲寅，劃祖甲牝，劃祖乙，白豕，劃妣庚逅，祖甲剠劈①卯。
>
> 　　　　　　　　　　　　　　　　　　（《花東》115）

在商王世系中，祖甲和祖乙是很重要的祖先，妣庚也是一位重要先祖。正如我們根據王卜辭的相關證據推測的那樣，商人對白色祭牲的偏愛，可能與被祭祖先的高貴地位有關。②

祭祀時對白色的偏愛還會延及其他祭品，比如玉：

> 乙亥，子叀白圭稱③。用。佳子若。　　（《花東》193）

"圭"在甲骨中寫作""，表示一種尖銳的物體。《花園莊》著者採用了于省吾和勞榦的解釋，認爲這是"吉"的初字，本意是一種玉製兵器。④ 殷墟確實出土了很多玉匕和玉璋。白色玉匕和白色織物一樣，顯然是"子"所偏愛的祭品。比如：

> 甲申卜，叀配乎日婦好，告白純。用。
>
> ……卜，子其入白純，若。　　　　　　（《花東》220）

"白純"一詞，顯然指一種白色織物，可能就是絲綢。有趣的是，"白

---

① 該字寫作𢆷，在《合集》6057反裏是地名，即"北妣"。這裏可能用作動詞，我暫且把它隸定爲"劈"，是一種用牲方法，意思是剥切。

② 花園莊發掘報告的作者也指出了這一點。見《花東》第1558頁。

③ 該字可能是指用玉器的方式。具體解釋，參看《詁林》3110。

④ 《花東》，第1635頁。

純”是以婦好的名義用於祭祀的。婦好墓中儘管没有出土完整的織物，卻在約 50 件青銅器上發現了織物殘片。考古學證據充分證明，絲織生産早在商代就很普遍了。①

　　在花東子卜辭中，貞人也會對不同顏色的祭牲進行比較。正如歷組卜辭和無名組卜辭那樣，花東子卜辭也表現出了對特定顏色的偏好。下面再引述幾條有趣的卜辭：

　　　　二牛；

　　　　戠，迺侑妣庚；

　　　　三牛；

　　　　叀小牢，白郎；

　　　　二牢，白豕；

　　　　五豕；

　　　　叀二黑牛；

　　　　二黑牛；

　　　　白一豕，又坒；

　　　　夕日豕，殺，二牢；

　　　　叀二勿牢……白豕妣庚；

　　　　三羊；

　　　　先白郎宜二黑牛；

　　　　叀一白豕，又坒。　　　　　　　　　　（《花東》278）（圖 7）

　　　　甲子，劌祖甲白猳一，祐坒一；

　　　　叀黑豕祖甲，不用。　　　　　　　　　　　　　（《花東》459）

　　在上面這些例子中，貞人在白色和黑色的祭牲之間進行比較。

---

　　①　對考古學上的證據的總結，參看中國社會科學院考古研究所：《殷墟的發掘与研究》，北京：科學出版社，1994，第 414—415 頁。也見 Vivi Sylwan, “Silk from the Yin dynasty”, Bulletin of the Museum of Far Eastern Antiquities 9, 1937, pp. 119-126.

**圖 7：《花東》278**

　　現在來看看賓組卜辭。殷墟出土的甲骨刻辭中，大部分都是賓組卜辭，屬於武丁到祖甲時期。賓組中出現白色動物或白色祭牲的卜辭數量更大。卜辭的内容也比先前討論的卜辭更爲複雜。

　　首先，使用白豬祭祀祖先，在賓組卜辭中仍很普遍：

　　　　……巳，酚①，伐②，六宰，隹白豕。　　　　　　（《合集》995）

------

　　① "酚"是商代祭祀最常用的儀式之一，可能是一种獻酒儀式。參看《甲骨文字集釋》，第 4395—4400 頁。

　　② "伐"寫作"㦰"，砍頭的象形。在甲骨文中也用作動詞，"攻擊"。參看《甲骨文字集釋》，第 2657—2662 頁。

乙未卜，侑于祖……三宰又白豕。　　　　　（《合集》2051）

貞：侑于父乙白豲①，新②穀③　　　　　　　（《英藏》79）

戊寅卜，貞：爄畀④豲

……賓，貞：……白豲……子侑……　　　　　（《合集》15943）

……叀白豲……毓⑤有佑　　　　　　　　　　（《合集》11225）

　　另有一版甲骨，也是一片保存完好的賓組卜辭。這是一片罕見的完整甲骨，因而我們把它全部內容都引述出來，以便能更加全面地理解卜辭內容。卜辭刻在兩面都有鑽鑿的龜板上。背面刻辭如下：⑥

癸卯卜，殼；

于来乙卯侑祖乙；

驨羊二；

乙卯卜，

三旬，来甲申……

叀乙亥

---

　　①　"豲"意思是"豬"。寫作"󰀀"（被矢射穿的豬），説明它可能是獵獲的野豬。"矢"似乎也是聲符。參看《甲骨文字集釋》，第3005頁。

　　②　"新"寫作"󰀀"，這裏可能是動詞，剁碎。也見《合集》22073。參看本節注釋26。

　　③　"󰀀"在這裏讀爲"穀"，大多數學者都同意它在甲骨文中指一種動物，可能是小豬。參看《甲骨文字集釋》，第1001—1008頁。

　　④　"󰀀"以前釋爲"矢"，參看《甲骨文字集釋》，第1803—1804頁。但正如裘錫圭所説，該字與"矢"（󰀀）構形不同，應讀爲"畀"，意思是給予、進獻。參看裘錫圭：《"畀"字補釋》，《古文字論集》，第90—98頁（首次發表在《語言學論叢》第6期，1980年）。

　　⑤　毓寫作"󰀀"，是女人生孩子的象形表示；用作動詞"育"，訓爲"生育"。但它也用作集合名詞，意爲"祖先"。參看《甲骨文簡明詞典》，第16—17頁。

　　⑥　我採用的是張秉權的釋文（《丙編》第276—277頁），但稍作修改。在張的釋文中，"又二牛"接在"叀白豕"後面，但經過我仔細查看，"又二牛"應和"牛"是一條卜辭。

勿🜚①乙亥酚。

侑犬于咸戊；

……学戊；

于娥禦犱；

于娥；

翌丁，勿于祖丁；

祖；

事人于妣己孽；

叀白豕

辛卜，殻；

勿侑下乙；

下乙；

牢又二牛；

庚申卜殻；

子商入。　　　　　　　　　　　　（《丙編》197＋198 反）

在這片卜辭中，貞人殻貞問了一系列問題：哪天祭祀哪位祖先？實行哪種祭儀？除了祭祀祖乙、祖丁、下乙、妣己外，其他神話性的祖先神如"娥"，以及舊老臣咸戊、學戊也在受祭之列。② 祭品很豐富，有羚羊、圈養的羊、牛、白豬，以及人牲。

從上述卜辭可以看出，白豬在祭祀和驅邪儀式中使用頻率很

---

① "蕭"讀"乖"，意思可能理解爲"慌張地"或"立刻馬上"。參看我的論文《甲骨文"蕭"字的用法及其含義》(夏商文化國際會議論文，洛陽，1991 年 9 月)。其他解釋，參看 Serruys（司禮儀），"Towards a Grammar of the Language of the Shang Bone Inscription"，《中研院國際漢學會議論文集（語言文字組）》，臺北，1981 年，第 360—361 頁。
② 關於娥、咸戊、學戊的身份確認，參看島邦男：《殷墟卜辭つ研究》，第 244、252—253 頁。

高。除此之外，形體較大的動物，比如牛，似乎比形體較小的動物
更加珍貴：

  五白牛，又穀。        （《合集》203 反）

  貞：侑于王亥，更三白牛。    （《合集》14724）

  ……殼……幻侑大甲白牛。用。    （《合集》1423）

  辛酉卜，賓，貞：燎于夒白牛。   （《京大》0001）

在這些卜辭中，白牛特別用於祭祀一些最重要的祖先，如夒（俊）、
王亥和大乙。①

  商王和貞人的興趣，似乎不只限於白色動物，還包括白色人
牲。比如：

  乙丑卜，……貞：……白人；

  燎白人。          （《合集》1039）

  壬子卜，賓，貞：更今夕用三白羌于丁。用。

               （《合集》293）

  在這些卜辭中，“白”有三種理解方式：a) 數字，一百；b) 白方國
的人；c) 皮膚白皙的人。因爲“百羌”在甲骨文中很常見，表示“一百
個羌人”，所以一些學者就認爲這裏的“白”是數字“百”的誤刻，不是
顏色詞。② 然而，正如姚孝遂所説，這裏的“白”很可能是顏色詞。
“白人”可能是異於商人的一個民族，或者只是商人中皮膚較白
者。③ 正如前文説過的，商人刻字時，不同的字義之間往往會有
字形上的區別。上引兩版卜辭，“白”寫作“☉”，通常都釋爲顏色

---

  ①　夒（俊）和王亥被商人稱爲“高祖”。參看島邦男：《殷墟卜辭つ研究》，第 241—
245 頁；陳夢家：《殷虛卜辭綜述》，第 338—340、345 頁。

  ②　參看于省吾：《甲骨文字釋林》，第 450 頁。

  ③　姚孝遂：《商代的俘虜》，第 378 頁。

詞"白"。我同意姚孝遂的讀法，這裏的"白"很可能是指人牲的膚色。

商王武丁也很關心他的馬。很多卜辭都提到了馬，而白馬似乎是馬中最受歡迎者。裘錫圭在一篇論文中討論了甲骨文中白馬的重要性。[①] 賓組卜辭中很多關於白馬的卜辭，不同氏族或方國是否會進貢白馬，就是一個常常貞問的主題。

例如一版大龜甲刻辭，其背面刻有賓組貞人名"殼"，他是武丁時期最活躍的貞人。正面刻辭是：

貞：古(𠙵)来犬；
古不其来犬。
貞：𢀛呼取白馬以；[②]
不其以。
古来馬；
不其来馬。　　(《合集》945)

另外還有兩版内容相似的卜辭：

貞：㦰不我其来白馬。　　(《合集》9176)
甲辰卜，殼，貞：奚来白馬……王占曰：吉，其來；
甲辰卜，殼，貞：奚不其来白馬五。　　(《合集》9177)

這裏的命辭是成對出現的：一個肯定，一個否定。商王親自示兆預言。占卜主題是各方國是否會進獻動物，尤其是白馬。古、㦰、奚可能就是各方國首領。

① 裘錫圭：《從殷墟卜辭看殷人對白馬的重視》，《古文字論集》，第232—235頁(首次發表在《殷墟博物苑苑刊創刊號》，1989年)。

② 該字寫作"𠃉"。本文採用了裘錫圭的解釋，讀作"以"，訓爲"領導"、"致送"、"帶來"。參看裘錫圭：《古文字論集》，第106—110頁。其他解釋，參看《甲骨文字集釋》，第3737—3752頁。也见 Serruys，"Language of the Shang"，第98頁注13。

因爲白馬是商王最關心的動物,他會專門占卜、關心即將出生的小馬,詢問它們是否有幸爲白色,因爲白色可能是吉兆:

小馹子①白,不白。② 　　　　　　　　(《合集》3411)

⋯⋯馹子白。不。　　　　　　　　　(《合集》3412)

丙辰卜,⋯⋯貞:畨⋯⋯馬子白。　　(《合集》5729)

騪③⋯⋯毓(育)⋯⋯白。　　　　　　(《合集》18271)

商王還關心馬,尤其是白馬的健康問題:

丙午卜,爭,貞:七白馬殟;隹丁取。　(《合集》10067)

另一版内容相似的卜辭也是同天占卜的,可能是同套卜辭:④

丙午卜,貞:隹子弜害⑤白馬。　　　(《合集》10067)

這兩條占卜試圖發現白馬生病的原因。商王顯然爲白馬的健康感到焦慮。甲骨文中雖然有很多關於馬的卜辭,但是以馬的健康爲占卜主題的卜辭卻很少。若以馬的健康爲主題的卜辭,占卜對象都是白馬。⑥

甲骨文中占夢的卜辭很多,賓組中就有很多這類卜辭。商

---

① “子”在這裏用作動詞,訓爲“生育,生産”。

② 該句一般讀爲問句:“小馹子白? 不白?”但我採用了裘錫圭的釋文,認爲“不白”是驗辭,不是命辭的一部分。

③ “騪”字釋爲“騪”,訓爲“鬃毛爲黄色的白馬”。參看《甲骨文字集釋》,第3039—3040頁。

④ 該片卜辭現藏北京大學圖書館。轉引自裘錫圭:《從殷墟卜辭看殷人對白馬的重視》,《古文字論集》,第233頁。

⑤ 我採用了裘錫圭對該字的解釋,見裘錫圭:《古文字論集》,第11—16頁。

⑥ 偏愛白馬的傳統一直流傳到後世。比如,在幾件周初青銅器銘文中,周王就賜“白馬”給他的親戚和大臣;參看《銘文選》99:《召尊》,100:《召卣》,165:《作册大方鼎》。《山海經》中還有一位神話人物叫“白馬”,據説是皇帝的後裔。但是,正如袁珂説的,它可能最初是一個神話性的動物,後來才轉變成祖先形象。參看袁珂:《山海經校注》,第465頁。

王武丁夢到過他的妻子、親戚和大臣,也夢到過去世的先祖,有時還會夢到動物,如牛和虎。占卜是爲了讓商王確信他的夢和夢中的事物不會帶來災禍。[1] 有一片卜辭記載了商王武丁夢見白牛、並爲之忐忑的事。商王爲此專門進行了一次占卜,以確定夢的吉凶:

　　　　庚子卜,賓,貞:王夢白牛,隹田[2]。　　　　(《合集》17393)

　　武丁之後的商王也同樣重視白色的祭牲。在村北系統中,賓組卜辭之後是出組、何組卜辭。這兩組卜辭特點鮮明,有關祭祀神話性祖先神的占卜越來越少,鑽鑿形態也異於其他組卜辭。更重要的是,周祭首先在出組卜辭出現,並逐漸發展成一種祭祀制度。按照周祭制度,要在特定時間,用特定的儀式祭祀特定的祖先。

　　在出組卜辭中,白色動物依然是重要的祭品。一些卜辭記録了白色祭牲及其用牲方式:

　　　　貞:隹白麀。　　　　　　　　　　　　　(《合集》26030)
　　　　……白牛其用于毓祖乙,戠。　　　　　　(《合集》23165)
　　　　丁卯……貞:般……侑羌……白牡。　　　(《合集》22575)
　　　　甲子卜,旅,貞:翌乙丑死,叀白牡。　　　(《合集》26027)

　　有的祭祀過程更加複雜。比如:

　　　　……王……乙丑,其侑彳歲于祖乙白牡。王在‖卜。

　　　　　　　　　　　　　　　　　　　　　　　(《合集》22904)

---

　　① 有關商代占夢的研究,參看胡厚宣:《殷人占夢考》,《甲骨學商史論叢初集》第三册,成都齊魯大學國家研究所,1944 年卷 3。
　　② "田"的釋文很多,如"禍"、"咎"、"憂"。參看《甲骨文字集釋》,第 3121—3125 頁;裘錫圭:《古文字論集》,第 105 頁。

在這些卜辭中，白色公牛似乎頗受偏愛，用牲方法也經常專門指明。"彳"和"矵"是商代祭祀中常見的用牲法，尤其是在出組卜辭中，常與"歲"、"侑"並用。[①]

| | |
|---|---|
| ……登洋牛，大乙白牛，叀元…… | （《合集》27122） |
| ……燎叀白豚。[②] | （《合集》34462） |
| 乙亥卜，燎白豕。 | （《合集》34463） |
| 庚午卜，叀今夕…… | |
| 叀白牛燎。 | （《屯南》231） |

血祭和御祭在前文已經討論過，歷組中就有幾片卜辭，記述了用白豬進行御祭。比如：

甲辰，貞：其大御自上甲……盟用白豭九……

丁未，貞：其大御王自上甲……盟用白豭九；下示汎牛，在父丁宗卜。

丁未，貞：叀今夕酌，御，在父丁宗卜。

癸丑，貞：其大御，叀甲子酌。　　（《合集》32330）

《合集》34103的字體和內容，都與上述卜辭幾乎完全相同。這兩片可能是同套卜辭。另外還有一版內容相似的卜辭，只不過行文是豎行的，用詞也稍有不同：

……酌，大御自上甲，其告于大乙，在父丁宗卜。

……大御自上甲，其告于祖乙，在父丁宗卜。

---

①　于省吾釋爲"矵"，認爲這是一種用牲法，意思是"肢解（祭牲）"。參看《甲骨文字釋林》，第167—172頁。"彳"在甲骨文裏也很常見，且常與"侑"、"歲"並用。可能是一種處理祭牲的方法。參看《甲骨文字集釋》，第4019—4110頁。但也有不同意見，比如，詹鄞鑫釋爲"灸"，訓"灼燒"，參看《釋甲骨文裏的"灸"》，《中國語文》1985年第5期，第384—388頁。

②　該字寫作"𩰊"，釋"豚"，訓爲"幼豬"。參看《甲骨文字集釋》，第3007—3009頁。

圖 8：《屯南》2707

　　……其大御王自上甲，盟用白犾九；下示汎牛，在大乙
宗卜。

　　……自上甲，盟用白犾九…在大甲宗卜。

　　……卯，貞：其大御王自上甲，盟用白犾九；下示汎牛，在
祖乙宗卜。

　　丙辰，貞：其酌，大御王自上甲，其告于父丁。

　　　　　　　　　　　　　　　　　（《屯南》2707）（圖 8）

　　這片卜辭詳細描述了爲商王舉行的酒祭和御祭。受祭者包括
上甲以來的所有先王。告祭對象有大乙、祖乙和父丁。

　　這一祭祀過程非常複雜。除了酒祭之外，還有血祭。上文已

經討論過,鮮血具有贖罪的功能,在商代祭祀中經常用作一種御除災禍的手段。帶血的祭牲要呈獻給祖先,並放置在祖先祭壇上。"示"寫作"丁",是祖先牌位或祭壇的象形。①　有趣的是,在甲骨文中"示"有時也寫作"示",表示鮮血滴在祭壇周圍。

"汎"也是一種血祭,可以理解爲濺血之祭,把血塗於某物之上。②　它是鮮血滴在"下示"(低處祖先祭壇)上的象形表示。③

這裏我們引用一條西文材料進行對比。希伯來文聖經《利未記》有一段經文,記述了血祭的過程:

> 受膏的祭司要取些公牛的血帶到會幕,把指頭蘸於血中,在耶和華面前對着聖所的幔子彈血七次。又要把些血抹在會幕內耶和華面前香壇的四角上,再把公牛所有的血倒在會幕門口,燔祭壇的腳那裏。④

古代以色列的祭祀儀式,與商代的祭祀儀式有共同之處,也有一些區別。在以色列傳統中,只有圈養動物的血才能滴在祭壇上,野生動物的血要流入地下,掩埋起來。在早期基督教傳統中,血祭常常用來請求神寬恕人的無心之罪。⑤

然而,對商王來説,要驅除的是詛咒而非罪惡感。古代中國宗

---

①　"示"的解釋很多:(1)天象;(2)豐收神;(3)上帝;(4)圖騰柱的象形。最流行的解釋參看《詁林》:1118、1119。"下示"這個稱謂經常用作集合示名,代表某一群祖先。

②　這裏採用的是于省吾的解釋。參看《甲骨文字釋林》,第22—25頁。

③　另一種解釋是:"下示"表示低處祖先的聖殿。學者對"下示"的解釋多種多樣,不過大部分學者都同意它是集合名,表示一群去世的祖先。參看陳夢家:《殷虛卜辭綜述》,第460—468頁。也見 Serruys, "*Language of the Shang oracle inscriptions*", p. 49.

④　*The Holy Bible*(Revised standard version, London, 1966), Leviticus, Chapter4, Verse5 - 7, p. 86.

⑤　有關古代以色列人祭祀的描述,參看 R. de Vaux, *Ancient Isreal: Its Life and Institutions*, London, 1961, pp. 418 - 420.

教中"罪"的意識很淡薄。在御祭中,商王祈求祖先或祖先的神力保佑自己,使之成爲完人。正如宗教史學家史密斯所言:"没有達到和諧,並藉此成爲完人的,才是罪。"[1]

在很多歷組卜辭中,白豬也用於祈生之祭。比如:

> 辛巳,貞:其桒禱[2]生于妣庚妣丙,牡,牝,白豭;
> ……貞:……桒生……庚……牝,剢。　　(《合集》34081)
> 庚辰,貞:其桒生于妣庚妣丙,在祖乙宗卜;
> 辛巳卜,貞:其桒生于妣庚妣丙,牡,牝,白豭。

> (《合集》34082)

這兩版可能是同套卜辭。《合集》34082 的第(2)條卜辭,與《合集》34081 的第(1)條内容完全相同,占卜時間相隔一日。所提到的祭牲"白豭",[3]是用來祭祀女性祖先的。

《合集》34080 是另一版内容相似的卜辭,但不是同套卜辭。這片卜辭記録了求生之祭:

> 乙巳,貞:丙午,禱生于妣丙,牡,牝,白[豭]。

> (《合集》34080)

這條卜辭占卜的是求生育之祭中祭牲的性别。象形字"豭"寫作"𤞷",強烈暗示了陰莖。在後世傳統中,公豬一直被認爲是性或淫蕩的象徵。[4] 這些卜辭説明,祭牲的性别和顏色,在商代的祈生

---

① 　D. H. Smith, *Chinese Religion*, London, 1968, p. 38.

② 　該字寫作"𣏟",這裏可以訓爲"禱";參看趙誠:《甲骨文簡明詞典》,第 234 頁。

③ 　一些學者認爲"白"指豬的性别,不是指顏色;例如管燮初:《殷墟甲骨刻辭的語法研究》,北京:中國科學院,1953 年,第 31 頁。但是,既然下面的"豭"字已經指明了這是一頭公豬,那麼"白"很可能是就形容公豬毛色的顏色詞,表示"白色"。

④ 　比如《左傳·定公十四年》記載了宋國人公豬的諷喻,譏諷南子和宋公之間亂倫的醜事。參看《春秋左傳正義》卷 56,《十三經注疏》,第 2151 頁。

之祭中都有重大意義。

　　商代祭祀中除了有動物犧牲和人牲，還有穀物、鬯酒等祭品。一些卜辭還專門提到了祭祀所用穀物的顔色。歷組有一片卜辭，記載了用於供奉的“白黍”：

　　　　于祖乙彳，徵来羌；
　　　　叀白黍登。　　　　　　　　　　　　　　　（《合集》32014）

《合集》34601 和《英藏》2431 内容與之相似，也是用“白黍”作爲祭品。

　　歷組卜辭中也有很多田獵卜辭，其中一片專門記載了獵物的顔色：

　　　　……寅卜，王其射𤝔白狐，湄日亡災。　　　（《屯南》86）

　　在其他貞人組卜辭，尤其是黄組卜辭中，田獵卜辭的數量更多，它們有時也會提到獵物的顔色。這一點我們放到下文討論。

　　村南系統的另一個貞人組是無名組。無名組直接從歷組發展而來，可能存于廩辛至文丁時期。無名組卜辭中也出現了白羊和白牛，但卜辭内容卻有所變化。有幾片卜辭提到了“白牛”，但是命辭卜問的不只是動物的顔色，還有動物的數量。比如：

　　　　白牛，叀二，有正。
　　　　白牛，叀三，有正。　　大吉。
　　　　弜用。
　　　　其祉①。
　　　　叀白牛九，有正。　　大吉。　　　　　　　（《合集》29504）
　　　　……白牛……正。　　　　　　　　　　　（《合集》29506）

_____

①　該字寫作“𠂤”，參看《甲骨文簡明詞典》，第 289、362 頁。

"有正"暫且釋爲"正確的,對的",這似乎可以説明命辭是有待檢驗的提議。[①] 無名組中還有一些記載白色動物的卜辭,但内容殘缺,不足爲據。[②] 其中,有幾片卜辭卜問白羊是否用於求雨之祭,與黑羊形成對比。[③]

現在來看看黄組卜辭。黄組卜辭是村北和村南系統的共同結尾。在黄組卜辭中,白色動物很少出現在祭祀卜辭中,在田獵卜辭中出現的次數則相對較多。

黄組有很多田獵卜辭,且常記録獵物的種類和數量。動物的顏色在多數情況下是不記録的,但也有一些例外,白色就是其中之一:

> 壬申卜,貞:王田曹,往来亡災,獲白鹿一,狐二。
> 　　　　　　　　　　　　　　　　　　　　（《合集》37449）

> 壬申……王……田麥,往……亡災。王……曰:吉。兹御……白鹿。
> 　　　　　　　　　　　　　　　　　　　　（《合集》37448）

> ……王卜,貞:……曹,往来亡災,獲……麋二,白狐一。
> 　　　　　　　　　　　　　　　　　　　　（《合集》37499）

在這些卜辭中,白色動物大多是鹿和狐(或狼)。田獵收穫的動物是否用於祭祀,目前還不能確定。不過,家畜與野獸在使用上應該是有所區別的。

甲骨文中也有大型野生動物兕(野生水牛或犀牛)被獵獲的記載,有時還指明獵獲的是白色的兕。《佚存》427(圖 8b)是一支雕刻精美的肋骨,一面是雙目饕餮紋,另一面是刻辭:

---

① 在甲骨文中,"正"用作動詞。參看《甲骨文簡明詞典》,第 245—246 頁。
② 《合集》29506、29546、30516。
③ 相關卜辭將在下一章討論。

　　　　辛巳，王剝①武丁，叙……麓，獲白兕，丁酉……

（《佚存》427②）

　　在殷墟第三次發掘中，村北一個灰坑出土了一大塊動物頭骨刻辭：

　　　　……于倪麓獲白兕……叙于……在二月，隹王十祀，肜日，王来正盂方伯。

（《合集》37398③）

　　雖然兕被獵獲的記録較多，但上述兩片刻辭卻很特別。首先，這些内容刻在商王獵獲的動物的肋骨或頭骨上。其次，它們不是占卜刻辭，而是記事刻辭。這兩片刻辭都明確説明，兕的顔色是白色，而白兕是很罕見的動物。這或許暗示了白色具有特殊意義。

　　田獵是商代占卜的一大主題。對商王来説，田獵不只是一項世俗活動，更具有宗教意義。田獵本身可能就是一種象徵性的祭祀。④ 正如魯威儀（Mark E. Lewis）所指出的，田獵在古代中國的祭祖活動中，至少具有三種意義：獵獲的動物常用於祭祀；田獵是宗教儀式的一種；田獵能夠確定統治者的權威。⑤

　　黄組中還有一片重要的刻辭，即《合集》36481：

---

　　① 該字字義不明。可能是一種祭祀儀式，常在田獵中使用。參看《甲骨文簡明詞典》，第244頁。

　　② 對於這片卜辭的早期研究，參看董作賓《“獲白麟”解》，《董作賓先生全集甲編》，第549—558頁（最早發表於《安陽發掘報告》第2期，1930年）。

　　③ 也見《甲編》3939。這裏採用的是屈萬里的釋文，參看《殷墟文字甲編考釋》，臺北，1984年，第842頁（最早出版於1961年）。

　　④ 更多討論，參看孟世凱《商代田獵性質初探》，《甲骨文與殷商史》第1輯，1983年，第204—222頁。姚孝遂：《甲骨刻辭狩獵考》，《古文字研究》第六期，1981年，第34—66頁。陳盤：《古代社會田狩與祭祀之關係》（重定本），《史語所集刊》36.1，1965年，第309—330頁。

　　⑤ M. L. Lewis, *Sanctioned Violence*, pp. 18-22.

……小臣牆比伐，擒危美……二十人四……馘千五百七十，隙一百……丙車二丙，𢎨（弩）一百八十三，函五十，矢……
侑白廌（麟）于大乙，用⿰弓⿱白（伯）印……隙于祖乙，用美于祖丁，埜甘京易（錫）……

這片甲骨記載了商和北邊方國的一次大戰。商王取得了戰爭的勝利，擒獲了敵方首領危美，並繳獲了很多兵器和俘虜。在慶賀儀式上，商王用擒獲的敵方首領和白麟祭祀祖先。[1] 在中國傳統文化中，麟是一種罕見的動物，因此被賦予了重大意義。[2] 這片刻辭的風格和内容都與《逸周書·世俘篇》相似。根據《世俘篇》記載，周克商後，用俘虜祭祀祖先神廟，用動物祭祀"社"和其他神靈。[3]

綜上所述，在甲骨文中，白犬、白豬、白牛等白色動物，是經常被歲殺或焚燒的祭牲，多用於祭祀祖先、御除災禍或祈求生育。白馬受到了商王的特別關注。田獵卜辭有時還特別指明獵獲的是白色的動物。商王武丁有一次因夢到白牛而憂心忡忡。各種種類的白色動物，在各個時期和多數貞人組卜辭中都經常出現，只不過具體語境稍有不同。[4] 這些都暗示了白色動物在商代祭祀和占卜中占有重要地位。

根據晚商遺留下來的書寫資料，我們發現商代祭祀中白色的

---

[1] 這片刻辭的釋讀還有爭議。對"白廌"的理解也各不相同。比如，胡厚宣把"白廌"讀爲"伯廌"。參看胡厚宣：《中國奴隸社會的人殉和人牲》，《文史》第八輯，1974年，第 63 頁。

[2] 參看董作賓：《"獲白麟"解》。在這篇論文中，他把"兕"錯釋爲"麟"。不過，他對"麟"在中國歷史上的特殊意義的探討，還是頗有見地的。

[3] 參看朱右曾：《逸周書集訓校釋》卷 4《《皇清經解續編》》，第 5—9 頁。該文的現代注本和解釋，參看顧頡剛：《逸周書世俘篇校注、寫定與評論》，《文史》第二輯，1964年，第 1—41 頁。

[4] 何組卜辭雖然是村北的出組發展來的，但沒有見到使用白色祭牲的例子。原因可能有二：一是現有材料不足；二是商代祭祀系統在那個時期有了一些變化。

使用有兩個顯著特點：（1）“白”是最常用於祭祀的顔色之一，白色動物如白馬，受到商王的特別關注。（2）白色動物，尤其是白豬和白色公牛，經常用於祭祀祖先。比如，白豬的受祭者包括“高祖”王亥和“高祖”上甲，以及其他直系先王。

上述兩點，尤其是第二點，是揭示白色在商文化中的涵義的重要綫索。需要思考的是：白色對於商人是否有一種特殊的象徵意義？如果有，那麼又是什麼？

對顔色的偏愛並不是個體行爲，因而必須置於特定的文化背景中來思考。尤其在宗教系統中，顔色往往具有強烈的象徵意義。現在我們再來回顧一下“白色”在那登布文化中的意義。在導論中我重點介紹了特納對那登布人顔色象徵的系統研究。在那登布文化中，每一種顔色都有一系列象徵意義。

特納認爲，對於那登布人來說，白色的象徵意義中，隱含着和諧、連續、純潔、顯明、公衆、恰當、合法的理念。白色主要在人神相會、溝通生者與死者時使用。對於那登布人來説，白色代表神聖和慷慨，並通過祖先崇拜顯現出來。另外，白色對於生育也意義重大，因爲白色代表乳汁和精液，象徵着生命的延續。[1]

在中國宗教中，祖先崇拜是最古老、流傳最久的一個主題。一方面，祭祀祖先可以強化族群的血緣關係。另一方面，由商王親自主持祭祖儀式，可以使他們的政治權能合法化，並爲其提供強大的心理支持。祭祀男性和女性祖先，對於商人來說必定具有重大意義，否則，他們也不會花費如此巨大的時間和精力來祭祀祖先。去世的祖先可以保佑或懲罰生者，是人和“帝”之間交流的使者，因此需要不斷地、以最合適的方式受到祭拜。

商人的超自然理念，以及他們爲此確立的祭祀系統，在一定程

---

[1]　V. Turner: *The Forest of Symbols*, p. 77.

度上反映了當時複雜的社會結構，也可以說祭祀活動本身就加深了社會的複雜性。在後世的中國宗教中，受到祭拜的神靈可以分爲三大系統：鬼，神，祖先。然而，在商代的祭祀活動中，自然神和"高祖"之間沒有嚴格界限。儘管如此，商代的祖先崇拜活動，一定程度上也反映了一種分類系統的發展。在生者或死者中間，似乎都有某種等級秩序，祭祀儀式也開始有所區別。祭品（包括祭牲顏色）的選擇，就是其中一個方面。

## 第二節　神聖的騂牛

傳統歷史學認爲，夏人尚黑，殷人尚白，而周人尚赤。[①] 這個觀點比較完整地出現在《禮記·檀弓上》篇中：[②]

> 夏后氏尚黑，大事斂用昏，戎事乘驪，牲用玄。殷人尚白，大事斂用日中，戎事乘翰，牲用白。周人尚赤，大事斂用日出，戎事乘騵，牲用騂。

這段話説的是夏、商、周三代在舉行葬禮和軍禮時，需要配用特定的顏色。《禮記·明堂位》篇中也類似的敘述：

> ……殷之大白，周之大赤。夏后氏駱馬黑鬣，殷人白馬黑首，周人黃馬蕃鬣。夏后氏牲尚黑，殷尚白，周騂剛。[③]

這兩篇記載內容和結構基本相同，只是用詞不同而已。它的作者試圖把過去的歷史融入到一個三種不同的顏色系統中。黑、白、紅分別對應夏、商、周：夏是黑色，商是白色，周是紅色。這種

---

①　胡新生：《"周人尚赤"說的歷史考察》，《文史哲》2005 年第 2 期，第 91—97 頁。
②　《禮記正義》卷 6；《十三經注疏》，第 1276 頁。
③　《禮記正義》卷 31；《十三經注疏》，第 1490 頁。

顔色對應關係在《禮記》中非常明顯：喪禮、軍禮，甚至祭器，都要
遵循這種顔色對應關係。

　　這些記載一直被認爲是真實的歷史敘述。然而，如果把它置
於歷史語境中考察，就會發現它反映的更多的是《禮記》形成時代
的思想。與許多秦漢時期編纂、記載上古歷史文化的傳世文獻一
樣，《禮記》的成書年代也是一個複雜的問題。新的研究表明，《禮
記》的成書年代大約在公元前四世紀末到公元前三世紀初，即戰國
中期。① 使用傳世文獻進行研究時，首先要弄清它們的來源。正
如羅根澤指出的，要把個人書寫和歷史檔案區分開，因爲後者顯然
代表了更早的歷史時期。② 公元前五世紀之前，幾乎沒有個人書
寫，所有早期文獻都是官方書寫並保存在檔案中。只有到了王權
衰落之後，個人書寫才成爲可能，才爆發了一場編纂古代傳説和思
想、使之系統化的學術運動。③

　　艾蘭在研究古代中國神話時發現，在周代的文獻中，夏、商、周
總是以三元對立的面貌出現，都有一個對應的神話主題。她認爲
這必然反映了一種神話結構形態。④ 夏商周分別對應三種顔色，
顯然是這種神話結構形態的産物。

　　然而，《禮記》等記載古代祭祀的傳世文獻，雖然試圖把過去的

---

　　① 《檀弓》的年代考訂，參看林政華：《禮記檀弓篇之性質與著成時代》，《國立編
譯館館刊》第 5 卷第 2 期，1976 年，第 183—191 頁，定爲秦朝末期。沈文卓：《略論典禮
的實行和"儀禮"書本的撰作（下）》，《文史》第十六輯，1982 年，第 1—19 頁，把它定爲公
元前四世紀後半葉。更多有關《禮記》文本歷史的討論，參看劉起釪：《古史續辨》，北
京：中國社會科學出版社，1991 年，第 659—665 頁。

　　② 羅根澤：《戰國前無私家著作説》，《古史辨》第 4 册，1982 年，第 8—68 頁。

　　③ 這場運動由很多哲學派別和哲學家發起。有關這場哲學運動的概述，參看 A.
C. Graham. *Disputers of the Tao: Philosophical Argument in Ancient China*, Illinois,
1989, pp. 1 - 8.

　　④ S. Allan, *The Heir and the Sage* (San Francisco, 1981), esp. pp. 3 - 24; and
*Shape of the Turtle*, pp. 57 - 73.

歷史整合到統一的系統中,但是它的內容可能源於更古老的傳統,
而且還可能保存了古代祭祀的一些細節。因此,我們需要揭示傳
世文獻與商代祭祀之間的關係。

　　周代金文和傳世文獻都顯著表明,周代祭祀確乎更喜歡紅色,
他們的祭牲常常是"騂"色,即橘黃色(暖色)。首先,在周代祭祀
中,紅色明顯與天界或天界神靈,以及居住在天界的祖先神有關。
《周禮・天官・牧人》有云:"凡陽祀,用騂牲毛之。"鄭玄注:"陽祀,
祭天於南郊及宗廟。"[1]這表明紅色祭牲在當時主要用於祭祀祖先
神和天神,祭牲的顏色還與陰陽概念聯繫起來。

　　商代考古和甲骨刻辭都有使用紅色顏料的證據。考古發現的
顏料使用情況,在導論部分已經闡釋過了。[2]商代墓葬中經常出
土朱砂,在很多墓穴中發現了紅色顏料,著色甲骨也經常是紅色。
這些都表明,紅色在商代宗教中占據主導地位。

　　甲骨刻辭中的證據也表明,紅色動物在商代祭祀中是很常見
的祭牲。歷組卜辭有兩片甲骨:

　　……登潷牛,大乙白牛,叀元……　　　　　(《合集》27122)
　　丁丑卜,王其彳潷牛於……五牢。　　　　　(《合集》29512)

　　正如前一章說的,這兩片甲骨中的"潷牛"是合文"犇"(紅黃色
牛)的早期寫法。在大多數卜辭中,"潷牛"都寫作合文"犇"。比如
下文引用的無名組卜辭:

　　犇斳祖乙。　　　　　　　　　　　　　　(《合集》32564[3])

這些卜辭是祭祀卜辭,受祭者分別是大乙和祖乙。

---

[1]　《周禮正義》卷 23,第 916—920 頁。尤其參看孫詒讓的注解。
[2]　參看本文第一章第二節。
[3]　從字體判斷,該片屬於歷無名間組卜辭。

無名組卜辭中使用"羍（騂牛）"祭祀的例子很多，目的是確保商王受到被祭祖先的保佑。比如：

……日，于妣癸，其矺，王受祐；

叀羍，王受祐。　　　　　　　　　　　　（《合集》27575）

這片卜辭有兩條命辭，第一條卜問祭祀方法，第二條卜問祭祀用牲的種類和顏色。受祭者是妣癸。

在很多卜辭中，命辭提供了多種顏色的祭牲和殺牲方法。祭祀是爲了確保滿足神靈和祖先的需要。在選擇合適的祭牲時，動物的顏色似乎是一個重要因素。騂牛尤其受到歡迎：

叀羍……吉。　　　　　　　　　　（《合集》29514）

庚申卜：妣辛矺牢，王受祐，吉；

牢又一牛，吉；

叀羍，吉。　　　　　　　　　　　　（《屯南》694）

叀羍，王受祐；

叀勿牛，王受祐。　　　　　　　　　（《屯南》2304）

三牢，王受祐；

叀羍；

叀勿牛。　　　　　　　　　　　　（《合集》29519）

辛卯卜，妣辛桒，叀羍；

叀勿。　　　　　　　　　　　　　（《合集》27441）

妣辛歲，叀羍，吉；

叀勿牛。　　　　　　　　　　　　（《屯南》2710）

祝上甲……羍……

叀勿牛。　　　　　　　　　　　　（《合集》27060）

父己歲，叀羍；

叀勿牛。　　　　　　　　　　　　（《合集》27013）

　　　　　更黑牛

　　　　　……羊　　　　　　　　　　　　　　　　　　（《合集》29508）

　　在一些卜辭中，命辭會提供不同的選擇，以決定是選用"牢"，
"羊"，"勿牛"，"幽牛"，"黃牛"，還是"黑牛"用於祭祀。比如：

　　　　　庚子卜，祖辛歲…吉。不用。

　　　　　更羊；

　　　　　更幽；

　　　　　更勿牛。　　　　　　　　　　　　　　　　　（《屯南》139）

　　　　　丁丑卜：妣庚史（事），更黑牛①，其用佳。

　　　　　更羊；

　　　　　更幽牛；

　　　　　更黃牛。　　　　　　　　　　　　　　　　　（《屯南》2363）

　　顯然，這些占卜是爲了選出祭牲的顏色。這些卜辭有力地説
明，顏色是選擇祭牲的關鍵因素。與周代祭祀相似，紅色在商代祭
祀中也可能具有吉祥的意義。

　　黃組卜辭與歷組卜辭和無名組卜辭一樣，也有很多卜辭提到
了騂牛，只是多與祊祭有關：②

　　　　　丙戌卜，貞：武丁祊，其牢。兹用。

　　　　　癸巳卜，貞：祖甲祊，其牢。用。

　　　　　更羊。用。　　　　　　　　　　　　　　　　（《合集》35828）

　　　　　甲申卜，貞武乙祊其牢。兹用。

――――――――――

　　①　這片卜辭拓片不清楚。《屯南》的作者把這個合文隸定成"黃牛"（第1008頁），
但根據摹本（第1425頁），這個詞應隸定成"黑牛"。

　　②　該字在甲骨文裏寫作"〇"或"囗"，可能表示祖先宗廟中的一個祭祀地點，如
神殿或聖所。學者對該字的解釋並不一致，更多討論參看島邦男：《殷墟卜辭つ研究》，
第183―189頁。然而，在卜辭中，"祊"更可能表示一種祭祀儀式。

　　　　叀羋；

　　　　叀羋。

　　　　丙戌卜，貞武乙祊其牢。兹用。

　　　　叀羋。兹用。

　　　　叀羋。　　　　　　　　　　　　　　　　　（《合集》35829）

　　　　丙午卜，貞：康祖丁祊，其牢，羋。①　　　（《合集》36003）

　　　　丙寅卜，貞：康祖丁祊，其牢。羋。兹用

　　　　丙申卜，貞：康祖丁祊，其牢。羋。

　　　　丙辰卜，貞：康祖丁祊。牢牢，羋。②　　　（《合集》35965）

　　這些卜辭都是殘辭，我們需要找出相對完整的卜辭，以便更好地研究命辭之間的關係。幸運的是，我們找到了兩個例子：③

　　　　甲子卜，貞：武乙祊，其牢。兹用。

　　　　其牢又一牛；

　　　　叀羋。兹用。

　　　　叀勿牛。

　　　　丙寅卜，貞：武丁祊，其牢。

　　　　其牢又一牛；

　　　　叀羋；

　　　　叀勿牛。

　　　　癸亥卜，貞：祖甲祊，其牢。

　　　　其牢又一牛；

　　　　叀羋。兹用。

　　　　叀勿牛。　　　　　　　　　　　　　　　　（《合集》35818）

---

① 如果我們把"其牢羋"連讀，那麼，"羋"就可能是形容詞，表示"牢"的顏色。

② "牢牢羋"可能是誤刻。

③ 這兩片卜辭有些殘缺的句子，根據辭例已經補充完整。

甲戌卜，贞：武乙宗，其牢。

其牢，又一牛；

叀……兹……

叀勿牛；

叀……

叀勿牛。

丙子卜，贞：武丁祊，其牢。

其牢，又一牛；

其牢，又一牛。兹用。

叀羊；

叀勿牛。

癸卯卜……宗。

其牢，又一牛。兹用。

叀羊；

叀勿牛；

叀羊；

叀勿牛。兹用。

甲辰卜……宗，祊……兹……

其牢，又一牛；

……贞……祊，其……

其牢，又一牛；

……羊；

叀勿牛。兹用。

癸巳卜，贞：祖甲祊，其牢。

其牢，又一牛；

叀羊；

叀勿牛；

惠羊；

惠勿牛。兹用。

甲午卜，貞：武乙宗祊，其牢。

其牢，又一牛。兹用。

……卜，貞：……祊……牢……用。

其牢，又一牛；

……羊；

惠勿牛。　　　　　　　　　　　　（《合集》35931）

這兩片卜辭都有多套互相對立的命辭。命辭都有統一的格式：占卜日期，祭祀名稱（或地點），祖先稱謂，祭祀用牲。在黃組卜辭中，祊祭是以 60 天爲一周、有規律地祭祀祖先的一種祭祀制度。①

至於祭祀用牲，貞人先卜問是用"牢"還是"牢又一牛"。接着他卜問用什麼顏色的祭牲，騂牛還是雜色牛。並且在不同的時間，以"選貞"的形式反復貞問同一種祭牲。

這些證據表明，晚商帝王在祖先宗廟進行的常規祭祀中，對紅黃色祭牲有一種特別的偏好。某種程度上説，紅色與白色一樣，在商代祭祖禮中都被認爲是具有神力、生命力或承諾的顏色。

紅色在很多宗教中都被認爲是神聖的。雖然在不同的文化中，紅色有不同的使用方式，但都具有一些特定的象徵意義，比如象徵血、太陽、火、靈魂或神靈再現等。英國人類學家弗雷澤在《金枝》中描述了敍利亞人用紅頭髮、紅臉頰的人作人牲，祭祀太陽等天體，他們選擇犧牲的標準也是顏色。祭司身著紅色聖服，舉行儀

---

①　有關黃組卜辭中祊祭制度的更多討論，參看常玉芝：《商代周祭制度》，第 312—343 頁，附錄：《"祊祭"卜辭時代的再辨析》。

式的廟宇也漆成紅色，並飾有各種紅色流蘇，因爲他們認爲紅色象徵天體。在古羅馬時代，春天要用紅毛小獸祭祀穀神奥西里斯，以使穀物豐産。①

另外，值得注意的是，"羊"的使用可能起於村南系統的歷組和無名組，後來逐漸成爲祖先祭祀中祭牲的主導顏色，在黃組卜辭中尤其如此。黃組卜辭大概屬於商末文丁、帝乙、帝辛時期。

晚商時期，商周之間關係密切。考古和文獻證據都表明，周在晚商時期可能是商朝的一個方國。周克商之後，繼承了商代文化的主體。② 根據劉雨的統計，西周穆王（前 947—前 928 在位）之前的青銅器中記載了至少二十種祭祀儀式，其中有十七種在甲骨文中都出現過。③ 這就表明周朝繼承了商代傳統的大部分内容，商代祭祀系統的主體在周初仍繼續實行，只是稍微有些變化。

西周夷王（前 897—前 858 在位）時期的《大簋》④，其銘文曰：

> 王……易（錫）夠羊牭，曰：用窹于乃考。

《尚書·洛誥》篇記載了一次特殊的祭祖儀式：

> 戊辰王在新邑，烝祭歲文王，駤牛一；武王，駤牛一。王命作册逸祝册，惟告周公其後。⑤

根據《史記》的記載，該篇是周公建成洛邑，成王舉行慶典、褒獎周

---

① 見 J. G. Frazer：*The Golden Bough: A Study in Magic and Religion* (abridged edition)，London，1957，pp. 583 - 584、625.
② 更多討論參看張光直：《殷周關係的再檢討》，《中國青銅時代》，北京：文物出版社，1983 年，第 81—106 頁。
③ 參看劉雨：《西周金文裏的祭祖禮》，《考古學報》1989 年第 4 期，第 495—522 頁。
④ 《銘文選》：393。此前討論"駤"字時，已經引用過。
⑤ 《尚書正義》卷 15，《十三經注疏》，第 217 頁。

公時所作。① 在這次祭祖儀式上，殺了兩頭騂牛以祭祀文王、武王。

　　祭祀中騂牛的使用情況，《詩經》中都有生動描述。比如《詩經·小雅·信南山》：②

> 祭以清酒，從以騂牡，享于祖考。
> 執其鸞刀，以啟其毛，取其血膋。
> 是烝是享，苾苾芬芬，祀事孔明。
> 先祖是皇，報以介福，萬壽無疆。

這裏提到"清酒"、"騂牡"和祭祀過程。毛亨注："周尚赤也。"鄭玄箋："清，謂玄酒也。酒，鬱鬯五齊三酒也。祭之禮，先以鬱鬯降神，然後迎牲。享于祖考，納亨時。"孔穎達正義更加詳細："此章陳正祭之事。古者成王爲祭之時，祭神以清與酒。清謂玄酒也。酒謂鬱鬯與五齊三酒也。先以鬱鬯祼而降神，乃隨從於後，以騂牡之牲迎而入于廟門，以獻于祖考之神。既納以告神，乃令卿大夫執持其鸞鈴之刀，以此刀開其牲之皮毛，取牲血與脂膏之膋膋，而退毛以告純，血以告殺，膋以升臭，合馨香以薦神。各有其人，皆肅其事。今王不能然，故刺之。"

　　又《詩經·大雅·旱麓》：③

> 瑟彼玉瓚，黃流在中。豈弟君子，福祿攸降。
> 鳶飛戾天，魚躍于淵。豈弟君子，遐不作人。
> 清酒既載，騂牡既備。以享以祀，以介景福。

毛亨注："玉瓚，圭瓚也。黃金所以飾流鬯也。九命然後錫以秬鬯、

① 《史記》卷4，北京：中華書局，1959年，第133頁。
② 《詩經正義》卷13.2，《十三經注疏》，第471頁。
③ 《詩經正義》卷16.3，《十三經注疏》，第516頁。

圭瓚。"鄭玄箋:"瑟,潔鮮貌。黃流,秬鬯也。圭瓚之狀,以圭爲柄,黃金爲勺,青金爲外,朱中央矣。殷玉帝乙之時,王季爲西伯,以功德受此賜……'黃金所以流鬯'也,一本作'黃金所以爲飾流鬯也',是後人所加。秬音巨,黑黍也。鬯,敕亮反。以黑黍米搗鬱金草,取汁而煮之,和釀其酒,其氣芬香調暢,故謂之秬鬯。"孔穎達正義:"毛以大王、王季既成民事,乃以神事。有清潔之酒,既載而置之於尊中;其赤牡之牲,既擇而養之以充備。有此牲、酒以獻之於宗廟,以祭祀其先祖,以得大大之福禄。"

《詩經·魯頌·閟宮》:①

> 皇皇后帝! 皇祖后稷! 享以騂犧,是饗是宜。
> 降福既多,周公皇祖,亦其福女。
> 秋而載嘗,夏而楅衡,白牡騂剛。犧尊將將。
> 毛炰胾羹,籩豆大房,萬舞洋洋。孝孫有慶。

毛亨注:"騂,赤。犧,純也。"鄭玄箋:"皇皇后帝,謂天也。成王以周公功大,命魯郊祭天,亦配之以君祖后稷,其牲用赤牛純色,與天子同也。天亦饗之宜之,多予之福。""諸侯夏禘則不礿,秋祫則不嘗,唯天子兼之。楅衡,設牛角以楅之也。白牡,周公牲也。騂剛,魯公牲也。犧尊,有沙飾也。毛炰,豚也。胾,肉也。羹,大羹、鉶羹也。大房,半體之俎也。洋洋,眾多也。箋云:此皇祖謂伯禽也。載,始也。秋將嘗祭,於夏則養牲。楅衡其牛角,爲其觸牴人也。秋嘗而言始者,秋物新成,尚之也。大房,玉飾俎也,其制足間有橫,下有柎,似乎堂後有房然。萬舞,千舞也。"

這些詩歌描寫的雖然是周代的祭祀情景,但祭祀過程和它所反映的潛在模式,與商代甲骨文反映的内容,明顯有繼承

---

① 《詩經正義》卷20.2,《十三經注疏》,第615頁。

關係。

　　現在讓我們再回到本章開始的那個問題：甲骨文和後世文獻的對比能告訴我們什麼。甲骨文證據表明，周代使用紅色祭牲的傳統，可以追溯到晚商時期。《詩經》中記載的祭祀儀式，與商代甲骨文中的祭祀儀式極其相似。用"騂牛"祭祖在甲骨文中很普遍，並一直延續到周代。因此，通過甲骨文和傳世文獻的比較，我們就能更深刻地理解祭祀制度在商周之際的發展和變化。

## 第三節　勿色：傳統的轉變

　　在商代甲骨文中，顏色詞"勿"指雜色物體，尤其是雜色動物。整個晚商時期的祭祖儀式，都用雜色動物作祭牲，這是商代祭祀的一個顯著特點。這就暗示了雜色祭牲在商代祭祀制度中可能具有特殊意義。本章將會逐一分析相關卜辭，並探討與稍晚傳統相比，"勿"的象徵意義有何改變。

　　甲骨文中有大量卜辭提到了勿色動物，尤其是勿牛，各個貞人組卜辭中都有出現。首先，祭祀祖先會使用勿牛。下面這條可能是自組卜辭：

　　　　癸卯卜：王叀勿牛用魯[甲]……　　　　（《合集》19911）

魯甲，又稱陽甲，是商代第 23 位先王。① 在這片卜辭中，商王武丁用勿牛祭祀陽甲。

　　另一版我們之前引過的自組卜辭《合集》19849，是用勿牛和白豬祭祀父乙。和"白"一樣，"勿"也是商人最早辨別出的一種顏色分類。

---

　　① 　參看裘錫圭：《古文字論集》，第 231 頁。

　　在花東卜辭中,勿色與白色一樣備受貞人重視。比如在同一版卜辭中,在不同的時間分別用勿牛和白猪祭祀祖先:

　　　　癸酉卜,叀勿牡劇甲祖。用。
　　　　乙卯卜,叀白豕祖乙。不用。
　　　　乙卯,劇祖乙豽,祐毘一。　　　　　　　　　　　　(《花東》37)

　　另一片卜辭記錄了對御祭妣庚一事的占卜,可能是爲了袪除"子"的牙疼病。这片卜辭同時提到了白豕和勿牝:

　　　　庚午卜,在珥①,禦子齒于妣庚,册②牢,勿牝,白豕。用。
　　　　……齒于妣庚,册牢,勿牝,白豕至郎一。用。
　　　　　　　　　　　　　　　　　　　　　　　　(《花東》163)

　　另有一版卜辭,命辭的焦點是祭祀父乙的各种祭品,而且由"子"亲自祝禱:

　　　　祝,于白牛用彳劇祖乙。用。子祝;
　　　　祝,于二牢用彳劇祖乙。用。子祝;
　　　　乙亥,彳劇祖乙二牢,勿牛,白麂,祐毘一,子祝。
　　　　　　　　　　　　　　　　　　　　　　　　(《花東》142)

這次占卜儀式複雜。貞问的目的,是要選出祭祀祖乙的最佳祭品。

　　在賓組卜辭中,有很多卜辭提到了勿色動物:

　　　　貞:尸卯,叀勿牛。　　　　　　　　　　　(《合集》836)
　　　　癸巳卜,殻,貞:燎十勿牛,又五毘。　　　(《合集》15616)
　　　　貞:燎十勿牛,又五毘。　　　　　　　　　(《合集》15617)

----

①　地名。
②　"册"可以解釋成"一種書寫記録",但也可以理解成動詞"删",是一種用牲方法,意思是砍劈。參看《詁林》2935、2937。

貞：王以勿牛四于用……　　　　　　　　（《合集》8973）

貞：燎告，衆步于丁……

貞：翌丁未酌燎于丁，十小牢，卯十勿牛。　　（《合集》39）

貞：侑于示壬妣庚牢，叀勿牡。　　　　　（《合集》938 正）

甲……貞：翌……侑于……勿牛……勿牝……

（《合集》15090）

這些卜辭表明，"燎"和"卯"是最主要的用牲法。勿色祭牲和酒一起用於祭祀祖先。受祭者是武丁、妣庚。

一些勿牛没有被宰殺，而是在許諾言辭中出現：

甲子卜，爭，貞：黍年于丁，☆①十勿牛，曾②百勿牛。

（《合集》10116）

貞：黍年于丁，☆三勿牛，曾三十勿牛。　　（《合集》10117）

辛酉卜，爭，貞：今日侑于下乙一牛，曾十勿宰。

貞：今日侑于下乙，曾十勿宰。

貞：侑下乙一牛。　　　　　　　　　　　（《合集》6947）

這些是因祈求豐收而祭祀下乙和丁的卜辭。貞人先提出宰殺若干數量的勿牛，後又許諾更多數量的勿牛。許諾的數量往往是第一次提出數量的十倍。

在一些賓組卜辭中，勿牛顯然是祭祀前專門選出、專門飼養的。首先，卜辭貞問從哪裏可以得到勿牛：

庚子卜，亘，貞：勿牛于敦；

貞：勿牛于敦。　　　　　　　　　　　　（《合集》11153）

---

①　"☆"可能意爲"切碎"，參看《甲骨文簡明詞典》，第 241 頁。

②　"曾"有兩種涵義：（1）宰殺；（2）書寫記録。參看《甲骨文字集釋》，第 663—667 頁。于省吾對該字的釋讀和研究，參看《甲骨文字釋林》，第 172—174 頁。

庚子卜,古,貞:勿牛于𤴓。

(《合集》11154,《合集》11155 同文)

其次,尋找勿牛也是商王的特别要求:

求①勿牛。　　　　　　　　　　　(《合集》11157)

允出;

求勿牛;

求凍②牛。　　　　　　　　　　　(《合集》11156)

貞:侑勿牛。　　　　　　　　　　(《合集》11163)

另外兩版尋找勿色動物的卜辭,辭例與之相仿,可能是同套卜辭:

去束③/貞:冐④勿牛;

王往省從西;

王往出省;

王去束;

王往省。　　　　　　　　　　　　(《合集》11181)

……卜,殸,貞:王往去。

……貞:冐勿牛。

……王往……　　　　　　　　　　(《合集》11182)

這些卜辭説明,商王爲了祭祀急於找到勿牛。這個傳統一直延續到周代祭祀中。根據《周禮》和《禮記》的記載,周代統治者主要根

---

① 該字寫作"𣏾",我採用的是裘錫圭的釋讀。參看裘錫圭:《古文字論集》,第59—69 頁。

② "凍"的意思還不確定。在古代字書中,"凍"有兩個意思:(1)"凍"是形容詞,如"凍雨"即大暴雨;參看《爾雅·釋天第八》;(2)專名。參看《説文》,第 224 頁。

③ 該字寫作"𣏾",這裏我採用了于省吾的釋文。參看《釋林》,第 174—176 頁。

④ 該字寫作"𥅆",還未成功釋讀。在卜辭中可能讀爲"覓",尋找也。

據顏色選擇祭牲,祭祀前還要進行占卜,並圈養祭牲。①

接下來討論村北系統。首先是出組卜辭。出組卜辭中也多次出現勿牛。不過要注意,在出組卜辭中"勿"和"牛"寫得很緊密,"物"或"物",類似合文。另外,"勿牛"常出現在對貞或選貞卜辭中。在語義清晰的卜辭中,"牛"字偶爾也會省略。比如:

> 貞:三宰;
>
> 貞:勿牛;
>
> ……弜勿。　　　　　　　　　　　　　　　（《合集》24580)
>
> 己丑卜,王曰,貞:于甲辰。
>
> 己丑卜,王曰,貞:勿牡。　　　　　　　　　（《合集》24557)
>
> 辛酉卜,大,貞:勿牛三……　　　　　　　　（《合集》23584)
>
> 乙酉卜,行,貞:王賓弜②裸③,亡囚。
>
> 貞:勿牛。
>
> 貞:弜勿。　　　　　　　　　　　　　　　　（《合集》23732)

在這些卜辭中,商王自己就是貞人,占卜主題是祭牲的顏色。《合集》23732顯示,用動物祭品祭祖時,要對祖先舉行歡迎儀式(賓),同時進行獻酒禮(裸)。上文引述的《洛誥》就記載了獻酒儀式:成王在用騂牛歲祭文王、武王之後,進入宗廟,舉行裸祭。④

在出組卜辭中,受祭祖先包括父丁、父辛、父乙、妣庚,可以據此推斷出組卜辭是祖庚、祖甲時期的卜辭。

---

① 參看《周禮正義》卷23,第924—927頁;尤其參看孫詒讓的注解。

② 該字寫作"物",是手執火把的象形。學者對該字的解釋迥異。參看《甲骨文字集釋》,第869—876頁。

③ 該字寫作"物",是手持酒獻給祭壇的象形。學者對該字的解釋迥異,這裏我採用的是于省吾的解釋,參看《甲骨文字集釋》,第4451—4452頁。

④ 《尚書正義》卷15,《十三經注疏》,第217頁。

　　貞：二宰；

　　貞：三宰；

　　貞：翌丁亥父丁歲勿牛；

弜勿牛。　　　　　　　　　　　　　　　（《合集》23218）

丙戌卜，行，貞：王賓父丁，夕，歲叔①，亡尤。

　　貞：弜勿牛。　　　　　　　　　　　（《合集》23189）

丙戌卜，行，貞：翌丁亥父丁歲，其勿牛；

　　貞：弜勿。　　　　　　　　　　　　（《合集》23215）

丙申卜，行，貞：父丁歲勿牛。

　　貞：弜勿牛。　　　　　　　　　　　（《合集》23217）

丙午卜，旅，貞：翌丁未父丁暮歲，其勿牛。

……卜，旅……丁未父丁暮歲其牡，在八月。

　　　　　　　　　　　　　　　　　　　（《英藏》1953）

庚子卜，行曰，貞：翌辛丑其侑彳歲于祖辛。

　　貞：毋侑，在正月。

　　貞：翌辛丑其侑祖辛宰；

　　貞二宰。

　　貞：翌辛丑祖辛歲勿牛；

　　貞：弜勿。　　　　　　　　　　　　（《合集》23002）

……貞：毓祖乙祁勿牛；

　　貞：弜勿。　　　　　　　　　　　　（《合集》23163）

庚子卜，喜，貞：姞庚歲其勿牛；

　　貞：弜勿。

----

　　① "叔"有幾種不同的釋讀，參看《甲骨文字集釋》，第 923、4478 頁。司禮儀把它翻譯成 "burning twigs"，即燃燒的樹枝，參看 Serruys：" Studies in the Language of Shang"，no. 41，p. 108. 于省吾的解釋更有說服力，他讀 "叔"爲 "塞"，是一種 "塞報"儀式，後面常跟 "亡尤"。參看《甲骨文字釋林》，第 35—36 頁。

庚子卜，喜，貞：歲，叀王祝。

叀鄭。　　　　　　　　　　　　　　　　（《合集》23367）

癸巳卜，即，貞：妣庚歲勿牛；

貞：弜勿。　　　　　　　　　　　　　　（《合集》25160）

辛丑卜，旅，貞：祖辛歲，叀勿牝。　　　（《合集》22985）

……卜，旅，貞：翌辛亥其侑于祖乙一宰；

……亥……勿牛。　　　　　　　　　　　（《合集》22889）

庚午卜，旅，貞：翌辛未祖辛歲勿（牛）……

　　　　　　　　　　　　　　　　　　　（《合集》22994）

丙寅卜，即，貞：翌丁卯父丁歲勿牛。　　（《合集》23219）

丙午卜，旅，貞：翌丁未父丁歲勿牛。　　（《合集》23220）

……貞：王賓祖乙奭①妣庚，歲伐于勿牛，眔②兄庚，歲二
宰，亡尤。　　　　　　　　　　　　　　（《合集》23331）

　　前文在討論顏色詞“勿”時，引述了一片罕見的出組卜辭，③其
上有“幽勿牛”和“黄勿牛”之語。下面我將這片卜辭的全文列出，
藉此研究命辭之間的關係：

癸丑卜，行，貞：翌甲寅其砎于毓祖乙勿（牛）。兹用。于
宗三牢……

貞：弜勿牛。

癸丑卜，行，貞：翌甲寅其砎于毓祖乙歲，叀幽勿牛。
兹用。

貞：叀黄勿牛。

---

① 該字的釋讀，參看于省吾：《甲骨文字釋林》，第45—47頁。
② 該字在甲骨文中有不同的用法。更多討論，參看張玉金：《卜辭中“眔”的用法》，《中國語文》1990年第1期，第49—53頁。
③ 沈之瑜：《甲骨卜辭新獲》，《上海博物館季刊》第3期，1986年，第161頁。

癸丑卜，行，貞：翌甲寅酚。茲用。

貞：于乙卯酚。

癸丑卜，行，貞：翌甲寅毓祖乙歲，朝酚。茲用。

貞：暮隹酚。

癸丑卜，行，貞：翌甲寅毓祖乙歲二牢；

貞：三宰。茲用。

這些不同的命辭分別卜問祭祀的日期、時辰、祭祀方法，以及祭牲的種類、數量。祭祀殺牲方法主要是"歲"和"矽"。

占卜是在同一天進行的，貞人首先卜問是否選用勿牛作爲祭牲，接着卜問是用"幽勿牛"還是"黃勿牛"。這說明"幽"、"黃"顯然是有區別的。"勿牛"可能是指有斑紋的牛牲。

在村北系統中，出組卜辭之後是何組卜辭。在祭祖禮中，勿牛的使用似乎沿着最初的形式和內容延續了下來。比如：

壬寅卜，王賓姃壬歲祭①。　　　　　　（《合集》27387）

……酉卜，何，貞：叀勿(牛)；

……酉卜，何……弜勿(牛)。　　　　　（《合集》29499）

癸亥卜，貞：叀勿／癸亥卜，貞：弜勿。　（《合集》29500）

貞：弜勿；

貞：叀勿；

貞：乩三卣……饗。　　　　　　　　　（《合集》30910）

丙辰……祼歲勿牛；

弜勿。　　　　　　　　　　　　　　　（《合集》30935）

癸丑卜，何，貞：其宰又一牛；

癸丑卜，何，貞：弜勿；

---

① "𣧑"字可能是"獻肉之祭"。參看《甲骨文字集釋》，第63—65頁。

　　　　癸丑卜，何，貞：叀勿。　　　　　　　　　(《合集》27042)

這些都是表示選擇的對貞命辭：肯定/否定；表明貞人關心的是祭牲的顏色。

　　村南系統主要有兩個貞人組：歷組和無名組。在時代上，歷組有大部分卜辭與賓組在武丁時期重疊，並延伸到祖庚祖甲時期。無名組可能和出組、何組同時，勿色祭牲的使用情況，與村北系統的情況相似。

　　下面引的是幾版歷組卜辭：

　　　　甲子……彳歲于祖乙三牢……勿……
　　　　弜勿牛。　　　　　　　　　　　　　(《合集》27816)
　　　　癸亥，貞：甲子……上甲三勿牛。　　(《合集》32377)
　　　　戊子卜，九勿牛。　　　　　　　　　(《合集》33602)
　　　　丙午卜，祼吉……牢。茲用。
　　　　弜勿牛。　　　　　　　　　　　　　(《合集》33691)
　　　　弜勿。
　　　　癸酉，其酚祝，叀乙亥。　　　　　　(《合集》34504)
　　　　丁酉卜…來乙巳酚彳歲伐十五，十勿牢。　(《屯南》2308)

這些卜辭祭祀方法類似"歲"、"祼"、"祝"、"酚"。祭牲除了勿牛，還有人牲。

　　另外，勿牛也用來祭祀祖先祭壇：

　　　　甲戌，貞：大示勿牛。　　　　　　　(《合集》33604)
　　　　甲戌……大示……勿牛。　　　　　　(《合集》34096)
　　　　叀勿牛，王受有祐。大吉。用。　　　(《合集》29491)
　　　　叀勿牛，有正，吉。
　　　　王賓母戊……有正。吉。　　　　　　(《合集》27591)

這些占卜的目的是通過合適的獻祭,確保商王得到被祭祖先的保佑。占卜結果是"大吉"、"吉"、"有正"。

概而言之,從上面討論的甲骨文中可以看出,勿色動物是商代祭祀中經常使用的祭牲,主要用於祭祀祖先。被祭祖先包括直系先王及其配偶,如上甲、陽甲、示壬、祖乙、祖辛、妣庚、母戊和丁。勿色動物被"歲"、"砏"或"燎",同時還有獻酒和奠酒儀式。

在早期的貞人組,如自組和賓組卜辭中,勿色動物的使用情況與白色祭牲類似。從無名組卜辭開始,勿色動物多與其他顏色的祭牲,如騂牛或幽牛同時出現。

到黃組卜辭時期,勿色動物的使用就很常見了。我們在討論"騂牛"時已經引述了很多相關卜辭,這裏就不贅述了。在黃組卜辭中,"勿牛"常常與"騂牛"形成對比。通過研究卜辭內容,尤其是對貞和選貞卜辭,可以看出占卜是爲了確定是否選擇某種顏色的祭牲,以匹配受祭者和祭祀類型。

一些卜辭,尤其是無名組卜辭表明,勿色動物經常與"王受有祐"、"有正"相連,這與白色、騂色動物相似。勿色動物受到極大重視,或許就是因爲它們有吉祥的象徵意義。

然而,傳世文獻資料則表明,周代祭祀也使用勿色動物,但其重要性卻急劇下降。《周禮》也多次提到用雜色動物祭祀的情況,但語境卻完全不同。首先,祭牲顏色必須與祭祀目的和祭祀性質保持一致,如《周禮·地官·牧人》所載:

> 凡時祀之牲,必用牷牲;凡外祭毀事,用尨可也。[1]

其次,祭牲顏色決定了祭牲的使用方法,如《秋官·犬人》所載:

> 凡祭祀,共犬牲,用牷物;伏瘞亦如之。凡幾珥沈辜,用尨

---

[1]　《周禮正義》卷 23,第 920—923 頁。尤其是孫詒讓的注解。

可也。①

在這些文獻中雜色動物的使用，與商代祭祀不同。如果《周禮》是西周文獻，那麽，這些文獻表明，勿色動物在商代祭祀中的重要性，在周代並未延續很久。在周代祭祀中，紅色的地位越來越高逐漸成爲主要顔色，雜色的重要性則隨之下降。同樣，在古代以色列人的祭祀中，有瑕疵或有傷殘的祭牲也是不被接受的。這不是因爲祭牲自身的問題，而是因爲它們的象徵意義。②《導論》中引述的彝族祭祖的用牲情況也是如此。

《論語》中記載了孔子(前 551—前 479)的一句話：

犛牛之子騂且角，雖欲勿用，山川其舍諸？③

孔子借用"犛牛之子"的比喻，意在説明選拔人才不能因其出身不好而歧視之。孔子的判斷依據的是道德準則，已經不再是原來的祭祀標準了。

漢代揚雄(前 53—18)在《法言》中也有類似的説法：

犛牛之鞹與玄騂之鞹有以異乎？曰：同。然則何以不犛也？曰：將致孝乎鬼神，不敢以其犛也。④

又載：

牛玄騂白，睟而角，其升諸廟乎？是以君子全其德。⑤

這裏，對勿色的歧視很明顯，歧視也因道德觀念而起：純色象徵神

---

①　《周禮正義》卷 69，第 2867—2868 頁。

②　有關古代以色列祭祀傳統的更多討論，參看 R. de. Vaux: *Ancient Isreal*，pp. 415 - 416.

③　《論語正義》卷 6，《十三經注疏》，第 2478 頁。

④　《揚子法言》卷 4，《二十二子》，第 814 頁。

⑤　同上書，第 823 頁。

靈的本然和貴族的道德。

這種觀念對於祭品的選擇，似乎也同樣適用。《考工記》云：

> 天子用全，上公用龍。①

"龍"是"尨"的假借字。意思是說，天子使用的玉器必須是純色；而王公使用的玉器可以是雜色。

這種轉變，可能是因爲顏色象徵逐漸與價值判斷結合起來，受祭者必須按等級順序來接受祭祀。《公羊傳》有曰：

> 周公用白牡，魯公用騂犅，群公不毛。②

東漢注疏家何休（129—182）說："白牡，殷牲也。周公死有王禮，謙不敢与文、武同也。不以夏黑牡者，謙改周之文，當以夏辟嫌也。""騂犅，赤脊，周牲也。魯公以諸侯不嫌，故從周制，以脊为差。騂，息營反。犅，音剛。《詩》作剛，騂犅，赤脊也。""不毛，不純色，所以降於尊祖。"可見，白、騂、雜色這三種顏色已經有了等級之分。

根據《公羊傳》和《考工記》的記載，宗廟、祭牲、獻酒和玉石等，在祭祀系統中都被分成不同的等級，每個等級的顏色都要與祭者的身份相配。在祭祀中，純色是高等顏色，雜色是低等顏色。這與商代甲骨文反映的情況完全不同。③

---

① 《周禮正義》卷80，第3326—3328頁。
② 《春秋公羊傳注疏》卷14，《十三經注疏》，第2272頁。
③ 這裏我補充一個跟建築有關的例子：《漢書》中有一條"白屋"的記載，"致白屋之意"，顏師古曰："白屋，謂白蓋之屋，以茅覆之，賤人所居。"這裏的"白屋"會不會是指顏色呢？一種說法是，白屋以白茅爲頂蓋，故稱之。另一種說法，"白"的意思是沒有修飾彩畫。元人李翀《日聞録》："春秋丹垣宮楹，非禮也。在禮：楹，天子丹，諸侯黝堊，大夫蒼，士黈黄色。按此則屋楹循等級用采，庶人則不許，是以謂之白屋也。"吳企明：《唐音質疑録》，上海：上海古籍出版社，1985年，第269頁。可見建築裝飾的用色也有等級制度。

《禮記》中還有一段記載，與上引《公羊傳》內容相似。這段文獻記載的是選用特定顏色的祭牲來祭祀周公：

> 季夏六月，以禘禮祀周公於大廟，牲用白牡。①

後來的注疏家對此作了更詳細的解釋。據《春秋繁露》記載，有人質問董仲舒（前 197—前 104），周人何以用白牡祭周公？董仲舒答曰：

> 武王崩，成王立，而在繦褓之中，周公繼文武之業，成二聖之功，德漸天地，澤被四海，故成王賢而貴之，詩云："無德不報。"故成王使祭周公以白牡，上不得與天子同色，下有異於諸侯。臣仲舒愚以爲報德之禮。②

這種變化背後的原因可能很複雜，但肯定與祭祀的重要性和祭祀制度的內在變化有關。大約在公元前一千年之際，祭牲顏色的宗教性減弱，代之以社會意義。後世注疏家對此多有闡述。我們可以比較一下不同文獻的記載。

《禮記·月令》：

> 是月也，乃命宰祝循行犧牲，視全具，案芻豢，瞻肥瘠，察物色，必比類，量小大，視長短，皆中度。五者備當，上帝其饗。

孔穎達正義："此月鳥獸肥充，因宜省視，故命之'循行犧牲'以下之事也。'視全具'者，亦宰祝所視也，下皆然。王肅云：'純色曰犧，體完曰全。'按'芻豢'者，食草曰芻，食穀曰豢，皆按行之也。

---

① 《禮記正義》卷 31，《十三經注疏》，第 1489 頁。
② 《春秋繁露》卷 15，《二十二子》，上海：上海古籍出版社，1986 年，第 802—803 頁。

'瞻肥瘠'者,瞻亦視也。肥,充也。瘠,瘦也。'察物色'者,物色,騂黝之別也。《周禮》陽祀用騂,陰祀用黝,望祀各以其方之色也。'必比類'者,已行故事曰比,品物相隨曰類,五方本異其色,是比也。大皥配東,亦用青,是其類也。'量小大'者,大謂牛羊豕成牲者,小謂羔豚之屬也。'視長短'者,謂天地之牛角繭栗,宗廟之牛角握之屬也。'五者備當,上帝其饗'者,上帝,天也。若事事當法,則天神饗之也。注'宰祝'至'曰豢'。正義曰:按《周禮‧大宰職》'祀五帝,則掌百官之誓戒','及執事,眂滌濯,及納享,贊王牲事',故鄭知此視牲由大宰。云'養牛羊曰芻,犬豕曰豢'者,按《充人》云'祀五帝,係於牢芻之三月',是牛羊曰芻。按《樂記》云'豢豕爲酒',《周禮‧犬人》云'掌豢祭祀之犬',是犬豕曰豢。"①

《左傳‧桓公六年》記載了季梁和桓公之間,關於祭品的一次意味深長的對話:

> 公曰:"吾牲肥腯,粢盛豐備,何則不信?"對曰:"夫民,神之主也。是以聖王先成民而後致力於神。故奉牲以告曰'博碩肥腯',謂民力之普存也,謂其畜之碩大蕃滋也,謂其不疾瘯蠡也,謂其備腯咸有也。奉盛以告曰'絜粢豐盛',謂其三時不害而民和年豐也。奉酒醴以告曰'嘉栗旨酒',謂其上下皆有嘉德而無違心也。所謂馨香,無讒慝也。故務其三時,脩其五教,親其九族,以致其禋祀。"②

桓公敬奉神靈,祭祀時不敢怠慢,挑選祭祀也很認真。主張以民爲本的季梁,卻從社會學角度給桓公上了一課。在季梁看

---

① 《禮記正義》卷 16。
② 《春秋左傳正義》卷 6,《十三經注疏》,第 1750 頁。

來,祭祀已經從侍奉神靈變成了純粹的人類活動。在這種歷史環境下,即使祭祀活動仍在進行,原有的象徵意義也不復存在了。

　　上述討論顯著表明,甲骨文中祭牲顏色的象徵性,在傳世文獻中已經有所變化。我們研究的象徵有兩個層面:一個是明確的、理論層面的象徵;一個是原始的、實踐層面的象徵。英國人類學家約翰・斯科羅夫斯基在《象徵與理論》一書中認爲,研究宗教和祭祀,需要明確區分實踐活動的表層意義和它内在的象徵意義。[1]這種看法很有啓發性,有助於我們理解商代顏色的象徵涵義,以及它跟稍晚傳統之間的關係。這個問題將在本書最後一章進行深入討論。

## 第四節　黑羊與祈雨之祭

　　甲骨卜辭中用黑色動物祭祀的例子並不多,但花東子組是個例外。与其他卜辭相比,花東卜辭在祭祖时使用了很多黑色祭牲,其中最常见的是"幽麜"。比如:

　　　　辛卯卜,子奠[2]宜[3],叀幽麜。用。
　　　　辛卯卜,子奠宜,叀[幽麜]。不用。　　　　　　　(《花東》34)

還有一片龜甲,内容與《花東》34 相似。這片龜甲的"命辭"是卜問哪天舉行祭祀,以及祭牲的顏色和性別:

――――――――――

　　[1]　J. Skorupski: *Symbol and Theory: A Philosophical Study of Theories of Religon in Social Anthropology*, Cambirdge, 1976, esp. pp. 36 - 52.
　　[2]　"奠"寫作"👁",獻酒之象形。這裏用作動詞,意思是呈獻,進獻。參看《詁林》2718, 2719。也見趙誠:《甲骨文簡明詞典》,第 242 頁。
　　[3]　"宜"可能是一種"把肉置於案上進獻"的祭祀儀式。參看趙誠:《甲骨文簡明詞典》,第 240 頁。

> 辛卯卜，子奠宜，至二日。用。
>
> 辛卯卜，子奠宜，至三日。不用。
>
> 辛卯卜，叀宜……麆①，牝；亦叀牡。用。
>
> 辛卯卜，子奠宜，叀幽麆。用。　　　　　（《花東》198）

在這些卜辭中，"子"親自獻祭並管理祭祀事宜。占卜目的是確定祭祀應該延續幾天，"幽麆"是否要用於宜祭。

有一版"刻辭塗朱"的大龜甲，記載了在甲戌、甲午、己亥、丁未、庚午、辛亥、甲寅和癸亥這幾日的連續占卜，這些占卜是爲了確定祭祀祖甲、祖乙和妣庚的恰當儀式。甲戌、甲寅兩日的占卜主題是如何祭祀祖甲，其中祭牲包括"白豭"和"幽麆"：

> 甲戌，劇祖甲牢，幽麆，祖甲永子。用。
>
> 甲寅，劇白豭；
>
> 甲寅，劇祖甲白豭，祐凷一，又簋。　　　（《花東》149）

還有一片内容較長的卜辭《花東》237，内容與《花東》149相似，刻辭也塗有顏料：下部塗朱，上部塗黑。這片龜甲記録了甲子、乙亥、辛未、甲戌、庚寅、甲寅、乙卯和丁巳這幾日的占卜。我們可以看到，祭祀祖先時，獻給祖甲的祭牲也是"白豭"和"幽麆"：

> 甲子，劇祖甲白豭，祐凷。
>
> 叀白豭……祖甲。
>
> 甲戌，劇祖甲牢，幽麆，白豭，祐一凷。
>
> 甲戌，劇祖甲牢，幽麆，白豭，祐二凷。

在乙亥日，又對祖乙實行了同樣的祭祀：

---

① "麆"寫作𦎡，字形暗示了這是一隻母羚羊。

乙亥,劇祖乙牢,幽廌,白羖,祐甽。

乙亥,劇祖乙牢,幽廌,白羖,祐二甽。

在以上幾例卜辭中,各個命辭之間的唯一區别,是貞卜時間和甽酒數量。幽廌可能是一種毛色黑亮的羚羊,與純黑色的動物有所不同。

另外,在花東卜辭中,祭祀祖先,尤其是祭祀祖乙时,黑牡(即黑毛色公牛)似乎占據着特殊地位。比如:

丁丑,劇祖乙黑牡一,卯肋①;

丁丑,劇祖乙黑牡一,卯肋二于祖丁。　　　　　(《花東》49)

甲辰夕,劇祖乙黑牡一,叀子祝,若,祖乙永。用。翌丁砧。

(《花東》6)

乙亥夕,劇祖乙黑牡一,子祝。　　　　　(《花東》67)

乙亥,劇祖乙黑牡②一,又羖一……子祝。

乙亥,劇祖乙黑牡一,又羖,簋,子祝。　　　(《花東》252)

甲辰夕,劇祖乙黑牡一,子祝,翌日砧。　　　(《花東》350)

辛未,劇祖乙黑牡,祐甽一,子祝。　　　　(《花東》392)

乙丑,劇祖乙黑牡一,子祝,骨禦妾,在珥。

(《花東》319)③

在花東卜辭中,除了用黑色公牛祭祀祖乙,還用黑色母牛祭祀妣庚:

辛酉昃,劇妣庚黑牝一,子祝。

①　"𦥑"寫作"𦥑",字形是一個大叉子和一塊肉,"𦥑"可能是一種獻肉之祭。
②　該字由"羊"和"匕"組成,是一种母羊。
③　這片卜辭很有意思,上面有兩條命辭,內容相同。但左邊一條涂朱,右邊一條塗黑。

　　辛酉卜，子其 🀄①黑牝，隹佳往，不雨；用妣庚……

（《花東》123）

　　《花東》178 記錄了庚子、癸卯、乙巳、乙酉、庚戌這幾日的占卜。祭品包括玉、人牲、酒和動物。其中，黑色母牛專門用於血祭妣庚：

　　　　癸卯夕，劇妣庚黑牝一，在入，阱盟；
　　　　阱盟。用。

另外，還有幾條祭祀妣庚的卜辭，但祭牲是黑色公牛：

　　　　己巳卜，翌日庚劇妣庚黑牛，又羊，暮迻。用。
　　　　庚午，劇妣庚黑牝，又羊，子祝。　　　　　（《花東》451）
　　　　己酉夕，翌日矻妣庚黑牡一。　　　　　　　（《花東》150）
　　　　己酉夕，翌日矻刿妣庚黑牡一；庚戌，酌牝一。②

（《花東》457）

　　在祭祀中，"子"經常做祝禱，有幾片卜辭記錄了他的祝詞。比如：

　　　　辛未，劇祖乙黑牡一，祐豐一；子祝，曰：毓祖非；曰：云兕正祖隹？曰：録盎不矻雷③，乙亥夕，劇祖乙黑牝一，子祝。

（《花東》161）

　　　　丁丑，刿祖乙黑牡一，卯肵：子繇曰：未有覬其至，其戌。用。　　　　　　　　　　　　　　　　　　　　　（《花東》220）

　　有一例花東卜辭，同時用黑色公牛和玉，尤其是黃色玉匕，進

---

　　①　該字描述的是手持棍子打蛇。用作祭名，可能是一種殺牲方法。參看《詁林》1858。
　　②　花園莊報告的作者認爲"庚戌，酌牝一"是驗辭。但我更傾向於認爲這是命辭的一部分。酌傳統上都釋爲酒，但這裏更像是一個表示用牲的動詞。這些卜辭爲我們提供瞭如何宰殺動物犧牲的豐富信息。
　　③　該字由"酉"和"馬"組成，可能是一種馬。

行祭祀：

> 甲子卜，乙，子啟丁璧暨玉；
>
> 叀黃璧暨璧。
>
> 辛未，劇祖甲黑牡一，日雨。　　　　　　　　　　（《花東》180）

　　花東卜辭還有一個獨特的特點，即很多占卜提到黑馬；比如：

> 丙午卜，其敕火勾寧獯。用。遲丏。
>
> 丁未卜，叀邲乎勾寧獯；
>
> 叀虎庚①乎勾寧獯；
>
> 弜勾黑馬。用。　　　　　　　　　　　　　　　（《花東》179）

這片卜辭表明，黑馬在殷人心中也頗受關注。還有幾條卜辭提到
了黑馬。比如：

> 癸酉卜，叀召…刎馬；
>
> 癸酉卜，弜刎新黑馬，又 ②；
>
> 癸酉卜，刎新黑〔馬〕。　　　　　　　　　　　（《花東》239）

“刎”的涵義難以確定，可能是給馬做手術，也可能是殺馬。③ 這裏
的黑馬，可能用於祭祀祖先，也可能是用於某種特殊場合。“新”在
子組卜辭就出現過，但在花東卜辭中無法確定是人名還是形容詞。
其他貞人組卜辭（例如何組）也提到過馬的顏色，但那是駕車之馬，
不用於祭祀。馬車在殷墟都有發現，主要出土於貴族墓地。殷墟
時期，馬只供宮廷和貴族使用，必然很珍貴，因而只可能在特殊情

---

① 該字原寫作“虎”和“庚”的合文。
② 該字描寫的是一隻手握一把刀懸在豬上面，可能是指一種祭祀宰殺，意思是
刺，戳。
③ 《花東》的作者認爲該字在這裏用作動詞“刎”，意爲劈開，砍斷喉管。但在其他
地方，該字可以讀爲顏色詞“勿”，意爲雜色，或者可以讀爲動詞“物”，意爲挑選。

況下才用於祭祀。

　　除了黑馬，甲骨文中也有黑羊做祭牲的例子：

> 祷雨，叀黑羊，用。有大雨。
> 叀白羊，有大雨。　　　　　　　　　　　　　（《合集》30022）
> 弜用黑羊，亡雨；
> 叀白羊用于之，有大雨。　　　　　　　　（《合集》30552①）

這是兩片無名組卜辭，顯然與祈雨之祭有關，黑羊與白羊形成對比。《屯南》2623 與《合集》30552 內容相近。事實上，這三片可能是同套卜辭。

　　在殷墟祭祀卜辭中，黑色祭牲爲何常與祈雨聯繫在一起？在已知的祭祀類型中，祈雨之祭屬於宗教性的巫術活動。"巫術"的概念見仁見智，但是巫術活動的結構總會有共通之處。要研究黑色在商代宗教中的象徵性，必須首先理解商代的祈雨之祭爲何選用"黑羊"做祭牲。另外，要理解這些卜辭的重要意義，必須首先理解祈雨之祭的社會背景。

　　從甲骨文中可以明顯看出，天氣是殷人關注的一個焦點，也是占卜的一個重要主題。② 商王頻繁地占卜天氣，尤其是在祈求豐收或計劃出行的時候。他們相信降雨是"帝"掌控的：

> 自庚子至于甲辰，帝令雨；
> 至甲辰，帝不其令雨。　　　　　　　　　　　（《合集》900）

　　活人無法與"帝"取得直接聯繫，必須藉助能夠影響天氣的祖先和神靈，以便贏得他們的庇護，求得需要的雨水，免除不需要的

---

　　① 《屯南》2623 與《合集》30552 同文。事實上，其中有三條卜辭是同時同地占卜的。

　　② 有關商代求雨之祭的更多討論，參看陳夢家：《綜述》，第 599—603 頁。

降雨。祈雨之祭的受祭者包括河嶽等自然神，夒（夒）等神話性的祖先神，上甲、大乙、示壬等先王。

另外，他們也直接祭祀雲、山或四方神。比如：

> 自西來雨，自東來雨，自北來雨，自南來雨。　　《合集》12870)
> 方燎，叀庚酚，有大雨。　　　　　　　　(《合集》28628)

祈雨之祭的祭祀儀式種類很多，除了奠酒和燒燎，還伴有音樂和舞蹈。比如：

> 庚寅卜：辛卯奏舞，雨。
> 庚寅卜：癸巳奏舞，雨。
> 庚寅卜：甲午奏舞，雨。　　　　　　　　(《合集》12819)

舉行祈雨之祭的地點，與祭祀儀式同等重要。比如：

> 燎于閔，無雨；
> 其燎于雪，有大雨；
> 弜燎，無雨；
> 叀燎于閔，有雨；
> 雪眔①閔眢酚，有雨。　　　　　　　　　(《英藏》2366)

在這片卜辭中，"雪"和"閔"可能是地名或神名。占卜主題是選擇祈雨之祭的地點和儀式種類。舉行儀式的地點，在所有神秘儀式中都很重要。爲什麼要專門選擇地點？莫斯認爲舉行儀式的地點，是區分巫術和宗教的重要標準。他對宗教和巫術的區別，在當代學者看來或許過於刻板，但也有可取之處。②

---

① 這裏採用的是于省吾的解釋，參看《甲骨文字釋林》，第 372—373 頁。

② See M. Mauss *A General Theory of Magic*, English edition: R. Brain, London，1973，p. 47.

　　另外，弗雷澤在《金枝》中認爲，巫術是類比觀念的錯誤使用，即"交感巫術"。弗雷澤把它分爲兩種類型：基於相似率的"模仿巫術"和基於接觸率的"接觸巫術"。他認爲求雨儀式是模仿巫術：

> 如果他們祈雨，他們就灑水或模擬雲彩；如果他們的目的是使雨停止，造成旱情，那麼他們就避開水，求助温暖和火，比便乾燥掉過多的水份。①

弗雷澤的理論雖然有局限性，但是他對巫術和巫術儀式相關材料的全面收集，有助於我們理解商代的各種祭祀儀式。弗雷澤描述的祈雨儀式，與商代的祈雨之祭有很多相似之處。比如俄國多帕特村（Dorpat）的祈雨巫師用鼓聲模仿雷聲，用火來模仿閃電和雨點。北澳大利亞馬拉（Mara）部落的祈雨師，對着池塘誦唱巫歌，然後喝池塘水，再把它噴灑到各個方向。澳大利亞中部的代爾芮人（Dieri），呼喚遠古的祖先神靈，祈求賜予他們降雨的力量。在其他很多地方，大旱之時通常都會用裸體女人進行祈雨儀式。②

　　東亞地區也有類似的祈雨儀式。臺灣土著舉行祈雨儀式時，亞美（Amei）法師要求村裏的鰥夫寡婦赤裸着暴露在太陽下。羌族的祈雨儀式更加複雜：③首先，狩獵、伐木等山林活動都被禁止。如果還不降雨，巫師要帶領人們登上附近最高的山峰，敲鑼打鼓，誦唱巫歌，祈禱下雨。一些羌族村落還會舉行一項特殊儀式：全村的已婚女人聚集在白石神面前，哭喊着，祈求着，同時誦唱描述

---

① J. G. Frazer, *Golden Bough*, p. 82.
② 同上書，第79—109頁。
③ "羌"在商代甲骨文中就出現過，但甲骨文中的"羌"與現代生活中國西北的羌族是否是同一族群，還無法確定。

人類性行爲的巫歌。[1]

在中國傳統神話中,黑色常常與水相關。"水正"(水官)被稱爲"玄冥",意爲"黑而神秘"。在《山海經·海外北經》中,"玄冥"也叫"禺疆",與北方有關。[2]《山海經·海外東經》中還有關於"雨師妾"的生动描述:

> 其爲人黑,兩手各操一蛇,左耳有青蛇,右耳有赤蛇。[3]

《左傳·昭公二十九年》(前513)中还有關於"五行之官"的記載:

> 木正曰句芒,火正曰祝融,金正曰蓐收,水正曰玄冥,土正曰后土。……獻子曰:社稷五祀,誰氏之五官也?對曰:少皞氏有四叔,曰重、曰該、曰脩、曰熙,實能金、木及水。使重爲句芒,該爲蓐收,脩及熙为玄冥,世不失職,遂濟窮桑,此其三祀也。顓頊氏有子曰犁,爲祝融;共工氏有子曰句龙,爲后土,此其二祀也。后土爲社稷,田正也。有烈山氏之子曰柱,爲稷,自夏以上祀之。周棄亦为稷,自商以来祀之。[4]

这應该是早期神話的内容,可能也是"五行説"的雛形。

《左傳·昭公四年》(前538)有一條關於"藏冰"的記載:

> 大雨雹。季武子問於申豐曰:"雹可禦乎?"對曰:"聖人在上,無雹,雖有不爲災。古者,日在北陸而藏冰,西陸朝覿而出

---

① 參看中國各民族宗教與神話大詞典編委會:《中國各民族宗教與神話大詞典》,北京:學苑出版社,1990年,第139、526頁。也見 Edward H. Schafer, "Ritual Exposure in Ancient China", *Harvard Journal of Asiatic Studies*, no. 14 (1951), pp. 130 - 184.

② 《山海經校注》,第248—249頁。參看郭璞的注解。

③ 同上,第263頁。袁珂也指出許多學者都認爲"雨師妾"是地名。《太平御覽》中沒有"妾"字。

④ 《春秋左傳正義》卷53,《十三經注疏》,第2123頁。

之。其藏冰也，深山窮谷，固陰沍寒，於是乎取之。其出之也，朝之禄位，賓食喪祭，於是乎用之。其藏之也，黑牡秬黍，以享司寒。"①

晉人杜預（222—284）注："黑牡，黑牲也。秬，黑黍也。司寒，玄冥，北方之神。故物皆用黑。有事於冰，故祭其神。"孔穎達（574—648）説得更明白："云'黑牡秬黍'者，以其祭水神，色尚黑。"②

《禮記·月令》中也有類似的記載：

> 其帝顓頊，其神玄冥。

鄭玄注："此黑精之君，水官之臣，自古以來，著德立功者也。顓頊，高陽氏也。玄冥，少皞氏之子曰脩，曰熙，爲水官。"

這些文獻材料反應了黑色與水對應的觀念，可能早在春秋時期（前6—前4世紀）就已產生並被廣泛接受。但這種觀念是否在商代就已產生，是否與求雨之祭存在某種聯繫，目前我們還無法確定。它可能是從商代信仰和宗教儀式中發展來的。

後來的傳統中，黑色仍然與祈雨儀式相關，但與"五行説"結合更加緊密。比如董仲舒（前179—前104）在《春秋繁露》中，用了兩章内容記載求雨和止雨儀式：③

> 春旱求雨。令縣邑以水日禱社稷山川，家人祀户，無伐名木，無斬山林，暴巫，聚尪，八日。於邑東門之外，爲四通之壇，方八尺，植蒼繒八。其神共工，祭之以生魚八、玄酒、具清酒、膊脯。擇巫之潔清辯利者以爲祝。祝齋三日，服蒼衣，先再拜，乃跪陳，陳已，復再拜，乃起。祝曰："昊天生五穀以養人，

---

① 《春秋左傳正義》卷42，《十三經注疏》，第2034頁。
② 同上。
③ 《春秋繁露》第74、75章，《二十二子》，第803—804頁。

今五穀病旱，恐不成實，敬進清酒、膊脯，再拜請雨。雨幸大
澍。"即奉牲禱，以甲乙日爲大蒼龍一，長八丈，居中央。爲小
龍七，各長四丈，於東方，皆東鄉，其間相去八尺，小童八人，皆
齋三日，服青衣而舞之，田嗇夫亦齋三日，服青衣而立之。鑿
社，通之於閭外之溝，取五蝦蟇，錯置社之中。池方八尺，深一
尺，置水蝦蟇焉，具清酒、膊脯，祝齋三日，服蒼衣，拜跪陳祝如
初。取三歲雄鷄與三歲猳豬，皆燔之於四通神宇，令民闔邑里
南門，置水其外。開邑里北門，具老猳豬一，置之於里北門之
外。市中亦置猳豬一，聞鼓聲，皆燒猳豬尾，取死人骨埋之，開
山淵，積薪而燔之。通道橋之壅塞，不行者決瀆之，幸而得雨，
報以豚一，酒鹽黍財足，以茅爲席，毋斷。

　　夏求雨。令縣邑以水日，家人祀竈，無擧土功，更火浚井，
暴釜於壇，白杵於術，七日。爲四通之壇於邑南門之外，方七
尺，植赤繒七。其神蚩尤，祭之以赤雄鷄七、玄酒，具清酒、膊
脯。祝齋三日，服赤衣，拜跪陳祝如春辭。以丙丁日爲大赤龍
一，長七丈，居中央。又爲小龍六，各長三丈五尺，於南方，皆
南鄉，其間相去七尺，壯者七人，皆齋三日，服赤衣而舞之。司
空嗇夫亦齋三日，服赤衣而立之。鑿社，而通之閭外之溝，取
五蝦蟇，錯置里社之中，池方七尺，深一尺。具酒脯，祝齋，衣
赤衣，拜跪陳祝如初，取三歲雄鷄、猳豬，燔之四通神宇，開陰
閉陽如春也。

　　季夏禱山陵以助之。令縣邑十日壹徙市於邑南門之外，
五日禁男子無得行入市，家人祠中霤，無擧土功，聚巫市傍，爲
之結蓋，爲四通之壇於中央，植黃繒五，其神后稷，祭之以母䠆
五、玄酒，具清酒、膊脯，令各爲祝齋三日，衣黃衣，皆如春祠。
以戊己日爲大黃龍一，長五丈，居中央。又爲小龍四，各長二
丈五尺，於南方，皆南鄉，其間相去五尺，丈夫五人，皆齋三日，

服黃衣而舞之，老者五人，亦齋三日，衣黃衣而立之，亦通社中
於閭外之溝，蝦蟇池方五尺，深一尺。他皆如前。

秋暴巫尫至九日，無舉火事，無煎金器，家人祠門，爲四通
之壇於邑西門之外，方九尺，植白繒九。其神少昊，祭之以桐
木魚九，玄酒，具清酒、脯脯。衣白衣，他如春。以庚辛日爲大
白龍一，長九丈，居中央。爲小龍八，各長四丈五尺，於西方，
皆西鄉，其間相去九尺，鰥者九人，皆齋三日，服白衣而舞之。
司馬亦齋三日，衣白衣而立之。蝦蟇池方九尺，深一尺。他皆
如前。

冬舞龍六日，禱於名山以助之，家人祠井，無壅水，爲四通
之壇於邑北門之外，方六尺，植黑繒六。其神玄冥，祭之以黑
狗子六、玄酒，具清酒、脯脯。祝齋三日，衣黑衣，祝禮如春。
以壬癸日爲大黑龍一，長六丈，居中央。又爲小龍五，各長三
丈，於北方，皆北鄉，其間相去六尺，老者六人，皆齋三日，衣黑
衣而舞之，尉亦齋三日，服黑衣而立之。蝦蟇池皆如春。

四時皆以水日，爲龍必取潔土爲之，結蓋，龍成而發之。
四時皆以庚子之日，令吏民夫婦皆偶處。凡求雨之大體，丈夫
欲藏匿，女子欲和而樂。

董仲舒是漢代“五行説”的代表人物，強調天人感應。根據他的記
載，春旱求雨要用蒼色：方形祭臺上要植蒼繒，巫師身穿蒼衣，舞
蹈用具土龍也是蒼色。以此類推，初夏求雨用赤色；夏末求雨用黃
色；秋季求雨用白色；冬季求雨用黑色。在這種語境下，顏色象徵
就與水和季節緊密地聯繫起來。

弗雷澤也認爲黑色似乎與雲和水存在某種普遍聯繫，黑色動
物常被用於祈雨之祭。在東非瓦布格威（Wambugwe）族中，祈雨
者把一隻黑羊、一頭黑牛犢牽到太陽下，放到屋頂上，剖開它們的

腹部,使内臟和鮮血飛濺到各個方向。瓦果果巫師在祈雨時要身穿黑色服裝,使用黑色家禽、黑羊和黑牛,在祖先的墳前祭祀。馬塔貝爾人祈雨時,要使用一種用黑牛的血和膽汁製成的符咒。蘇門答臘人祈雨時,要把一頭黑牛沉到河中,在它逃往岸邊的過程中被河裏潛水的女人捉住。阿薩姆的加羅人在旱季要用黑羊在山頂舉行祭祀。立陶宛人在旱季要用一頭黑色小母牛、一頭黑色公羊和一隻黑色公雞在樹林深處祭祀雷神。①

　　弗雷澤認爲,祈雨時選用黑色祭牲,是因爲黑色能夠使天空佈滿降雨的黑雲。在日本一個山區,巫師在旱季要率領村人擊打一只黑狗,直到鮮血流出,然後他們高聲祈求河中的龍王,祈求降雨。貝專納人祈雨時,要在夜晚燃燒牛胃,並且口中念道:"黑煙聚集雲彩,招來降雨。"②弗雷澤還引述了《沙摩吠陀》中有關婆羅門學習水法術的記載。他必須一天三次觸摸水,必須身穿黑色法衣,吃黑色食物。弗雷澤評論説:

　　　　黑色法衣和黑色食物同樣重要。所有人都相信,黑色祭牲就是雨雲。雨雲是黑色的,這是雨的本性。③

　　弗雷澤也提到了祭祀中的其他顏色。帝汶人(Timorese)用黑豬祭祀土神以祈雨,用白豬或紅豬祭祀太陽神以祈求陽光。安戈尼人(Angoni)用黑牛祭祀來求雨,用白牛祭祀來求晴朗。祈雨時要用黑色的祭牲,祈求好天氣要用純白色的祭牲。④

　　雖然巫術儀式常常與它所在的神話語境有關,但是各種文化的祈雨之祭,都與商代的祈雨之祭有一些共同特徵。比如人們都相

---

① *Golden Bough* ,p. 95、212.
② Ibid. ,p. 95.
③ Ibid. ,pp. 88 - 89.
④ Ibid. ,pp. 95 - 96.

信,可以通過祈雨儀式影響天氣;都要選擇祭牲,如牛、羊、豬、羌人、巫師等;都要選擇祭祀方式,如燒燎、祈求、舞蹈、焚巫師、作土龍等。① 最重要的是,祈雨時都要用黑色。黑色是巫術靈驗的一個重要因素。可以推斷,黑色在殷人心中具有影響天氣的神秘力量。

正如特納指出的,在那登布人的儀式中,黑色象徵具有重要作用,並具有某種巫術效應,可能與魔法有關。② 祈雨的潛在規則和黑色的涵義,在所有巫術儀式中可能都是相似的。巫術就是通過向事物之間不可知的某種關係施加力量,從而產生某種結果。因此,巫術的實施都是象徵性的。莫斯認爲巫術法則的根源是一種原始分類,在這種分類體系中,事物互相關聯。除了接近性和相似性,巫術也以對立性產生效力。③ 這種理論在甲骨文中也能找到證據。在甲骨文中,黑羊和白羊在祈雨時經常對立出現,這或許就是巫術法則的體現,而且再次證明顔色具有特殊含義。

## 第五節　黃色與土地神靈

在中國傳統中,土地總是與黃色相關。比如中國人一直崇拜的祖先"黃帝",就與土地相關。兩者之間爲何會有這種聯繫呢?根據艾蘭的研究,"黃帝"的神話可能起源於對土地神靈的崇拜,因爲土地是黃色的("黃土"),地下泉水也是黃色的("黃泉"),這對居住在中原地區的殷人來説不難想象。④

然而,嚴格來説,先秦神話系統中的土地神不是黃帝,而是后

---

① 參看裘錫圭:《説卜辭的焚巫尪與作土龍》,《古文字論集》,第 216—226 頁。
② V. Turner: *Forest of Symbols*, pp. 71 - 74.
③ M. Mauss: *Thoery of Magic*, p. 64.
④ 艾蘭:《龜之謎》,第 81—85 頁。有關"黃帝"的更多研究,還可參看陳盤:《黃帝事迹演變考》,《國立中山大學語言歷史研究所專刊》第 3 期,1928 年,第 921—935 頁。

土,也叫句龍。《左傳·昭公二十九年》(前 513)記載説土地神是后土,后土是共工之子,后土即"社"。① 但正如許多學者認爲的那樣,這個故事應該被視爲一個變體。土地神和后土確實有區別。兩者融爲一體,是後來理論化的結果。②

在周代祭祀系統中,顏色與對天、地、四方的祭祀之間,存在着某種象徵性的聯繫。《逸周書·作雒》載曰:

> 乃設丘兆于南郊,以祀上帝,配以后稷;……乃建大社于周中,其壇東青土,南赤土,西白土,北驪土,中央疊以黃土。③

《尚書·洛誥》中也有類似的記載,説的是公元前 11 世紀中葉周公平定叛亂,營建東都洛邑之事。根據這段記載,社稷壇是依據五色配五土(四方和中央)的理論營建的。學者一般認爲《作雒》是西周文獻。④

《周禮》、《儀禮》等禮書在提到禮玉和神龜時,顏色與方向的對應關係就更加詳細了。比如《周禮·春官·大宗伯》:

> 以玉作六器,以禮天地四方:以蒼璧禮天,以黃琮禮地,以青圭禮東方,以赤璋禮南方,以白琥禮西方,以玄璜禮北方。⑤

《周禮·龜人》也有記載:

---

① 《春秋左傳正義》卷 53,《十三經注疏》,第 2123—2124 頁。

② 一些清代學者注意到了這個問題。比如戴震(1723—1777)指出"社"與"后土"在《周禮》中不等同,但在《左傳》中就等同了。桂馥(1736—1835)在《説文解字義證》中引用了戴震的觀點,《説文解字義證》,上海:上海古籍出版社重印本,1987 年,第 19 頁。也見毛奇齡(1623—1717):〈郊,社,地,下問〉,王先謙編:《皇清經解續編》卷 22,江陰:南菁書院,1888 年。

③ 《逸周書集訓校釋》卷 5。

④ 參看唐大沛:《逸周書分編句釋》,1969 年,第 209 頁。楊寬:《論〈逸周書〉——讀唐大沛〈逸周書分編句釋〉》,《中華文史論叢》第 44 輯,第 1—14 頁。

⑤ 《周禮正義》卷 35,第 1389—1390 頁。

> 龜人掌六龜之屬。各有名物。天龜曰靈屬,地龜曰繹屬,東龜曰果屬,西龜曰雷屬,南龜曰獵屬,北龜曰若屬,各以其方之色與其體辨之。①

這裏雖然没有明確指明各種龜的顏色,但卻指明龜的顏色與其方之色呈對應關係。鄭玄注曰:

> 天龜玄,地龜黄,東龜青,西龜白,南龜赤,北龜黑。②

《儀禮·覲禮》中也有類似的記載,其曰"方明":

> 方明者,木也;方四尺,設六色:東方青,南方赤,西方白,北方黑,上玄下黄。設六玉,上圭下璧,南方璋,西方琥,北方璜,東方圭。③

在使用這些文獻材料時要非常謹慎,因爲它們可能是在流傳過程中增加的内容。④ 不過也有證據表明,顏色與方向對應的思想早在周代就已產生。顏色象徵是周代宇宙觀的一部分,並且融入到他們宗教活動的方方面面。

宇宙觀在商代宗教中也有重要作用。正如艾蘭所言,在商代人的空間意識中,宇宙是"亞"形結構。地球是宇宙的中心,四周由神秘的方形包裹着。居住在方形里的神靈握有權能,控制着風雨。因此,他們頻繁地向商人索取祭品,作爲保佑他們的條件。使用龜甲占卜,則暗示了商人爲了再現預言而採用的一種宇宙模式。⑤

---

① 《周禮正義》卷 48,第 1950 頁。
② 同上。
③ 《儀禮注疏》卷 27,《十三經注疏》,第 1092—1093 頁。
④ 比如,屈萬里認爲《儀禮》中的"方明"可能是後世的注釋。李漢三引用了屈氏的觀點;參看《先秦兩漢之陰陽五行學説》,臺北:維新書局,1967 年,第 23—24 頁。
⑤ 艾蘭:《龜之謎》,第 95—138 頁,特別是第 96—112 頁。

在商代祭祀中,四方神頻繁受祭。重要的是,"土"①有時也是受祭者之一。比如:

> ……午卜,方帝(禘)②三豕又犬,卯于土宰,雨。

(《合集》12855)

> 壬午卜:燎土,延方帝(禘)。　　　　(《合集》21075)

在這些卜辭中,對"土"和"方"的祭祀是同時進行的,這一點非常重要。和後世的各種土地神一樣,甲骨文中的"土"和"方"可能也有區別:"土"有時表示真實的土地,而"方"則表示神靈。當它們出現在同一片卜辭中時,"土"表示"社"或"土地神",而"方"可能只表示方向,但也表示神靈居住的四方土地。③

對土地神和四方神的崇拜,在周代祭祀中依然存在。《詩經·小雅·甫田》中有下列詩句:

> 以我齊明,與我犧羊,以社以方。④

毛亨注:"社,后土也。方,迎四方氣於郊也。"鄭玄箋:"以絜齊豐盛,與我純色之羊,秋祭社與四方,為五穀成熟,報其功也。"這似乎表明在周代初期和中期,土神和方神之間還有明顯的區別。

通過閱讀甲骨文,很容易看出祭祀土地神是商人宗教的一個

---

①　"土"寫作 ⊥、☼,表示直立的石臺、土臺或木臺。"土"與很多傳世文獻中的"社"可通用。在古漢語中,這兩個字在語音上是有聯繫的:土 < * thagx,社 < * djiagx。有關社崇拜的更多討論,參看趙林:《商代的社稷》,《大陸雜誌》第五十七卷第六期,1978 年,第 3—13 頁。

②　"帝"可能用作祭名"禘",不是帝神。參看《甲骨文字集釋》,第 25—31 頁。在商代祭祀中,"帝"祭專用於祭方神。然而,在後來的文獻中,"帝"祭演變成"夏祭",也可以用於祭祀祖先。有關先秦文獻中帝祭的深入討論,參看崔東壁(1740—1816):《經傳禘祀通考》,《崔東壁遺書》,上海:上海古籍出版社,1983 年,第 496—512 頁。

③　參看于省吾:《釋林》,第 185—188 頁。也見艾蘭:《龜之謎》,第 132—138 頁。

④　《毛詩正義》卷 14.1,《十三經注疏》,第 474 頁。

重要內容。那麽，顏色在他們的宇宙觀中有何作用？

在甲骨文中，顏色詞"黃"用來修飾祭牲的顏色。試舉幾例有"黃"出現的卜辭：

> 己丑卜，賓，貞：……犬，卯十黃牛。　　　　（《英藏》1289）
>
> 貞：帝(禘)於東，陷凵①豕，燎三宰，卯黃牛。
>
> 　　　　　　　　　　　　　　　　　　　　（《合集》14313）
>
> 癸未卜，賓，貞：燎犬，卯三豕三羊。
>
> 甲申卜，賓，貞：燎於東三豕、三羊，凵犬、卯黃牛。
>
> 　　　　　　　　　　　　　　　　　　　　（《合集》14314）
>
> 貞：燎東西南，卯黃牛。
>
> 燎於東西，侑伐，卯南黃牛。　　　　　　　（《合集》14315）

這是祭祀和獻祭四方神的卜辭。祭牲包括人牲、狗、豬、圈養的羊，以及黃色的牛。用牲方法有燎、陷、卯。

《合集》5658 這片卜辭保存得更好。這是一片近乎完整的大龜板，其中就有用黃色祭牲的刻辭。其正面刻辭如下：

> 甲子卜，㱿，貞：妥以巫。②
>
> 貞：妥不其以巫；
>
> 丙寅卜，爭，貞：今十一月帝令雨。
>
> 貞：今十一月帝不其令雨。
>
> 翌己巳燎一牛。
>
> 其延雨；
>
> 不其延雨。　　　　　　　　　　　　　　　（《合集》5658）

---

①　一些學者把"凵"字讀爲顏色詞"黑"。參看陳夢家：《古文字中之商周祭祀》，第 132 頁；Chang Tsung-tung: *Der Kult der Shang Dynastie*，p. 199.

②　"十"字釋"巫"，訓爲巫師。參看《甲骨文字集釋》，第 1595—1600 頁。

這裏提到了"巫"。艾蘭曾經指出,在甲骨文中,尤其是在早期的自組、歷組卜辭中,"巫"通"方"。能夠溝通人神、往返於天地的"巫",最初就是專門祭祀方神的巫師。[1]

該片的反面刻辭如下:

<blockquote>燎東黃鷹。</blockquote>

"鷹"在甲骨文中寫作"𢍻",表示一種大眼、長角的動物。[2] 在燎祭中,黃鷹被用於祭祀東方之神。之所以要祭祀"方",可能是因爲控制天氣的神靈居住於此,也可能"方"就是神靈。這對我們揭示黃色在商代祭祀系統中的象徵意義有重要作用。

上面引述的都是賓組卜辭。除了賓組卜辭,其他組卜辭中也出現過黃色動物:

<blockquote>
叀黃牛,有正。　　　　　　　　　　　　　（《合集》31178）

乙卯,其黃牛,正,王受有佑。　　　　　　（《合集》36350）
</blockquote>

這是兩片典型的無名組卜辭。其他組卜辭,如黃組卜辭也有用黃牛的例子。黃牛和其他顏色的動物一樣,在整個商代晚期都用作祭牲。只是這些卜辭沒有提到受祭者,而且由於辭例殘缺,幾乎無法做研究之用。

還有一個有趣的現象,有時卜辭還特別指明土地神是女性神。我們在一些卜辭中發現了"東母"、"西母"的稱謂。她們也是受祭者:

<blockquote>
壬申卜,貞:侑于東母,西母。若。　　　（《合集》14335）
</blockquote>

---

① 艾蘭:《龜之謎》,第 98—99 頁。

② 鷹也叫"獬豸",在後來的中國神話中是一種似羚羊神物。參看段玉裁:《説文解字注》,第 457 頁;楊樹達:《積微居小學金石論叢》,北京:科學出版社,1983 年,第 82—83 頁(首次出版於 1937 年)。

己酉卜，殼，貞：燎于東母九牛。　　　　《合集》14337 正）

還有一片祭祀"東母"的卜辭：

貞：燎……東母……黃［牛］①　　　　　（《合集》14342）

陳夢家認爲"東母"、"西母"可能是指太陽神和月亮神，是天神。② 丁山則認爲他們可能是四方神、地神，而非天神。③

楊泉（6 世紀）在《物理論》中寫道：

地者，其卦曰坤，其德曰母，其神曰祇，亦曰媼。大而名之曰黃地祇，小而名之曰神州，亦名后土。④

儘管這是較晚時期的闡釋，但也可能源自更早的材料。崇拜地母是很多文化的共同特點。正如米爾卡·伊利亞德指出的，這可能與豐産神的神話有關，起源於農業祭祀。⑤

在先秦神話中，還有一位與土地或農業祭祀有關的神靈"稷"。根據《左傳》記載，后土是土地神，烈山氏之子稷是田神。⑥ 但在後來的文獻中，稷被視爲穀神，與"社"一起受到祭祀。⑦

學者普遍認爲商代沒有崇拜稷的傳統。⑧ 然而，賓組有一片卜辭，或許會改變我們對這個問題的認識。其辭如下：

---

① "黃"字後面缺失一字，根據辭例推斷，可能是個"牛"字。

② 陳夢家：《商周祭祀》，第 131—133 頁。

③ 丁山：《中國古代宗教與神話考》，上海：龍門書局，1961 年，第 163 頁。

④ 該書已佚，這裏轉引自《太平御覽》卷 36，第 171 頁。另有注曰："黃地祇，八方之神；神州，國王之下，萬邦之主。"

⑤ 參見 M. Eliade：*Patterns in Comparative Religion*，London，1958，pp. 239 - 262.

⑥ 《春秋左傳正義》卷 53，《十三經注疏》，第 2124 頁。

⑦ 《周禮》："小宗伯掌國之祭祀，左宗廟，右社稷。"參看《周禮正義》卷 36，第 1421 頁。

⑧ 參看陳夢家：《殷墟甲骨刻辭綜述》，第 583 頁。

己亥卜，貞：不……示齊黃［牛］。　　　　　　（《合集》14356）

“齊”寫作“𣥠”，在卜辭中常用作地名。但正如于省吾指出的，它可能是“稷”的初字。① “齊”、“稷”在古漢語中讀音相近：

齊 ＜ ＊dziəd　　　稷 ＜ ＊tsjək

因此，商代也有可能祭祀“稷”。

祭祀土地神需要選配合適的顏色，這種思想也在後世傳統中延續了下來。《詩經・小雅・大田》有曰：

曾孫來止，以其婦子。饁彼南畝，田畯至喜。

來方禋祀，以其騂黑，與其黍稷。以享以祀，以介景福。②

不過這裏存在一問題，如果《大田》描述的是祭祀土地神的場景，怎麼會用不同毛色的祭牲呢？毛亨注：“騂，牛也。黑，羊、豕也。”鄭玄箋：“成王之來，則又禋祀四方之神，祈報焉。陽祀用騂牲，陰祀用黝牲。”孔穎達正義：“毛以諸言騂者皆牛，故云‘騂，赤牛也’。定本、《集注》騂下无‘赤’字，是也。上篇云‘以社以方’而方社連文，則方與社稷同用大牢，故以黑爲羊、豕，通牛爲三牲也。目上篇言，‘犧羊’，是方有羊，明不特牛，故爲大牢。牢中色而色不同者，毛意絢以此四方既非望祀，又非五方之帝，故用是牲，所以無方色之別。”

《詩經・周頌・良耜》描寫了周人秋報“社”、“稷”的情景：

殺時犉牡，有捄其角。以似以續，續古之人。③

毛亨注：“黃牛黑脣曰犉。社稷之牛角尺。以似以續，嗣前歲，續往

---

① 于省吾：《釋林》，第 244—246 頁。
② 《詩經正義》卷 14，《十三經注疏》，第 477 頁。
③ 《詩經正義》卷 19.4，《十三經注疏》，第 603 頁。

事也。"孔穎達正義："《釋畜》直云'黑脣犉',以言黑脣,明不與身同色。牛之黃者衆,故知黃牛也。某氏亦云'黃牛黑脣曰犉',取此傳爲説也。《地官·牧人》云:'凡陰祀,用黝牲毛之。'注云:'陰祀,祭地北郊及社稷也。'然則社稷用黝,牛色以黑。而用黃者,蓋正禮用黝,至於報功,以社是土神,故用黃色,仍用黑脣也。"[1]這些詩歌描寫的雖然是周代祭祀方神和田神的情景,但是它所描述的祭祀儀式和祭牲顏色,與甲骨文的記載也有相同之處。

另外,通過甲骨刻辭與後世文獻的比較研究,就能明顯看出,周代曾經有過一次大變革。在商代祭祀中,黃色動物只用於特定祭祀語境,黃色似乎與商人的宇宙觀有關。不同的方向可能都被視爲土地神,但尚未與不同的色彩形成對應關係。而在周代,青、赤、白、黑、黃五種顏色不僅對應東南西北中五個方向,而且還對應五方的神靈。

《周禮·地官·牧人》中有這樣一段話:[2]

> 牧人,掌牧六牲而阜蕃其物,以共祭祀之牲牷。凡陽祀,用騂牲毛之;陰祀,用黝牲毛之;望祀,各以其方之色牲毛之。

這裏出現了陰陽的概念,顏色對應方向的思想也已產生;而且祭祀中顏色的使用也必須反映這種思想。鄭玄注:"六牲謂牛、馬、羊、豕、犬、雞。鄭司農云:'牷,純也。'玄謂牷,體完具。騂牲,赤色。毛之,取純毛也。陰祀,祭地北郊及社稷也。望祀,五嶽、四鎮、四瀆也。鄭司農云:'陽祀,春夏也。黝讀爲幽。幽,黑也。'玄謂陽

---

[1]　高本漢(B. Karlgren)把"犉牡"翻譯成"七英尺高的公牛",這有點奇怪。毛亨注説得明明白白:"黃牛黑脣曰犉。"根據孔穎達的注釋,祭社稷用黑牛,這裏祭祀的是土地神,因此用黑脣的黃牛。

[2]　《周禮正義》卷23,《十三經注疏》,第916頁。

祀,祭天於南郊及宗廟。"對鄭玄的注,賈公彥又引經據典,爲其做
疏:"釋曰:騂牲知是赤色者,見《明堂位》'周人騂剛',《檀弓》云
'周人牲用騂',周尚赤而云用騂,故知騂是赤也。云'毛之,取純毛
也'者,對下文云'尨是雜色',則此經云毛之者,皆是取純毛也。云
'陰祀,祭地北郊及社稷也',並'陽祀祭天於南郊及宗廟'者,但天
神與宗廟爲陽,地與社稷爲陰。案《大宗伯》云'蒼璧禮天,黄琮禮
地',謂圓丘方澤。下云'牲幣各放其器之色',則昊天與崑崙牲用
蒼用黄,四時迎五方天帝,又各依其方色,牲則非此騂牲、黝牲。惟
有郊天及宗廟、社稷一等,不見牲色,在此陽祀、陰祀之中可知。案
《郊特牲》云'郊之祭也,大報天而主日,兆於南郊,就陽位也。牲用
騂',是南郊用騂也。《檀弓》云'殷尚白,周尚赤',是祭宗廟時赤
也。據此而言,則祭天於南郊及宗廟用騂也。《郊特牲》云'社祭土
而主陰氣也',是社稱陰。《孝經緯·鈎命決》云:'祭地於北郊,就
陰位。'彼對郊天就陽位,則是神州之神在北郊而稱陰,以是知陰祀
中有祭地於北郊及社稷也。不從先鄭'陽祀春夏'者,周祭宗廟,四
時同用騂,夏至祭地方澤,牲用黄。春夏迎氣,牲各隨方之色,明不
得同用騂,故不從也。又知望祀是四望者,以其言望與四望義同,
故知是四望五嶽等也。云'黝讀爲幽,幽,黑也'者,以其幽是北方,
故從幽爲黑也。後鄭先解陰祀,後釋陽祀者,陽祀待先鄭釋訖,隨
後破之故也。"

　　《周禮》中有幾處關於"五祀"、"五帝"的記載。這些文獻記述
了"五祀"在周代是如何實行的,但没有詳細解釋。其中《小宗伯》
的記載暗示了"五帝"就是方神:

　　　　兆五帝於四郊,四望四類亦如之。[①]

---

　　① 《周禮正義》卷 36,第 1424 頁。

鄭玄注:"五帝,蒼曰靈威仰,大昊食焉;赤曰赤熛怒,炎帝食焉;黃曰含樞紐,黃帝食焉;白曰白招拒,少昊食焉;黑曰汁光紀,顓頊食焉。黃帝亦於南郊。"[①]

"五色帝"崇拜可能來源於秦,並延續了相當長的一段時間。根據《史記》記載,公元前 770 年秦襄公作西畤,祀白帝。公元前 672 年宣公作密畤,祭青帝。公元前 422 年,靈公作上畤、下畤,分別祭祀黃帝、炎帝。公元前三世紀,劉邦滅秦立漢後,作北畤,祀黑帝。當時曾經有一場論爭,討論漢是繼續尚水德、色尚黑,還是改爲尚土德、色尚黃。[②]

很多學者都認爲對"五帝"的崇拜來源於公元前三世紀齊國人鄒衍(前 305—前 240)創立的"五行生勝"理論。[③] 但是,正如英國漢學家葛瑞漢所指出的,五行説的興起和發展是一個長期的歷史過程,並逐漸被普遍接受。早在思想家之前,宮廷曆法家、醫師、樂師、卜人和注疏家就已把它付諸實踐。[④] 通過對甲骨文和傳世文獻記載的比較研究,我們就有可能把"五行説"的起源上溯到商代晚期。這個問題將在下一章展開討論。

---

① 《周禮正義》卷 36,第 1427—1429 頁。鄭玄還在其他地方提到"五祀"是指在宮殿祭祀五種顏色的神靈。

② 《史記·封禪書》,第 1355—1404、1358—1378、1381—1384 頁。

③ 參看 J. Needham:*The Science and Civilization of China*,vol. 2,Cambridge,1956,esp. pp. 232 - 265.

④ A. Graham:*Yin-yang and the Nature of Correlative Thinking*,Signapore,1986,pp. 91 - 92.

# 第四章
# 商代顏色象徵體系與 "五行説"的發展

本書在最後一章,通過討論商代祭祀活動中顏色的使用情況,試圖揭示出以下内容:商代顏色象徵的性質和模式,以及它們在商代宗教體系中的相互關係。此外,還要探討商代顏色象徵與後世"五行説"之間的關係。即通過與後世傳統的對比,考察商代信仰的特徵及其對後世思維模式的影響,目的是揭示中國古代思想的發展歷程,以及顏色象徵在其中占據的重要地位。

## 第一節　商代的顏色體系:作爲象徵符號的顏色

首先,我們有必要回顧一下商代祭祀中顏色的使用情況。殷墟出土的甲骨刻辭可以分成王卜辭和非王卜辭兩大系統,每個系統又可分爲幾個貞人組。由王室宗族或商王王妃控制的非王卜辭,主要分爲午組和子組,還有近年發現的花東子組;它們的時代都在武丁時期。查檢有關卜辭中顏色詞的使用情況,午組和子組卜辭中只出現過"白"。白色的祭牲,如白豬和白羊被用於祖先之祭、御祭

和祈生之祭。受祭者包括父丁、父甲、父戊、妣庚、妣癸、妣辛和子
✿。而花東子組的情況就較爲複雜。花東卜辭中有一些重要材
料，可以用於研究非王卜辭中顏色的使用情況。該組卜辭字體不
太嫻熟，但很獨特，類似於自組卜辭的字體，這或許能反映出花東
卜辭的時代較早。花東卜辭中有很多其他貞人組卜辭沒有的獨特
用語。花東卜辭經常祭祀商代先祖，如上甲、大乙、大甲、祖庚、祖
辛、祖丁、祖戊和兄丁，其中对祖乙、祖甲及其配偶的祭祀最多，对
先公祭祀較少，对河嶽等自然神的祭祀也很少。就顏色使用的情
況看，祭牲顏色包括了白、勿、黑、幽各類顏色，"黃"用來形容玉器；
但是沒有出現"羊"。

　　接下來看王卜辭。在所有王卜辭中，自組卜辭的時代可能最
早，屬於武丁時期，後來分化出村北和村南兩個系統。自組卜辭中
出現了白和勿兩種顏色。尤爲重要的是，勿牛和白豬曾同見於一
次祭祖儀式中，受祭者是父乙。王卜辭的村北系統，分爲賓組、出
組和何組。安陽發掘的大多數卜辭都是賓組卜辭，主要屬於武丁
時期，並延伸至祖庚、祖甲時期。大量的祭牲和人牲被用於各種祭
祀儀式中，對祭品顏色的選擇也變得更加複雜。祭祀祖先時，白色
和勿色仍然是最流行而最受歡迎的顏色。殷人葳殺或者燒燎白
豬、白牛，甚至白人，用於祭祀祖先；尤其值得注意的是，白牛被用
於祭祀商代世系中最重要的祖先，如夒（夒）、王亥和大甲。武丁也
很關心他的白馬，並且專門占卜，卜問能否從其他方國獲得白馬，
或者白馬能否生育更多白色馬駒。武丁有一次夢見白牛，爲此專
門進行一次占卜。勿色動物的需求量也很大。商王要獲得很多勿
牛來祭祀祖先下乙、妣庚和丁。勿牛在祈求豐收時被燎祭或卯殺。
有趣的是，祭牲有時只是對祖先的許諾，實際上並未被殺死。另
外，在賓組卜辭中，黃色動物專門用於祭祀四方，這可能是祭祀土
地神和穀物神的。

出組卜辭可能始於武丁晚期,主要屬於祖庚、祖甲時期。祭祀制度在這一時期有了一些重大變化,主要標志是周祭制度的産生。祭祀中白色和勿色動物的使用並未減少,事實上,對顏色的强調反而更加突出。白豬和白牛主要用於祭祀祖乙。命辭常以對貞形式出現,如"其勿牛/弜勿牛"。這表明顏色已經成爲擇牲的一個主要因素。

出組卜辭之後,何組卜辭成了村北的主體。勿色動物在何組中也很普遍,常用於祭祀上甲、祖乙、妣壬、母戊和社。但奇怪的是,何組中没有用白色祭牲的例子。有幾片何組卜辭提到了駕駛王車的赤馬。

村南系統主要有兩大貞人組:歷組和無名組。根據新的分期理論,歷組屬於武丁至祖庚時期,與賓組同時存在。在歷組卜辭中,白色動物用於祭祀祖先:燎白牛以祭大乙;殺白豬和白犬用於御祭和祈生之祭;奉獻白黍以祭祖乙。更重要的是,在歷組中首次出現了"㸳"(駁牛)一詞。無名組卜辭直接從歷組而來,可能與村北的何組同時期。在顏色使用方面,無名組爲我們提供了最有趣的信息。首先,駁牛的使用越來越頻繁,而且常與勿牛形成對比。幽、黄等其他顏色的祭牲也有出現。受祭者包括祖甲、祖乙、祖辛和妣辛。有幾片卜辭,占卜是否用黑牛、駁牛、幽牛或黄牛來祭祀祖先;牛的顏色顯然是占卜主題。在無名組卜辭的求雨儀式中,黑羊特意與白羊形成對比。

黄組卜辭是晚商時代最晚的貞人組卜辭,屬於文丁、帝乙和帝辛時期。它是村南和村北系統融合的結果,有自己鮮明的特點。黄組中有獵獲白鹿、白兕的記載,有時它們的骨頭還被雕以精美紋飾,並在上面契刻本次狩獵事件。白色動物很少用於祭祀,駁牛逐漸成爲主要祭品。在祭祀武丁、武乙和康祖丁的祊祭卜辭中,駁牛常常出現在選貞卜辭中,與牢牲,尤其是勿牢形成對比。

下表列出了商代祭祀中顏色的使用情況:

| 類　　型 | 使　用　語　境 |
|---|---|
| 白牛 | 祭祀祖先(高祖) |
| 白豬 | 祭祀祖先(生育,御祭) |
| 白羊 | 祭祀(祈雨,與黑羊形成對比) |
| 白麟 | 慶功典禮 |
| 白人 | 祭祀祖先 |
| 白黍 | 祭祀祖先 |
| 白馬 | 駕駛王車(商王專門占卜它們的健康問題) |
| 白鹿 | 獵獲 |
| 白狐(狼) | 獵獲 |
| 白兕(白色水牛) | 獵獲 |
| 勿牛 | 祭祀祖先 |
| 騂牛 | 祭祀祖先 |
| 戠牛 | 祭祀祖先 |
| 赤馬 | 駕駛王車 |
| 黑馬 | 駕駛王車(祭祀?) |
| 黃牛/黃鷹 | 祭祀方社(土地神) |
| 幽牛/幽鷹 | 祭祀祖先 |
| 黑牛 | 祭祀祖先 |
| 黑羊 | 祈雨（與白羊形成對比） |

以往的學者大都忽視了顏色在商代祭祀中的重要作用,即使偶有研究,也沒有意識到可能存在一個潛在的顏色象徵體系。比

如,張秉權雖然也研究過甲骨文中的祭牲,但没有意識到祭牲顏色的重要性。他寫道:"至於顏色,儘管有時特别指出是黑色,白色或黄色,但我們看不出其中有什麽特殊含義。"①

古往今來,人們都知道動物是有顏色的。但是我們如何確定當殷人給祖先神獻上特定顏色的祭牲時,如白牛、勿牛,這些動物就具有了一種特殊意義? 多數卜辭根本不提祭牲的顏色,只簡單記載牛、豬或狗。然而,如果卜辭特别提到並强調了動物的顏色,那麽,顏色的重要性就彰顯出來了。在這種語境下,祭祀不只要求使用某種種類的動物,還要求使用某種顏色的動物。

甲骨文的顏色詞主要用來描述祭品,尤其是祭牲的顏色。商代貞人專門卜問祭祀某些祖先和神靈時,應該選用哪種顏色的祭品。祭品和受祭者之間的象徵關係,是我們解讀顏色涵義可能性的關鍵。正如莫斯寫道:

　　……相反,遠在兩個物體因顏色産生聯繫之前,我們就通過一項正式公約,幾乎就是法律,從一系列可能的屬性中,選擇顏色作爲聯繫兩個事物的節點。②

涂爾幹和莫斯還共同指出:

　　每一種占卜儀式,不論多麽簡單,它都建立在特定存在物之間先在的交感共鳴上,它立足於傳統所承認的某種符號與某種未來發生之聯繫。而且,占卜儀式不是孤立的,它是有組織的整套儀式中的一部分。因此,貞人的科學,不是形成孤立

---

①　張秉權:《祭祀卜辭中的犧牲》,《中央研究院歷史語言研究所集刊》第 38 本,1968 年,第 225—226 頁。20 世紀 40 年代,楊樹達在河南大學教書時,還寫過一篇論祭牲顏色的講演稿,但我没有見到。

②　M. Mauss: *A General Theory of Magic*, English edition: R. Brain, London, 1972, p. 77.

的事物群體,而是把這些群體彼此聯繫起來。在一種占卜體系的基礎上,起碼是含蓄地有着一個分類的體系。①

通過研究帶有顏色詞的甲骨文,我們得知顏色在商代祭祀中確實有重要作用,每種顏色的象徵意義可以通過分析它所在的卜辭內容揭示出來。各種祭祀儀式的目的可能不同,但其原理則是相同的:他們希望通過獻祭,實現與神靈的溝通,得到神靈的保佑。殷人通過祭祀祖先,逼迫祖先回饋利益。因此,在某種程度上,祭牲的顏色可能就是殷人、祭品和受祭者之間象徵性交流的外在表現。殷人謹慎地區分各種顏色,當提到某種顏色時,可能認爲它是吉祥的、神聖的或不好的。

顏色是一種象徵,在商代祭祀中以象徵的方式起作用,其意義也只能在這個象徵語境中才能揭示出來。但是,殷人並未明確説出爲什麼要使用某種顏色,以及它的意思何在。我所關心的是如何解釋商代的顏色象徵體系,確切地説,某種顔色祭牲的使用是如何在非語言的語境中產生的。

正如美國人類學家克利福德·葛慈所説的:"這種宗教象徵,在宗教儀式中有生動的呈現,或與神話相關……"②研究的瓶頸可能還在於象徵本身的性質。正如許多人類學家認識到的那樣,研究象徵必須基於人類認知能力的發展,因爲象徵不只是一種概念呈現,也是一個自覺的分類過程和符號表現的過程。③ 特納的研

---

① E. Durkhein, M. Mauss: *Primitive classification*, English edition: R. Needham, London, 1963, p. 73.

② C. Geertz: *The Interpretation of Culture*, London, 1975, p. 125.

③ 參見 D. Sperber: *Rethinking Symbolism*, Cambridge, 1975, esp. Forward and pp. 110 - 113; 還見他的另一篇文章 "Is Symbolic Thought Prerational?" J. Forster, S. Branches edit: *Symbol as sense: New approaches to the analysis of meaning*, New York, 1980, pp. 25 - 44.

究十分強調這一點。最近,喬治·萊考夫强有力地指出,符號的相互作用,比如顏色,與想象、知覺和身體經驗有更直接的聯繫,與語言和邏輯的聯繫反而較少。[①] 顏色具有直接的認知和文化意義。因此,根據考古學材料,對顏色在特定歷史時期的傾向做系統研究,毫無疑問會幫助我們理解顏色的象徵性。下文就是要通過商代的顏色象徵與稍晚傳統(尤其是與五行説相關理論)的對比,研究商代顏色象徵的轉變。

## 第二節　商代顏色象徵與"五行説"之關係

所謂"五行説",在《月令》中有系統闡述。《月令》可能是由公元前三世紀中期秦相呂不韋(前 290—前 235)及其門客編纂而成。[②] 在這篇曆書類的文獻中,季節、帝、神、聲音、數字、顏色、動物、祭祀、心情、氣味、品味、行星以及所有的王室活動,都彼此相關,並按照一個互相關聯的模式運行:

> 孟春之月……其帝大皞,其神句芒……天子居青陽左个;
> 乘鸞路,駕倉龍,載青旂,衣青衣,服倉玉……
> 孟夏之月……其帝炎帝,其神祝融……天子居明堂左个;

---

① 關於這個問題的更多討論,參看 George Lakoff: *Women*, *Fire*, *and Dangerous Things*: *What Catrgories Reveal about the Mind*, Chicago and London, 1987, esp. Forward and pp. 12‐57; Feancisco J. Varela, Evan Thompson and Eleanor Rosch: *The Embodied Mind*: *Cognitive Science and Human Experience*, Cambridge, MA and London, 1991, pp. 157‐171.

② 《月令》的成書時代問題,現在還有爭議。它可能是公元前三世紀時編撰的,但也可能來自多種更早的材料。它主要是曆書式的記載。在寫定之前,可能有一段漫長的形成過程。更多討論參看王夢鷗:《月令探源》《禮記校證》,臺北:藝文印書館,1980年,第 527—584 頁。

乘朱路，駕赤駠，載赤旂，衣朱衣，服赤玉……

　　中央土……其帝黃帝，其神后土……天子居大廟大室；乘
大路，駕黃駠，載黃旂，衣黃衣，服黃玉……

　　孟秋之月……其帝少皞，其神蓐收……天子居總章左個；
乘戎路，駕白駱，載白旂，衣白衣，服白玉……

　　孟冬之月……其帝顓頊，其神玄冥……天子居玄堂左个；
乘玄路，駕鐵驪，載玄旂，衣黑衣，服玄玉……①

　　在"五行説"中，赤、白、黑、黃、青（藍/綠）這五種顏色彼此關
聯，還分別與四方、四季、五種元素、神靈、星體、生物和王室活動等
對應。該制度的一個核心就是青、赤、黃、白、黑"五色"，與其他要
素如"五行"、"五方"、"五帝"等相互關聯。在這個系統中，顏色是
爲了分類而"設計"出來的。顏色分類和顏色象徵，在古代中國的
天人交感體系中占據着重要地位。本書的主題雖然是研究晚商的
顏色象徵，但對於它的發展過程也有涉及，以便揭示商代系統與後
世傳統之間的關係。

　　"五行説"的起源可以追溯到《堯典》。《堯典》記載了一種古老
的宇宙模式，帝"乃命羲和，欽若昊天，歷象日月星辰，敬授民
時"。② 又分命羲和的四個兄弟宅於四方，以正四季。四方的地名
非常重要：

東方：暘谷

南方：明都

西方：昧谷

北方：幽都

---

①　《禮記正義》卷14—17，《十三經注疏》，第1352—1388頁。
②　《尚書今古文注疏》卷1，第10—22頁。

這個原型的空間關係顯然是建立在顔色對應上的：暘＋明↔晦＋幽。這或許就是陰陽概念的起源。儘管《堯典》的時代可能不會早到唐堯時代，但它似乎是遠古創世神話的變體。更重要的是，它所記載的四方神和風神的名字，與甲骨文的記載一致。①《堯典》記載的宇宙觀與殷人的宇宙觀有着驚人的一致性。

在“五行説”中，五種顔色對應五個方向：

東方：青
南方：赤
中央：黄
西方：白
北方：黑

相關的最早文獻記載出自《逸周書·作雒》，前文我們已經引述過。這篇文獻記載的是周初周公營建東都的歷史事件。都城中修建的有“社”，社由不同顔色的土修築而成：東方用青土，南方用赤土，西方用白土，北方用黑土，中央用黄土。《周禮》和《儀禮》中也有類似的記載。另外，玉等祭品的顔色也與五個方向呈對應關係。

在這些文獻中，顔色與方位的關係很明確：五種顔色分别代表五個方向。在《周禮》和《儀禮》中，實際上是三維視角中的六個方向，而非二維視角中的五個方向，這一點尤其重要。

顔色與方位互相對應，這種思想似乎早在孔子時代（公元前 6 世紀）就是常識。《禮記·曾子問》記載了曾子詢問孔子，如果諸侯覲見天子，恰逢日食不得終禮，該怎麽辦。孔子答道：諸侯應跟隨天子，舉行祭祀以救日，其服飾的顔色要與他的方向和兵器相符。②

① 參看胡厚宣：《釋殷代求年與四方和四方風的祭祀》，《復旦學報人文科學版》1956 年第 1 期，第 49—86 頁。
② 《禮記正義》卷 18，《十三經注疏》，第 1394 頁。

《墨子》中也有類似的記載。在《遺義》篇中，墨子在往齊國的路上遇見一位日者(算命先生)，日者告訴他北方不可去，因爲北方黑龍被殺，而這對屬黑的人來説是凶兆。[①] 出工的《日書》也驗證了這一點。

"五行"代表五種元素，最早出現在《尚書·洪範》篇中。很多學者認爲《洪範》是戰國末期的作品，約公元前 3 世紀。但是正如楊向奎指出的，《洪範》中五種元素的順序所代表的體系，要比《月令》中的體系早得多。[②] 《洪範》的體系在《逸周書·小開武》中也出現過。五種顏色分別對應五種元素：黑/水，赤/火，青/木，白/金，黃/土。[③]

人們當然可以質疑這些傳世文獻的可靠性和成書時代。但是，考古學證據表明顏色與方位、四季互相關聯，這種思想早在戰國初期和中期就很流行了。比如，二十世紀三十年代長沙出土的楚帛書，學者認爲這就是南方的《月令》。在帛書上，四種顏色的樹代表四季，繪製在帛書的四個角上：東/青，南/赤，西/白，北/黑。雖然沒有出現居中的第五棵樹：中/黃，但是帛書明確指出有五種顏色的樹精。楚帛書的時代大約是在公元前 4 世紀中期。[④]

根據我們對商代顏色分類及其象徵的理解，我們或許可以研究商代系統與稍晚傳統之間的關係。五行説是否起源於商代系統？ 如果二者之間存在聯繫，那麼，這種聯繫是什麼？

首先，重建商代的顏色分類體系，有助於研究五行説的形成過程。甲骨文證據表明殷人有不同的顏色範疇，它們互相對立：白

---

① 《墨子》卷 12，《二十二子》，第 266 頁。這在軍事篇中也有記載。有五種顏色的旗幟，守衛都城要用特定的顏色，並與方位有關。參看《墨子》卷 15，第 276—277 頁。

② 楊向奎：《五行説的起源及其演變》，《文史哲》1955 年第 11 期，第 37—44 頁。

③ 朱右曾：《逸周書集訓校釋》卷 5，第 9 頁。

④ 參看陳夢家：《戰國楚帛書考》，《考古學報》1984 年第 2 期，第 137—157 頁。李零：《長沙子彈庫戰國楚帛書研究》，北京：中華書局，1985 年，第 13、69—71 頁。

和黑，赤和勿，黃和幽。這與"五行説"的結構相似。換句話説，從這種顏色分類中，很容易衍生出顏色/方位的系統。"五色説"就是以商代的顏色分類爲基本模式，兩者在結構上一脈相承。

其次，在商代顏色象徵中，不同顏色有不同的涵義，而且在使用上已經有了區分。例如白色是祭祖儀式中最高貴的顏色。白色祭品，尤其是白牛，是祭祀祖先的最佳供品。這就暗示了祖先和神靈或許已經有了等級劃分。

特定顏色祭牲的使用，爲我們研究商代祭祀系統的發展和變化，提供了例證。赤色動物，尤其是騂牛，主要用於祭祖儀式，但在早期貞人組如自組、賓組卜辭中並未出現，直到村南的歷組卜辭（約在祖庚祖甲時期）才開始出現。後來，騂色成爲周代祭祀中最主要的顏色。這可能是因爲紅色象徵權力，並與"天"的觀念有關。[1]

除了騂色，"勿色"在商、周時期也受到不同的對待。勿牛是商代祭祖中最常用的一種祭牲，這表明勿色（雜色或深色）在商代顏色象徵中可能具有特殊意義，尤其是與白色進行對比時。但是，勿色的重要性在周代並未持續很久。勿色動物在周代祭祀中仍有使用，但是已經被視爲低等的顏色。

至於黃色和黑色，它們在商代宇宙觀中也有重要涵義，這主要體現在巫術儀式中，比如求雨儀式。黑色與水相關，似乎擁有魔力，因此求雨儀式要選用黑羊做祭牲。黃色可能也有某種神秘意義，因爲黃色動物專門用於祭祀四方或四方的土地神。

由此，我們可以探索出五行説與商代信仰之間的根本聯繫。首先，在五行説中，水神和北方之神都被稱爲"玄冥"，意思是"黑而

---

　　[1]　在周代宗教中"天"被認爲是至上神。"天"的思想直到周代才發展出來。有關"天"的更多討論，參看 H. G. Creel：*The Origins of Statecraft in China*（Chicago, 1970），pp. 493 - 506.

悠遠”，祭祀他們要用黑牛和黑黍。通過對甲骨文資料的分析，我
們發現這個傳統可能起源於商代的祭祀儀式，比如用黑羊進行求
雨之祭。其次，在甲骨文中，黃色的牛專門用於祭祀四方。這或許
說明在殷人心中，黃色與土地神有某種聯繫。在五行説中，黃色也
總是與土地對應。這似乎不是巧合，反而是五行説源於商代信仰
體系的證據。

　　商代對超自然的理念及其信仰體系，在一定程度上反映了商
代的社會結構。甲骨文中的顏色象徵，爲我們研究商周之際的社
會變遷提供了新的證據。顏色的涵義會隨着社會和歷史環境的改
變而改變。變化背後的原因是複雜的，並且與祭祀系統的整體變
化和文化運動帶來的覺醒密不可分。

　　在新的社會環境下，顏色的涵義開始與道德觀和哲學論建立
聯繫。這在諸子論辯中就有所反映。比如孔子説過“紫勝紅，非
也”，[1]他借用顏色反對社會等級的混亂，因爲衣服的顏色代表了
社會等級制度。老子説過“五色令人目盲”，他反對顏色分類，強調
“素”的哲學理念因爲過分追求聲色破壞了人類的天然能力。但
是，正如卡特麗娜·麥克勞德説的，“素”的概念雖然與“白”不同，
但也是從顏色中分化而來的，代表了道家的顏色象徵觀念。[2]　此
外還有公孫龍(前 320—前 250)的“白馬非馬”論。在名家論辯中，
顏色成了重要的哲學命題，這與 20 世紀西方分析哲學，尤其是維
特根斯坦的理論有異曲同工之妙。[3]

---

　　① 《論語正義》卷 17,《十三經注疏》,第 2525 頁。
　　② 參見 Katrina C. D. McLeod,“The Political Culture of Warring States China”,
Mary Douglas 編: *Essays in the Sociology of Perception*, London,1982, pp. 150 - 151.
　　③ 有關公孫龍思想的深入討論,參看 A. C. Graham: *Disputers of the Tao:
Philosophical Argument in Ancient China*,Illinois, 1989, pp. 82 - 95. 以及 *Studies in
Chinese Philosophy and Philosophical Literature*, Singapore, 1986,pp. 125 - 215; C.
Hansen, *Language and Logic in Ancient China*,Ann Arbor,1983, esp. pp. 140 - 171.

到公元前 4 世紀，"五行説"理論已經深入到哲學領域。鄒衍
（前 324—前 250）是"陰陽學派"的創始人，他對"五行説"的發展做
出了重大貢獻。根據《史記》的記載，鄒衍是齊國人，他"深觀陰陽
消息，而作怪迂之變，始終大聖之篇，十萬餘言。其語宏大不經，必
先驗小物，推而大之，至於無垠。先序令，以上至黃帝，學者所共
術。大並世盛衰，因載其祥度制，推而遠之，至天地未生，窈冥不可
考原也"。① 他借用天地評古論今，認爲"五行"配與"五德"，並有
預兆作用。

"五行説"的核心是"五行生勝"和"五德終始"。五種元素相互
轉化，這種思想並不新穎，《左傳》中就有三處提到了這種思想：前
533 年、前 525 年、前 511 年，幾乎比鄒衍早兩百年。② 鄒衍的創新
之處，在於把舊有的占卜理論與王朝興衰更替結合起來：所有政
權都與五種元素相配，都有自己的顔色，它們相生相克，互相循環。
通過這種方式，社會歷史的複雜變革變成了一個顔色的輪迴變動。
可能正因其深厚的歷史和社會淵源，鄒衍的理論才在封建統治中
流傳甚廣。③

不幸的是，鄒衍的著作多已亡佚，我們只能通過其他二手資
料，粗略重建他的理論。《呂氏春秋・應同》中有一段話，可能出自
鄒衍或其門徒之手：

　　凡帝王者之將興也，天必先見祥乎下民。黃帝之時，天先
見大螾大螻，黃帝曰："土氣勝。"土氣勝，故其色尚黃，其事則
土。及禹之時，天先見草木秋冬不殺，禹曰："木氣勝。"木氣

---

① 《史記》，第 2344 頁。
② 《春秋左傳正義》卷 45《昭公九年》；卷 48《昭公十七年》；卷 53《昭公三十一年》。
③ 根據《史記・秦始皇帝本紀》，第 237—238 頁，鄒衍的烏托邦思想被秦始皇帝
全盤接納。也見《史記・封禪書》，第 1366 頁。

勝，故色尚青，其事則木。及湯之時，天先見金刃生於水，湯曰："金氣勝。"金氣勝，故其色尚白，其事則金。及文王之時，天先見火，赤烏銜丹書集于周社，文王曰："火氣勝。"火氣勝，故其色尚赤，其事則火。代火者必將水，天且先見水氣勝，水氣勝，故其色尚黑，其事則水。①

鄒衍之後一百多年，董仲舒在《春秋繁露》中第一次明確闡述了這種宇宙論。董仲舒是漢武帝時的儒學大師，對創立太學、尊孔立教起了重要作用。董仲舒不只是思想家，還是政治家，他的政治思想主要是從早期的信仰體系，尤其是鄒衍的陰陽五行說發展而來的。② 和鄒衍一樣，董仲舒也認爲歷史是按照顏色循環的順序發展的，歷史的發展模式就是顏色象徵的外在表現：

> 三正以黑統初，正日月朔於營室，斗建寅，天統氣，始通化物，物見萌達，其色黑，故朝正服黑，首服藻黑，正路輿質黑，馬黑，大節綬幘尚黑，旗黑，大寶玉黑，郊牲黑……③

他對白色和赤色也有類似的敘述。

事實上，黑/白/赤這種三分體系在《禮記》中就有記載。在《禮記》中，夏、商、周三朝分別尚黑、尚白、尚赤，彼此對立。顧頡剛認爲這種三分體系晚於鄒衍的"五德終始說"，並且可能就是從中發展來的。顧頡剛的理論值得懷疑。仔細研究《禮記》的這個三分體系，就會發現它其實是一個更原始的顏色分類系統：黑、白、赤在任何顏色分類中都是基本色。而且，上文已經討論過，"青"出現的時代較晚，但在五行理論中卻居於五色之首。因此，《禮記》記載的

---

① 《吕氏春秋》卷 13，《二十二子》，第 666 頁。
② 有關董仲舒及其思想的介紹，參看馮友蘭：《中國哲學史》，姚善友："The Cosmological and Anthropological of Tung Chung-shu"，1948 年。
③ 《春秋繁露》卷 23，《二十二子》，第 783 頁。

三分體系,可能來源於更古老的顏色系統。

　　這種闡釋歷史的顏色三分體系,與表示宇宙秩序的"五行說"是有區別的。不過,二者都是特定歷史階段類別化和理論化的結果。當時,所有禮學家和思想家,都試圖把舊的思想和儀式體系化、哲學化。因此,他們的理論不是真實的歷史敘述,而是在特定語境下對歷史的哲學闡釋。這一點與古埃及相似,相傳在埃及歷史上,下埃及用紅冠,上埃及用白冠。因爲紅色象徵邪惡之神賽斯(Seth),是不受歡迎的顏色,所以下埃及一直備受壓制。文獻一直在誇大紅色的邪惡作用。雖然考古發現埃及繪畫中有用紅色代表太陽的實例,但是卻因爲文獻的強大影響而被人們忽視了。[①]

## 第三節　結　　語

　　上文通過對傳世文獻和商代刻辭的比較研究,證明了商代思想與"五行說"之間確實存在某種聯繫。商代的顏色分類和祭祀系統,與"五行說"不僅結構相似,而且有意義上的某些聯繫。周克商后,繼承了商代的很多制度,包括書寫系統和祭祀系統(其中顏色象徵占據了重要位置)。商代祭祀背後隱藏的宇宙觀念,是周代宇宙論形成的基礎。周代宗教的很多基本特徵,不是周人的發明,而是從商代繼承來的。比如,黑色與水相關,黃色與土相關,這些思想是商代顏色象徵的基本特徵,在周代宗教體系中也保存了下來,後來又融入了"五行說"理論。這種相生相克的"五行"理論是否在商代就已產生,現在還無法確證。可是,通過研究商代祭祀中顏色的使用情況,可以重建商代的顏色分類體系,由此可以推測,商代

---

　　① 參看 J. G. Griffiths, "The Symbolism of Red in Egyptian Religion", *Exorbe Religionum: Studia Geo Widengren Oblata*, Leiden, 1972, pp. 81–91.

的思想爲後來的相生相克理論奠定了基礎。

顔色象徵（或者説，顔色的感知性）在思想變革過程中起到了重要作用。約翰·亨德森和艾蘭在傑克·古堤理論的基礎上，都認爲古代中國文化中相生相克的理論，與書寫知識的廣泛普及有密切關係。[①]　用艾蘭的話説就是：

> 文獻化不僅帶來了神話懷疑派的産生，同時也促成了思想理論化。商代思想中的對立組合結構關係是隱含性的，後來由於文學的發展而變得明顯易辨了。在這種發展中，對應性思維原則並没有被抛棄，而是系統化了，成爲外露的科學體系。於是，商代神話性思想中的基本因素，水、火、日、月等等的對應後來發展成了“陰陽”論中的基本宇宙力量；大地“十”形，數字“五”具有一種神秘力量，這引出了後來“五行”説。[②]

不過，我們必須强調商代的顔色象徵與後來的五行説思想有根本性的區别。商代甲骨文中的顔色詞很豐富，顔色的使用確實存在一種特定的模式。仔細分析這些證據，就會發現在商代祭祀中顔色是象徵性的，是互相關聯的，可能有某種特殊意義。然而，殷人没有留下任何能夠解釋他們爲何偏愛某種顔色的提示。人類學家在研究仍在使用的象徵體系時，可以藉助現在仍流行的資料，我們考古學家卻没有這種條件。

晚商時期，多種顔色被區分出來。甲骨文中顔色的使用也表現出一些固定模式。針對不同的祭祀對象和祭祀目的，要選用不同顔色的祭牲。白色、赤紅色和雜色動物，經常用於祭祀祖先，黑色的羊經常用於求雨，黄色動物專門用於祭祀四方或土地神，也可

---

① 參看 J. B. Henderson：*The Development an Decline of Chinese Cosmology* (New York，1984)，pp. 1-46；艾蘭：《龜之謎》，第 14—16、174—176 頁。

② 艾蘭：《龜之謎》，第 213 頁。

以説商代已經有了一個成形的顔色體系。但是顔色象徵還很含蓄多變,有時更是模糊不清。或許我們可以稱之爲"潛在的"顔色象徵體系。這種象徵起源於人的感官體驗,並與其他象徵符號結合起來,構成一個系統,在社會化的語境中體現出來。按照美國社會人類學家威廉·沃納的説法,它們是一種"非理性的、或不合邏輯的象徵符號"。其特性是:

> 來自基本的個人的和文化的假定,這些假定常常是潛意識的,但卻是大部分社會行動的根源。它們提供了每一個個體和團體的精神生活和情感生活的堅實核心。這並不意味着它們是不合理的或者是不適應的,或者人們常常無法以合理的方式去思考它們,而是指它們並不産生於人的理性過程。當它們起作用時,這些因素如材料、證據、檢驗以及運轉着的理性思維的事實和過程,往往都傾向於變得次要或者不重要了。[1]

要描述商代顔色體系所在的具體語境和象徵意義,是非常困難的。因爲所謂的象徵性,在商代還很模糊,有時還有隨意性。正如人類學家霍派克説的,原始象徵思想不與現實相適應,也獨立於語言之外。象徵符號以語言符號無法進行的方式彰顯着自身的存在。因此,它無法通過理性的語言表現出來,但卻常常通過具體的形象表現出來。[2]

在稍後的文獻傳統中,顔色象徵就變得更加清晰、明確,同時也更加語詞化。例如,在周代祭祀中,顔色象徵的内涵和外延都更加固定:顔色明確地與天神、地神和方神産生對應關係。周代文獻中有很多表示顔色類別的詞彙。顔色的内涵在"五行説"中變得

---

[1]　W. L. Warner: *The Living and the Dead: A Study of the Symbolic Life of Americans*, New Haven, 1959, pp. 3 - 4.

[2]　C. Hallpike, *The Foundations of Primitive Thought*, Oxford, 1979, p. 139.

更加明確,每件事物都互相關聯,象徵關係變成了編碼和解碼的過程。因此,商代的顏色象徵與後世"五行説"理論,屬於不同層面的象徵:一個是確定的、理論層面的象徵;另一個是模糊的、實踐層面的象徵。

　　以前的學者都只使用文獻證據(尤其是哲學文獻)來判斷"五行説"産生的時代。他們忽視了理論的形成有一個漫長複雜的過程,有着深刻的社會和傳統根源。這就爲研究中國思想、評價傳世文獻帶來了一些局限。我的研究表明,重新思考中國思想的發展歷程,就不能再無視商代甲骨文中出現的有關顏色的證據了。

# 引 書 目 録

## （一）原始材料

很多商代甲骨文已經著録出版（參看吉德煒《商代史料》第229—231頁），大部分都已收入《甲骨文合集》（郭沫若、胡厚宣主編，北京，1982），簡稱《合集》。除了《合集》，我還引用了《合集》未收録的其他材料，這些材料在本書中也用簡稱形式表示。

京都：《京都大學人文科學研究所藏甲骨文字》，貝冢茂樹，東京，1959。

屯南：《小屯南地甲骨》，肖楠，中華書局，1980/1983年。

懷特：《懷特氏所藏甲骨》，許進雄，多倫多，1979年。

佚存：《殷契佚存》，商承祚，金陵大學，1933年。

英藏：《英國所藏甲骨集》，艾蘭、李學勤、齊文心，中華書局，1985/1991年。

花東：《殷墟花園莊東地甲骨》，中國社會科學院考古研究所，雲南人民出版社，2003年。

## （二）其他書目

本書所引用的經典文獻有兩個來源，都是清代學者編著的：

1.《十三經注疏》，南昌學堂，1816年，簡稱《十三經》。重印：北京，中華書局，1980年；2.《二十二子》，浙江書局，1875年。重印：上海，上海古籍出版社，1986年。從其他版本引用的材料，都在書名或作者名下注明了詳細出版情況。

（1）英文著作

Allan, Sarah. *The Shape of Turtle: Myth, Art, and Cosmos in Early China*. Albany: State University of New York Press, 1991.

Allan, Sarah. The Heir and the Sage: Dynastic Legend in Early China. San Francisco: Chinese Material Centre, 1981.

Allan, Sarah. "Drought, human sacrifice and the Mandate of Heaven in a lost text from the Shang shu". In *Bulletin of the School of Oriental and African studies*, no. 45(1984), pp. 513 – 539.

Arnheim, R. *Art and Visual Perception*. London: Faber and Faber Ltd, 1956.

Banton, M. (ed.) *Anthropological approaches to the study of religion*. London: Tavistok, 1966.

Baxter, William. A Handbook of Old Chinese Phonology. 〔Trends in Linguistics: Studies and Monographs 64(ed. W. Winter)〕. Berlin and New York: Mouton de Gruyter, 1992.

Baxter, William. "Some Proposals on Old Chinese Phonology". In *Contritutions to Historical Linguistics*.

Barnard, Noel. "The Nature of the Ch'in 'Reform of the Script' as reflected in Archaeological Documents Excavated under Conditions of Control". In *Ancient China: Studies in Early Civilization* (ed. David T. Roy and Tsuen-hsuin Tsien〔錢

存訓]）, pp. 181 – 213. Hong Kong: The Chinese University Press, 1978.

Barnard, Noel. The Ch'u silk manuscript-translation and commentary, Canberra, 1973.

Benedetti-Pochler, A. "Microchemical Analysis of Pigments Used in the Fossae of the Incisions of Chinese Oracle Bones". In *Industrial and Engineering Chemistry Analytical Edition*, no. 9 (15March, 1937), pp. 149 – 152.

Benedict, Paul. *Sino-Tibetan: A Conspectus* (ed. James Matisoff), London/Cambridge: The Syndics of the Cambridge University Press, 1972.

Berglund, Axel-Ivar. *Zulu Thought-Patterns and Symbolism* . London: C. Hurst and Company, 1976.

Berlin, Brent and Kay, Paul. *Basic Color Terms : Their Universality and Evolution*. Berkeley: University of California Press, 1969.

Birren, Faber. *Color: A Survey in Words and Pictures* . Secaucus: Citadel Press, 1963.

Bloomfield, Leonard. *Language*. New York: Henry Holt and Company, 1933.

Bodde, Derk. *Festivals in Classical China: New Year and Other Annual Observances During the Han Dynasty* , *206B.C. -A. D. 220*. New Jersey: Princeton University Press, 1975.

Bodman, N. "Proto-Chinese and Sino-Tibetan: Data Towards Establishing the Nature of the Relationship". In *Contributions to Historical Linguistics*. Leiden, 1980, pp. 34 –199.

Bolinger D. and Sears, D. *Aspects of Language* (Third edition). New York: Harcourt Brace Jovanovich, Inc. , 1981.

Boodberg, P. "Proleptical Remarks on the Evolution of Archaic Chinese", In *Harvard Journal of Asiatic Studies*, no. 2 (1937), pp. 329 – 372.

Britton R. "Oracle-Bone Color Pigments", In *Harvard Journal of Asiatic Studies*, no. 2. 1(1937), pp. 1 – 3.

Bussagli, Mario. "Colors", In *The Encyclopaedia of Religion*(ed. - in-chief M. Eliade). New York: Macmillan Publishing Co, 1987, pp. 562 – 565.

Cheng Te-kun (鄭德坤). "The Tu'tu Colour-container of the Shang-Chou Peirod", In *Bulletin of The Museum of Far Eastern Antiquities*, no. 37, 1965, pp. 239 – 250.

Cheung Kwong-yue (張光裕). "Recent Archaeological Evidence Relating to the Origin of Chinese Characters". In *The Origins of Chinese Civilization*(ed. D. Keightley), Berkeley: University of California Press, 1983, pp. 323 – 391.

Comrie, B. *Language Universal and Linguistic Typology* (2ed edition). Oxford: Basil Blackwell, 1989.

Conklin, N. C. "Hanunoo color Categories", In *Southwestern Journal of Anthropology*, no. 11(1955), pp. 339 – 344.

Conklin, N. C. "Color Categorization", In *American Anthropologist*, no. 75(1973), pp. 931 – 942.

Coulmas, F. *The Writing Systems of the World*. Oxford: Basil Blackwell, 1989.

De Heusch, Luc. *Sacrifice in Africa: A Structuralist Approach* (trans. L. Brien and A. Maton). Manchester: Manchester University Press, 1985.

DeFrancis, J. *Visible Speech: The Diverse Oneness of Writing*

*Systems*. Honolulu: University of Hawaii Press, 1989.

De Saussure, F. *Courese in General Linguistics* (ed. C Bally, A. Sechehaye, in collaboration with A. Redlingger. Trans. W. Bashin). London: Peter Owen Limited, 1960.

De Vaux, Roland. *Ancient Isreal: Its Life and Institutions* (trans. John Mchugh). London: Darton, Longman and Todd Ltd. , 1965.

Dougles, Mary. *Implicit Meaning: Essays in anthropology*. London: Routledge and Kegan Paul, 1975.

Durkheim, Emile. *The Elementary Forms of the Religious Life* (trans. Joseph Ward Swain). London, 1965.

Durkhein, E. and Mauss, M. *Primitive classification* (trans. R. Needham). London: Cohen and West, 1963.

Eliade, Mircea. *Patterns in Comparative Religion*. London: Sheed and Ward, 1958.

Eco, Umberto. "How Culture Conditions the Colours We See", In *On Sign* (ed. M. Blonsky). Oxford: Basil Blackwell, 1985, pp. 157 – 175.

ENo, Robert. "Was there a high god Ti in Shang religion", *Early China*, no. 15 (1990), pp. 1 – 26.

Ereira, A. *The Heart of the World*. London: Jonathan Cape, 1990. [Paperback edition, 1992]

Evans-Pritchard, E. E. *The Nuer: A description of the modes of livehood and political institutions of a Nilotic people*. Oxford: Oxford University Press, 1940.

Fletcher, R. "The message of Material Behaviour: a Preliminary Discussion of Non-verbal Meaning", In *The Meaning of*

*Things: Material Culture and Symbolic Expression* (ed. Ian Hodder). London: Unwin Hyman,1989), pp. 313 - 340.

Frazer, J. *The Golden Bough: A Study in Magic and Religion* (abridged edition). London: Macmillan and Co. Ltd. ,1957.

Geertz, Clifford. *The Interpretation of Cultures.* New York: Basic Books Inc. , 1973.

Girard, Rene. *Violence and Sacred* ( trans. P. Gregory ). Baltimore: Hopkins University Press, 1977.

Gladstone, W. E. *Studies on Homer and the Homeric Age.* London: Oxford University Press,1858.

Goethe, J. W. von. *Theory of Colours* (trans. G. L. Eastlake). London: Frank CASS&Co. Ltd, 1840. [Repr. 1967; first publ. 1810 in German]

Graham, A. C. *Yin-Yang and the Nature of Correlative Thinking.* Signapore: Institute of East Asian Philosophies, 1986.

Graham, A. C. *Studies in Chinese Philosophy and Philosophical Literature.* Albany: State University of New York Press, 1990.

Graham, A. C. *Disputers of the Tao: Philosophical Argument in Ancient China.* La Salle, Illinois: Open Court Publishing Company,1989.

Greetz, Clifford. *The Interpretation of Cultures.* London: Hutchinson and Co. ,1975. [first publ. Basic Books,1973]

Griffiths, J. Gwyn. "The Symbolism of Red in Egyptian Religion", In *Ex Orbe Religionum: Studia Geo Widengren Oblata.* Leiden: E. J. Brill,1972,pp. 81 - 90.

Hallpike, C. R. *The Foundations of Primitive Thought*. Oxford: Clarendon Press, 1979.

Hansen, C. *Language and Logic in Ancient China*. Ann Arbor: Michigan University Press, 1983.

Harris, R. *The Origin of Writing*. Illinois: Open Court, 1986.

Henderson, John. *The Development and Decline of Chinese Cosmology*. New York: Columbia University Press, 1984.

Hubert, Henri and Mauss, Marcel. *Sacrifice: Its Nature and Function* (trans. W. D. Hall). London: Choen and West, 1964.

James, E. O. *Sacrifice and Sacrament* . London: Thames and Hudson, 1962.

Jensen, A. E. *Myth and Cult among Primitive Peoples*. Chicago/London: The University of Chicago Press, 1963.

K. C. Chang (張光直). *Archaeology of China* (4th edition). New Haven and London: Harvard University Press, 1989.

K. C. Chang (張光直). *Shang Civilization*. New Haven: Yale University Press, 1980.

Karlgren, B. "Grammata Serica Recensa", In *Bulletin of The Museum of Far Eastern Antiquities* , no. 29 ( 1957 ). [ Reprinted in offset by Bohuslaningens Boktrycheri AB Uddevalla, 1987 ]

Karlgren, B. *The Book of Odes*. Stockholm: The Museum of Far Eastern Antiquities, 1950.

Karlgren, B. "The Book of Documents", In *Bulletin of The Museum of Far Eastern Antiquities* , no. 22 ( 1950 ), pp. 1 - 81.

Keightley, David N. *Sources of Shang History: The oracle-Bone Inscriptions of Bronze Age China*. Berkeley /Los Angeles: California University Press, 1978. [Paperback edition,1985, with a preface to the second printing]

Keightley, David N. "Late Shang Divination: The Magico-Religious Legacy", In *Exploration in Early Chinese Cosmology*(ed. H. Rosemont),California,1984,pp. 11-34.

Keightley, David N. "The Religious Commitment: Shang Thelogy and the Genesis of Chinese Political Culture", In *History of Religion*, no. 17(1978), pp. 211-225.

Keightley, David N. "Shih cheng: A new hypothesis about the nature of Shang divination", Unpublished manuscript,1972. Keightley restated his theory in *Early China*, no. 14(1989), pp. 138-146.

Keightley, David N. (-ed.) *The Origins of Chinese Civilization*. Berkeley: University of California Press,1983.

Kennedy, G. A. *Selected Works of George A. Kennedy* (ed. Li Tianyi). New Haven: Far Eastern Publication, Yale University,1964.

Kirk, G. S. *Myth: Its meaning and functions in ancient and other cultures*. Cambridge/ Berkeley/Los Angeles: The Syndics of California University Press and University of California,1970.

Kryukov, M. V. (劉克甫) *The Language of Yin Inscriptions*. Moscow: Nauka Publishing House,1980.

Kryukov, M. V. (劉克甫)《再論弜字》,署名劉克甫,《甲骨文與殷商史》卷 2,1986 年,第 420—425 頁。

Leach, Edmund. *Culture and Communication: The Logic by Which Symbols Are Connected*. Cambridge: Cambridge University, 1976.

Lefeuvre Jean A. (熱 • 拉 斐 爾) *Collections of Oracular Inscriptions in France*. Taipei /Paris: guangqi chubanshe and Ricci Institute, 1985.

Lefeuvre Jean A. (熱 • 拉斐爾) "Rhinoceros and Wild Buffaloes North of the Yellow River at the end of the Shang Dynasty", In *Monumenta Serica*, no. 39 (1990/91), pp. 131 – 157.

Legge, James. *The Sacred Books of China*. Part Ⅲ, The Li Ki. Repr. Delhi,1966.

Levi-Strauss,C. (列維 • 施特勞斯) *The Savage Mind*. London: Weidenfeld and Nicolson,1972. (《野性的思維》)

Levi-Strauss,C. (列維 • 施特勞斯) *Structural Anthropology*. Vol. 1. (Trans. C. Jacobson and B. G. Schoepf). London: Penguin Books,1963. (《結構人類學》)

Lewis, I. M. *Social Anthropology in Perspective: The Relevance of Social Anthropology*. Cambirdge/New York/ Melboune/Sydney: California University Press,1985.

Lewis, Mark E. *Sanctioned Violence in Early China*. Albany: State Univsersity of New York, 1990.

Lewis, Mark E. Malinowski, Argonauts of the Western Pacific (London,1922), esp. pp. 173 – 194,510 – 513.

Mattos, G. "The Stone Drums of Ch'in", In *Monumenta Serica Monograph Series*, no. 19,1988.

Mauss, M. *A General Theory of Magic* (trans, R. Brain). London and Boston: Routledge and Kegan Paul, 1972.

Mauss,M. *The Gift: The Form and Reason for Exchange in Ancient Societies*(trans. W. D. Halls). London: Routledge,1990.

McLeod, Katrina C. D. "The Political Culture of Warring States China", In *Essays in the Sociology of Perception* (ed. M. Douglas). London: Routledge and Kegan Paul, 1982, pp. 131 – 161.

Moore, Omar K. "Divination-a new perspective", In *American Anthropologist*, no. 59 (1957), pp. 69 – 74.

Needham J. *Science and Civilization in China*. California: California University Press,1954.

Nivison, David. "The 'question' question", In *Early China*. no. 14 (1989), pp. 115 – 125.

Nivison, David. "The pronominal Use of the Verb Yu(giug): 㞢,瑽,𠭥,有", In *Early China*, no. 3(1978), pp. 1 – 17.

Nivison, David. "The Dates of Western Chou", In *Harvard Journal of Asiatic Studies*, no. 43[1983], pp. 481 – 580.

Nivison, David. "1041as the Date of the Chou Conquest", In *Early China*, no. 8[1982/83],pp. 76 – 78.

Norman, Jerry(羅傑瑞). *Chinese*. Cambridge,1989,p. 12.

Pan Wusu. "*Religion and Chronology in Shang China: The Scheduled Ancestor rituals and the Chronology of the Late Shang Period*",unpublished PhD. Dissertation, University of Pennsylvania,1976.

Pulleyblank, E. "The Chinese Cyclical Signs as Phonograms", In *Journal of the American Oriental Studies*, no. 99(1979), pp. 24 – 38.

Pulleyblank, E. "The Final Consonants of Old Chinese", In

*Monumenta Serica*, no. 33(1977/78), 1980, pp. 180－206.

Pulleyblank, E. "The Chinese and Their Neighbours in Prehistoric and Early Historic Times", in *The Origins of Chinese Civilization* (ed. Keightley). Berkeley: University of California Press, pp. 411－466.

Sahlins, M. "Colour and Cultures", In *Simiotica*, no. 16, 1976, pp. 1－22.

Schafer, Edward H. "Ritual Exposure in Ancient China", In *Harvard Journal of Asiatic Studies*, no. 14, 1951, pp. 130－184.

Schele L. and Miller, M. E. *The Blood of Kings: Dynasty and Ritual in Maya Art*. London: Thames and Hudson, 1992. [first publ. the Kimbell Art Museum, 1986]

Schuessler, Axel. *A Dictionary of Early Zhou Chinese*. Honolulu: University of Hawaii Press, 1987.

Serruys, Paul L.－M. "Studies in the language of the Shang oracle inscription", In *T'oung Pao*, no. 60, 1974, pp. 12－120.

Serruys, Paul L.－M. "Towards a Grammar of the Language of the Shang Bone Inscription",《中研院國際漢學會議論文集：語言文字組》,臺北,1981 年,第 313—364 頁。

Shaughnessy, Edward. *Sources of Western Zhou History: Inscribed Brozee Vessels*. Berkeley/ Los Angeles/ Oxford: California University Press, 1991.

Shaughnessy, Edward. *The Composition of the "Zhouyi"*. Unpublished PhD. Thesis, Stanford University, 1983.

Shaughnessy, Edward. "Recent appproaches to oracle-bone periodization: a review", In *Early China*, no. 8, 1981－

1982，pp. 1－13.

Skorupski，John. *Symbol and Theory: A Philosophical Study of Theories of Religon in Social Anthropology*. Cambirdge：Cambirdge University Press，1976.

Smith，D. H. *Chinese Religion*. London：Weudenfeld and Nicolson，1968.

Sperber，D. *Rethinking Symbolism*（trans. A. L. Morton）. Cambridge：Cambirdge University Press，1975.

Sperber，D. "Is Symbolic Thought Prerational?" In *Symbols as Sense: New Approaches to the Analysis of Meaning*（eds S. Forster and S. H. Brandes）. New York and London：Academic Press，1980，pp. 25－44.

Swantz，Marja-Liisa. "Ritual and Symbol in Transitional Zaramo Society with Special Reference to Women"，In *Monumenta Serica* 36，1984－1985，pp. 263－267.

Takashima，K.（高島謙一）"Subordinate structure in oracle-bone inscription，with particular reference to the particle chi"，In *Monumenta Serica* no. 33，1977，pp. 36－61.

Takashima，K.（高島謙一）"Noun Phrases in the Oracle-Bone Inscriptions"，In *Monumenta Serica*，no. 36，1984－1985，pp. 229－302.

Takashima，K.（高島謙一）"A study of the copulas in Shang Chinese"，In *The Memoirs of the Institute of Oriental Culture*，no. 112，1990，pp. 1－92.

Takashima，K.（高島謙一）"Decipherment of the Word Yu in the Shang Oracle bone inscriptions and in Pre-Classical Chinese"，In *Early China*，no. 4，1980，pp. 19－29.

Tilley, C. "Interpreting Material Culture", In *The Meaning of Things: Material Culture and Symbolic Expression* (ed. Ian Hodder). London: Unwin Hyman, 1989, pp. 185–194.

Turner, Victor. *Ndembu Divination: Its Symbolism and Techniques*. Manchester: Mancheste University Press, 1961.

Turner, Victor. *The Forest of Symbols: Aspects of Ndembu Ritual*. Ithaca/London: Cornell University Press, 1967.

Tsung-Tung Chang (張聰東). *Der Kult der Shang-Dynastie in Spiegel der Orakelinschriften: Eine papaographische Studie zur Religion im archaischen China*. Wiesbaden: Otto Harrosowitz, 1970. (《卜辭中反映的商代文化——關於中國的宗教和考古學上帝民族學研究》)

Westphal, J. *Colour: Some Philosophical Problem from Wittgenstein*. Oxford: Basic Blackwell, 1987.

Whiteley, W. H. "Colour-words and Colour-values: The Evidence from Gusii", In *Modes of Thought* (ed. R. Horton and R. Finnegan). London: Faber&Faber, 1973, pp. 145–161.

Wieger, S. J. *Chinese Characters: Their Origin, Etymology, History, Classification and Signification* (trans. S. J Davrout). New York: Dover Publications, Inc. , 1965. [first publ. 1915; second edition 1927]

Wittgenstein, Ludwig. *The Blue and Brown Books*. Oxford: Basic Blackwell, 1969.

Wittgenstein, Ludwig. *Remarks on Colour* (ed. G. Anscombe). Oxford: Basic Blackwell, 1978.

Yao, Shan-yu (姚善友). "The Cosmological and Anthropological of Tung Chung-shu", In *Journal of the North Central*

*Royal Asiatic Society*，no. 78，1948，pp. 40－68.

Zhang Kun and Betty Zhang（張琨、張蓓蒂）. *The Proto-Chinese Final System and the Ch'ieh-yun*. Taibei：Academia Sinica，The Institute of History and Philogy Monographs Series A，no. 26，1976.

（2）中日文著作：

［日］貝冢茂樹、伊藤道治：《甲骨文斷代研究法之再檢討——董氏之文武丁時代卜辭商榷》，《東方學報》第 23 册，1953 年。

岑仲勉：《兩周文史論叢》，上海：上海古籍出版社，1958 年。

蔡家麟：《中國北方民族的薩滿教》，宋恩常編：《中國少數民族宗教》，昆明：雲南人民出版社，1985 年。

常玉芝：《商代周祭制度》，北京：社會科學出版社，1987 年。

陳初生：《金文常用字典》，西安：陝西人民出版社，1987 年。

陳鼓應：《老子注譯及評介》，北京：中華書局，1984 年。

陳漢平：《西周册命制度研究》，上海：學林出版社，1986 年。

陳夢家：《殷虛卜辭綜述》，北京：科學出版社，1956 年。

陳夢家：《古文字中之商周祭祀》，《燕京學報》第 19 期，1936 年。

陳夢家：《戰國楚帛書考》，《考古學報》1984 年第 2 期。

陳槃：《古代社會田狩與祭祀之關係》（重定本），《史語所集刊》第三十六本第一分，1965 年。

陳槃：《黃帝事迹演變考》，《國立中山大學語言歷史研究所專刊》第三期，1928 年。

陳煒湛：《歷組卜辭的討論與甲骨文斷代研究》，文化部文物局古文獻研究室：《出土文獻研究》，北京：文物出版社，1985 年。

陳昭容：《古文字中的"萈"及从"萈"諸字——兼論漢字演進過程中的紛歧現象》，《漢學研究》第六卷第二期，1988 年。

〔日〕赤塚忠：《中国古代の宗教と文化：殷王朝の祭祀》,日本東京角川書店,1977年。

崔東壁：《崔東壁遺書》,上海：上海古籍出版社,1983年。

戴家祥：《"社"、"都"、"土"古本異字考》,《上海博物館季刊》第3輯,1986年。

〔日〕島邦男：《殷墟卜辭つ研究》,日本弘前大學出版,1958年。

丁福保：《説文解字詁林》,上海：醫學書局,1928年。

丁山：《中國古代宗教與神話考》,上海：龍門聯合書局,1961年。

董同龢：《與高本漢先生商榷"自由押韻説"兼論上古楚方音特色》,《史語所集刊》第七本第四分,1937年。

董作賓：《董作賓學術論著》2卷,臺北：世界書局,1962年。

董作賓：《殷曆譜》,重慶：中研院歷史語言研究所專刊之二十三,1945年。

段玉裁：《説文解字注》,上海：上海古籍出版社,1981年。

方詩銘、王修齡：《古本竹書紀年輯證》,上海：上海古籍出版社,1981年。

馮友蘭：《中國哲學史》,上海：華東師範大學出版社,2000年。

高廣仁,紹望平：《中國史前時代的龜靈與犬牲》,中國考古學研究編委會編輯：《中國考古學研究——夏鼐先生考古五十年論文集》,文物出版社,1986年。

高明：《古文字類編》,北京：中華書局,1980年。

顧頡剛：《逸周書世俘篇校注、寫定與評論》,《文史》第2期,1964年。

顧頡剛：《五德終始説下的政治和歷史》,《古史辨》第5冊。

顧頡剛：《古史辨》,上海、北京,1926—1941年；上海古籍出版社1982年重印。

管燮初：《殷墟甲骨刻辭的語法研究》,北京：科學出版社,1953年。

桂馥:《説文解字義證》,上海:上海古籍出版社,1987 年。

郭沫若:《郭沫若全集・考古編》,北京:科學出版社,1982 年。

郭沫若:《殷契粹编》,北京:科學出版社,1956 年。

郭沫若:《金文叢考》,北京:人民出版社,1956 年。

郭沫若:《奴隸制時代》,北京:科學出版社,1956 年。

郭慶藩:《莊子義釋》,北京:中華書局,1961 年。

郭錫良:《漢字古音手册》,北京:北京大學出版社,1986 年。

郝懿行:《山海經箋注》,成都:巴蜀書社,1985 年。

何丙郁、何冠彪:《敦煌殘卷"占雲氣書"研究》,《文史》第 25 期,
　　1985 年;《文史》第 26 期,1986 年。

洪興祖:《楚辭補注》,北京:中華書局,1983 年。

胡厚宣:《甲骨學商史論叢》第二集,成都:齊魯大學國學研究所,
　　1945 年。

胡厚宣:《殷卜辭中的上帝和王帝》,《歷史研究》,1959 年第 9 期;
　　1959 年第 10 期。

胡厚宣:《釋"兹用""兹御"》,《史語所集刊》第八本第三分,1940 年。

胡厚宣:《中國奴隸社會的人殉和人牲》,《文史》1974 年第 8 期。

胡厚宣:《釋牢》,《史語所集刊》第八本第二分,1939 年。

胡樸安:《從文字學上考見古代辨色本能與染色技術》,《學林》第 3
　　期,1941 年。

黃然偉:《殷禮考實》,臺北:臺灣大學文學院,1967 年。

黃天樹:《殷墟王卜辭的分類與斷代》,北京:科學出版社,
　　2007 年。

黃錫全:《甲骨文"屮"字初探》,《古文字研究》第六輯,1981 年。

黃展岳:《中國古代的人牲人殉》,北京:文物出版社,1990 年。

吉克・爾達・則伙:《我在鬼神之間:一個彝族祭司的自述》(吉
　　克・爾達・則伙口述、吉克・則伙・史伙記録、劉堯漢編輯),

昆明：雲南人民出版社,1990 年。

金祥恒：《釋"赤"與"幽"》,《中國文字》第 8 期,1962 年。

金祥恒：《釋"物"》,《中國文字》第 8 期,1968 年。

勞榦：《中國丹砂之應用及其推演》,《史語所集刊》第七本第四分,
1937 年。

李方桂："Archaic Chinese", In *Origins of Chinese Civilization*
（ed. D. Keightley）. Berkeley：University of California
Press, 1983, pp. 394 - 408.（《古代漢語》）

李方桂：《上古音研究》,《清華學報》(新)第 9 卷第 1、2 期合刊,
1971 年。

李方桂：《幾個上古聲母問題》,《總統蔣公逝世紀念論文集》,臺
北：中研院,1976 年。

李昉等：《太平御覽》,北京：中華書局,1960 年。

李漢三：《先秦兩漢之陰陽五行學説》,臺北：鐘鼎文化出版公司,
1967 年。

李圃：《甲骨文選注》,上海：上海古籍出版社,1989 年。

李孝定：《甲骨文集釋》,台灣：中研院歷史語言研究所專刊之五
十,1965 年。

李孝定：《從"六書"的觀點看甲骨文字》,《南洋大學學報》第 2 期,
1968 年,第 529—560 頁。

李新魁：《漢語音韻學》,北京：北京出版社,1986 年。

李零：《"南龜北骨説"的再認識》,陝西省考古研究所編：《遠望
集——陝西省考古研究所華誕四十周年紀念文集》,西安：陝
西人民美術出版社,1998 年。

李學勤：《新出青銅器研究》,北京：文物出版社,1990 年。

李學勤：《李学勤集》,哈爾濱：黑龍江教育出版社,1989 年。

李學勤：《東周與秦代文明》(第 2 版),北京：文物出版社,1991 年。

李學勤：《帝乙時代的非王卜辭》，《考古學報》1958 年第 1 期。

李學勤：《关于自組卜辭的一些问题》，《古文字研究》第三輯，1980 年。

李學勤：《小屯南地甲骨與分期》，《文物》1981 年第 3 期。

李學勤：《考古發現與中國文字起源》，《中國文物研究集刊》第 2 輯，1985 年。

李學勤、彭裕商：《殷墟甲骨分期新論》，《中原文物》1990 年第 3 期。

李仲操：《"史墙盤"銘文》，《文物》1978 年第 3 期。

歷史語言研究所：《安陽發掘報告》，南京："國立"中研院史語所出版處，1929 年。

連邵名：《史墙盤銘文研究》，《古文字研究》第八輯，1981 年。

連邵名：《甲骨刻辭中的血祭》，《古文字研究》第十六輯，1989 年。

林澐：《從武丁時代的幾種"子卜辭"試論商代的家族形態》，《古文字研究》第一輯，1979 年。

林澐：《小屯南地發現與甲骨分期》，《古文字研究》第九輯，1984 年。

林澐：《商代卜辭中的冶鑄史料》，《考古》1973 年第 5 期。

林政華：《禮記檀弓篇之性質與著成時代》，《國立編譯館館刊》第 5 卷第 2 期，1976 年。

劉鶚：《鉄雲藏龜》，上海：蟫隱廬印行，1931 年。

劉敦勵（Dennis Wing-sou Lou）："Rain-Worship among the Ancient Chinese and the Nahua-Maya Indians".《中研院民族學研究所集刊》第 4 輯，1957 年。

劉起釪：《古史續辨》，北京：中國社會科學出版社，1991 年。

劉裕：《西周金文里的祭祖禮》，《考古學報》1989 年第 4 期。

陸德明：《經典釋文》，上海：上海古籍出版社，1985 年。

羅根澤：《戰國前無私家著作說》，《古史辨》第 4 冊，上海：上海古籍出版社,1982 年。

羅琨:《殷商時期的羌和羌方》,《甲骨文與殷商史》第 3 輯,上海:
　　上海古籍出版社,1991 年。

毛奇齡:《郊祀禘祫問》,王先謙編:《皇清經解續編》,江陰:南菁
　　書院,1888 年。

孟世凱:《商代田獵性質初探》,《甲骨文與殷商史》第 1 輯,上海:
　　上海古籍出版社,1983 年。

彭裕商:《也論歷組卜辭的時代》,《四川大學學報(社會科學版)》
　　1983 年第 1 期。

彭裕商:《非王卜辭研究》,《古文字研究》第十三輯,1986 年。

［日］清水茂:《説青》,香港中國語文學會編:《王力先生紀念文
　　集》,香港:商務印書館,1987 年。

裘錫圭:《古代文史研究新探》,南京:江蘇古籍出版社,1992 年。

裘錫圭:《古文字論集》,北京:中華書局,1992 年。

裘錫圭:《文字學概要》,北京:商務印書館,1988 年。

屈萬里:《殷墟文字甲編考釋》,臺北:聯經出版事業股份有限公
　　司,1984 年。

容庚:《金文編》(張振林、馬國權增訂),北京:中華書局,1985 年。

山西文物工作委員會:《侯馬盟書》,北京:文物出版社,1976 年。

沈兼士:《沈兼士學術論文集》,北京:中華書局,1986 年。

沈文倬:《略論典禮的實行和〈儀禮〉書本的撰作(下)》,《文史》第
　　16 輯,1982 年。

沈之瑜:《甲骨卜辭新獲》,《上海博物館季刊》第 3 期,1986 年。

石璋如:《小屯第一本:遺址的發現與發掘,乙編:殷虛建築遺
　　存》,臺北:中研院歷史語言研究所,1959 年。

石璋如:《小屯第一本:遺址的發現與發掘,丙編:殷虛墓葬之一,
　　北組墓葬(上)》,臺北:中研院歷史語言研究所,1970 年。

石璋如:《殷墟建築遺存的新認識:論殷代早期的宗廟》,《中央研究院國際漢學會議論文集(歷史考古組)》(上),臺北:中研院,1981 年。

石璋如:《殷代坛坅遗迹》,《史語所集刊》第五十一本第三分,1980 年。

上海博物館:《商周青銅器銘文選》(簡稱《銘文選》),北京:文物出版社,1986 年。

司馬遷:《史記》,北京:中華書局,1959 年。

宋鎮豪:《夏商周社會生活史》,北京:中國社會科學出版社,1994 年。

孫希旦:《禮記集解》,北京:中華書局,1989 年。

孫星衍:《尚書今古文注疏》,北京:中華書局,1986 年。

孫詒讓:《周禮正義》,北京:中華書局,1987 年。

孫詒讓:《契文舉例》,羅振玉編:《吉石庵叢書》,1917 年。

唐大沛:《逸周書分辨舉事》,臺北:學生書局,1969 年。

唐蘭:《中國文字學》,上海:上海古籍出版社,1979 年。

唐蘭:《殷虛文字記》,北京:中華書局,1981 年。

唐蘭:《陝西省岐山縣董家村新出西周重要銅器銘辭的譯文和注釋》,《文物》1976 年第 5 期。

唐蘭:《毛公鼎"朱韍、蔥衡、玉環、玉瑹"新解——駁漢人"蔥珩珮玉"説》,《光明日報》1961 年 5 月 9 日。

王國維:《觀堂集林》,北京:中華書局,1959 年。

王筠:《説文釋例》,北京:中華書局,1987 年。

王力:《漢語語音史》,北京:中國社會科學出版社,1985 年。

汪寧生:《民族考古學論集》,北京:文物出版社,1989 年。

汪濤:"A Textual Investigation of the taotie"(《論"饕餮"》),1990 年倫敦大學波希瓦爾戴偉德基金會第 15 屆討論會(the 15th

Colloquy of the Percival David Foundation，University of London，1990)會議論文。

汪濤:《甲骨文"蕭"字的用法及其含義》,夏商文化國際會議論文,洛陽,1991年。

王先謙:《釋名疏證補》,王先謙編:《皇清經解續編》,江陰:南菁書院,1888年。

王引之:《經義述聞》,上海:商務印書館,1936年。

王藴志:《殷周古文同源分化現象探索》,吉林大學博士論文,1991年。

王宇信:《甲骨學通論》,北京:中國社會科學出版社,1989年。

王宇信:《商代的馬和養馬業》,《中國史研究》1980年第1期。

温少鋒、袁庭棟:《殷墟卜辭研究——科學技術篇》,成都:科學技術出版社,1983年。

肖良瓊:《卜辭文例與卜辭的整理和研究》,《甲骨文與殷商史》第2輯,上海:上海古籍出版社。

肖楠:《安陽小屯南地發現的𠂤組卜辭》,《考古》1976年第4期。

肖楠:《論武乙文丁卜辭》,《古文字研究》第三輯,1980年。

肖楠:《再論武乙文丁卜辭》,《古文字研究》第九輯,1984年。

謝濟:《武丁時兩種卜辭分期研究》,《古文字研究》第六輯,1981年。

許進雄:《殷卜辭中五種祭祀的研究》,臺北:台灣大學文學院,1968年。

許進雄:《甲骨文所表現的牛耕》,《古文字研究》第九輯,1984年。

許慎:《説文解字》,北京:中華書局,1963年。

徐中舒:《甲骨文字典》,成都:四川辭書出版社,1988年。

嚴學宭:《周秦古音結構體系(稿)》,《音韻學研究》第一輯,北京:中華書局,1984年。

嚴一萍：《牢義新釋》，《甲骨古文字研究》第一輯，臺北：藝文印書館，1976 年。

嚴一萍：《説侑》，《古文字研究》第六輯，1981 年。

楊寬：《論"逸周書"——讀唐大沛"逸周書分辨舉事"説稿本》，《中華文史論叢》1989 年第 1 期。

楊樹達：《積微居甲文説，耐林廎甲文説，卜辭瑣記，卜辭求義》（楊樹達文集之五），上海：上海古籍出版社，1986 年。

楊樹達：《積微居小學金石論叢》，北京：中華書局，1983 年。

楊向奎：《五行説的起源及其演變》，《文史哲》1955 年第 11 期。

姚孝遂：（與他人合編）《殷墟甲骨刻辭摹釋總集》，北京：中華書局，1988 年。

姚孝遂：《殷墟甲骨刻辭類纂》，北京：中華書局，1989 年。

姚孝遂：《牢宰考辨》，《古文字研究》第九輯，1984 年。

姚孝遂：《商代的俘虜》，《古文字研究》第一輯，1979 年。

姚孝遂：《甲骨刻辭狩獵考》，《古文字研究》第六輯，1981 年。

喻世長：《用諧聲關係擬測上古聲母系統》，《音韻學研究》第一輯，1984 年。

于省吾：《甲骨文字釋林》，北京：中華書局，1979 年。

于省吾：《墻盤銘文十二解》，《古文字研究》第五輯，1981 年。

袁珂：《山海經校注》，上海：上海古籍出版社，1980 年。

詹鄞鑫：《釋甲骨文里的"灸"》，《中國語文》1985 年第 5 期。

張秉權：《小屯第二本：殷墟文字丙編》，臺北：中研院歷史語言研究所，1957、1972 年。

張秉權：《論成套卜辭》，《史語所集刊》外編第四種上册，1960 年。

張秉權：《甲骨文的發現與骨卜習慣的考證》，《史語所集刊》第三十七本下册，1967 年。

張秉權：《祭祀卜辭中的犧牲》，《史語所集刊》第三十八本，1968

年,第 181—237 頁。

張秉權:《甲骨文中所見人地同名考》,《慶祝李濟先生七十七歲論文集》卷 2,臺北:清華學報社,1967 年,第 687—776 頁。

張秉權:《殷代的祭祀與巫術》,《史語所集刊》第四十九本第三分,1978 年,第 445—487 頁。

張光直:《中國青銅時代》,北京:三聯書店,1983 年。

張亮:《新出土的"月有戠"卜辭》,《中國天文史研究:天問》第一輯,南京:江蘇科學技術出版社,1984 年,第 119—128 頁。

張心徵:《偽書通考》,上海:上海古籍出版社,1954 年。

張亞初,劉雨:《西周金文官制研究》,北京:中華書局,1986 年。

張永山、羅琨:《論歷組卜辭的年代》,《古文字研究》第三輯,1980 年,第 80—103 頁。

張玉金:《卜辭中"眾"的用法》,《中國語文》1990 年第 1 期,第 49—53 頁。

趙誠:《甲骨文簡明詞典・卜辭分類讀本》,北京:中華書局,1988 年。

趙誠:《古代文字音韻論文集》,北京:中華書局,1991 年。

趙林:《商代的社祭》,《大陸雜誌》第五十七卷第六期,1978 年,第 3—13 頁。

鄭良樹:《續偽書通考》,臺北:學生書局,1984 年。

鄭良樹:《諸婦探索》,《古文字研究》第十二輯,1985 年,第 99—106 頁。

中國各民族宗教與神話大詞典編委會:《中國各民族宗教與神話大詞典》,北京:學苑出版社,1990 年。

中國大百科全書編輯部:《中國大百科全書:考古學》,北京/上海:中國大百科全書出版社,1986 年。

中國科學院考古所:《甲骨文編》(孫海波負責),北京:中華書局,

　　1965 年。

中國社會科學院考古所:《殷墟發掘報告》,北京:文物出版社,
　　1987 年。

中國文物報:《中國文物報》1991 年 11 月 22 日。

周法高:《中國音韻學論文集》,香港:中文大學出版社,1984 年。

周法高:(與其他學者合編)《金文詁林》,香港:中文大學出版社,
　　1974 年。

周法高:(與其他學者合編)《金文詁林補》,台灣:中研院歷史語言
　　研究所專刊,1984 年。

周法高,李孝定,張日昇:《金文詁林附錄》,香港:中文大學出版
　　社,1977 年。

朱鳳瀚:《商周家族形態研究》,天津:天津古籍出版社,1990 年。

朱駿聲:《說文通訓定聲》,北京:中華書局,1984 年。

朱右曾:《逸周書集訓校釋》,王先謙編:《皇清經解續編》,江陰:南
　　菁書院,1888 年。


　　(3) 其他:

《尚書正義》,《十三經注疏》本。

《毛詩正義》,《十三經注疏》本。

《春秋左傳正義》,《十三經注疏》本。

《論語正義》,《十三經注疏》本。

《禮記正義》,《十三經注疏》本。

《儀禮注疏》,《十三經注疏》本。

《揚子法言》,《二十二子》本。

《呂氏春秋》,《二十二子》本。

《春秋繁露》,《二十二子》本。

《墨子》,《二十二子》本。

《戰國策》,上海：上海古籍出版社,1980 年。

《國語》,上海：上海古籍出版社,1988 年。

《漢語大字典》,成都：四川辭書出版社;武漢：湖北辭書出版社,
　　　1986—1990 年。

# "青幽高祖"新解：古代
# 祖先崇拜裏的空間與
# 顔色之關係

　　古代祖先崇拜是建立在一種靈魂不滅的信仰上。人死了之後，其靈魂將升天，居住到另外一個世界裏；但他們仍然對人世所發生的一切施加影響。殷墟出土的甲骨文表明，這種祖先去世後上天，跟"帝"相居的信仰可能早在商代就出現了。我們可以舉個例子：

　　甲辰卜。慤貞：翌乙巳侑于父乙宰。用。

　　貞：咸賓於帝。

　　貞：咸不賓於帝。

　　貞：大甲賓於帝。

　　貞：大甲不賓於帝。

　　甲辰卜。慤貞：下乙賓[咸]。

　　貞：大[甲]賓於帝。

　　貞：大甲不賓於帝。

　　貞：下乙[賓]於帝。

　　貞：下乙不賓於帝。

(《合集》1402)

這裏的"賓",甲骨文寫作"⿱", 大部分學者把它當作"⿱"的異體字。一般的解釋是"像人在室中迎賓之形"。① 在甲骨卜辭裏,它可以作動詞,表示一種祭祀;"大甲賓于帝"可以理解作"大甲配祀于帝",或是"大甲被帝所迎"。可是,張玉金先生在最近的一篇論文裏,重新討論了甲骨文裏的"⿱"字,他認爲這個字跟"賓"("⿱")並不是同一個字。在比較了它跟"賓"字在甲骨文裏的不同寫法和用法後,指出它應該釋讀爲"寽",這裏是名詞用作動詞,表示"居住"之意,卜辭裏說大甲下乙"寽于帝",就是"大甲下乙到上帝那裏居住"的意思。②

在商代,"帝"是否特指後來宗教信仰裏唯一的至高無上的神——"上帝",還是對祖先的統稱,學者們仍然有不同意見,但基本上同意"帝"是居住在天上的神。四方之神靈也可以稱爲"帝"。到了周代,"上帝"開始跟"天"合二爲一,成爲主宰宇宙的至上神。西周金文裏有不少提到祖先升天,與上帝爲伴的例子:

《天亡簋》(武王時期):"事喜上帝,文王監在上。"③

《番生簋蓋》(孝王時期):"丕顯皇祖考,穆穆克哲厥德,嚴在上,廣啟厥孫子于下。"④

《井人女鐘》(夷王或厲王時期):"前文人其嚴在上,敼敼彙彙,降餘厚多福無疆。"⑤

《梁其鐘》(夷王或厲王時期):"皇祖考其嚴在上,敼敼彙彙,降余大魯福亡昊。"(圖1)⑥

《士父鐘》(夷王或厲王時期):"用喜侃皇考,其嚴

---

① 徐中舒主編:《甲骨文字典》,成都: 四川辭書出版社,1988年,第703—704頁。
② 張玉金:《釋甲骨文中的"賓"》,《古漢語研究》1996年第4期。
③ 《商周青銅器銘文選》:23。
④ 《商周青銅器銘文選》:310。
⑤ 《商周青銅器銘文選》:396。
⑥ 《商周青銅器銘文選》:397。

在上。"①

　　《虢叔旅鐘》(厲王時期)："皇考嚴在上,翼在下,敳敳𪅹
𪅹,降旅多福。"②

圖1：梁其鐘拓本　　　　圖2：胡簋銘文

這些銘文明白地説天上的祖先作爲不滅的神靈,繼續接受周人的祭祀
和奉獻,並施福於地上活著的子孫後代。有幾條西周晚期和春秋時期
的金文還提到了先公先王所去之處爲"帝廷"、"帝所"、"帝之坯"：

　　《胡簋》(厲王時期)："其格前文人,其瀕在帝廷,涉降。"
(圖2)③

　　《叔夷鎛》(春秋時期)："尸典其先舊,及其高祖,赫赫成

---

①　《商周青銅器銘文選》：395。
②　《商周青銅器銘文選》：427。
③　《商周青銅器銘文選》：404。

唐,有嚴在帝所。"①

《秦公簋》(春秋時期):"十又二公,在帝之坏。"②

這表明當時的祖先崇拜中已經有了天堂的觀念。雖然我們沒有其
他文字學上的證據來描述那時人們心目中天堂的具體形象,但可
以肯定的是,這些甲骨文金文裏的例子表明在當時人們的心目中,
逝去的祖先居住在天上,與帝發生關係。弄清祖先與天的空間關
係對我們下一步討論祖先崇拜中的顏色觀念十分關鍵。

《史强盤》是西周青銅器裏很有名的一件。1976 年 12 月 15
日,陝西省扶風縣莊白一號窖藏出土。同出的青銅器共 103 件,都
是西周時期微氏家族的器物。③《史强盤》底上有銘文 18 行 284
字,通篇歌頌了微氏家族祖先服務於周王朝的功德。由於它記載
有文王、武王、成王、康王、昭王、穆王的名字,我們可以比較確切地
把它的時代斷爲西周早期恭王時期(前 917—前 900)。《史强盤》
的銘文十分重要,已經有不少學者對此做過討論,解決了很多問
題④。我在這裏只想對其中的一句"青幽高祖,在微靈處"作進一
步探討。我認爲這裏的證據爲我們理解古代祖先崇拜祭祀的空間
觀念和顏色觀念,以及兩者之間的相互關係提供了重要的證據。

"青幽高祖,在微靈處"位置在整篇銘文的第 9 行最末 3 字和
第 10 行頭 5 字,原文無標點。從文字表面看,這句話的意思好像
不難懂,説的是祖先們都居住在"微"。多數學者把"微"當作一個

---

① 《商周青銅器銘文選》:847。同辭亦見《叔夷鐘》,《商周青銅器銘文選》:848。

② 《商周青銅器銘文選》:920。

③ 陝西周遠考古隊(尹盛平主編):《西周微氏家族青銅器群研究》,北京:文物出
版社,1992 年(簡報最早發表在《文物》1987 年第 3 期)。

④ 《西周微氏家族青銅器群研究》一書中收録了已經發表的論文 15 篇。爲了方
便,我在這篇文章裏引用諸家之説當以此書爲准,不再注明原文發表出處。

實際的地方，①並把"靈處"讀作"善處"，即在微國好好住着。② 但是，要説逝去的祖先還在微國居住着，這有點於理難通。戴家祥先生認爲："靈處"似指高祖所居之神宫，並徵引《詩經·大雅·靈臺》，毛傳謂"神之精明者稱靈"；《漢書·楊雄傳》："麗哉神聖，處於玄宫。"③戴家祥先生的意見頗具獨見，從上下文看，"在微靈處"理解爲"居住在微族神靈的會集之處"更通順一些，即人去世後靈魂所歸的天堂。更有意思的是，把天上的祖先與地上的國家相聯繫，似乎已經開了後來東周時期流行的"分野制"的先河。④

現在我們再來看"青幽高祖"。"青幽"無疑是形容詞，用來形容"高祖"；但學者對這裏"青""幽"二字的含義是有不同解釋的。多數學者把"青"讀作"静"的通假字；静幽，表示寧静深遠。把祖先稱作具有寧静深遠的内心修養，這種解釋從訓詁學上講是大體説得通的。但是，我認爲這裏的"青幽"二字首先應該作爲顏色詞來理解，然後再進一步探討它們語義上，以至於哲學上的涵義。

"青"字最早出現在商代甲骨文裏，但不是作爲顏色詞使用。⑤ 在春秋時期的金文裏，"青"開始用來形容金屬顏色，例如"青吕（鋁）"和"青金"。⑥ 可是，青到底是什麼顏色呢？《説文解

---

①　有兩説：一説爲陝西省眉縣的微子國；另一説爲四川西南夷的微國。參見馬承源主編：《商周青銅器銘文選》（三），北京：文物出版社，1986—1990 年，第 156 頁。

②　金文裏的"靈"字，除了用作人名和形容詞之外，最常見的是"靈冬（靈終）"連用，表示"善終"之意。所據爲《廣雅·釋言》："靈，令也。"令，訓讀爲善。見王念孫：《廣雅疏證》卷五下，北京：中華書局，1983 年，第 155 頁。

③　戴家祥：《强盤銘文通釋》，《西周微氏家族青銅器群研究》，第 338—339 頁。

④　我應該感謝馮時先生向我提示此點。

⑤　商代甲骨文裏的"南"跟"青"字形接近，但發音卻相差很遠。南爲泥母侵部，青字的聲符爲"井"，清母耕部。兩者的關係目前還不清楚。

⑥　見中國社會科學院考古研究所編：《殷周金文集成》：223,10136（器物順序號），北京：中華書局，1984—1997 年。

字》:"青,東方色也;木生火,從生丹。"①這是從五行説理論來定義,純屬牽强附會。"丹"應該是"井"的訛變。② 在先秦文獻裏,青字的用法和語義已經變得十分複雜。僅以《詩經》爲例:《衛風·淇奧》"緑竹青青",毛傳:"青青,茂盛貌。"③《小雅·苕之華》"苕之華,其葉青青",毛傳:"華落,葉青青然。"④在這些例子裏,形容植物的顏色爲"青",似乎可以理解爲緑色(green)。但是,"青"也用來形容衣服的顏色,《鄭風·子衿》"青青子衿",毛傳:"青衿,青領也。"⑤這是要把衣服的顏色理解爲緑色(green)卻有些勉爲其難,它更可能是藍色(blue)。其實,青更接近黑色。現代漢語裏使用"青"字,一般也是指深藍靠近黑色的顏色。《尚書·禹貢》"厥土青黎",孔穎達疏:"色青黑而沃壤。"⑥從考古實物看,上面所引金文的例子裏,"青鉛""青金"也應該是表示一種接近黑色的金屬。日本學者清水茂先生在一篇文章裏專門討論了'青'的複雜性,從可以用青字來形容的事物推論,青可以表現藍、緑、黑,以及另外的有些顏色。從視覺色彩學上看,它們的區别不在於色素(hue),而在於濃度(saturation)和光亮度(lightness)。⑦ 我在早先發表的一篇研究商代顏色詞和分類的文章裏也提出了一種看法,藍、緑、青都是從黑色(幽,玄)中逐漸分化出來的:藍<緑<青<幽(玄);這種視覺分類上的特殊性,也是它

---

① 段玉裁:《説文解字注》,上海:上海古籍出版社,1981年(以下所引《説文》均依此版本)。

② 參見何琳儀:《戰國古文字典》,北京:中華書局,1998年,第820—821頁。

③ 《毛詩正義》卷三(《十三經注疏》),北京:中華書局,1980年,第321頁。

④ 同上書,卷十五,第501頁。

⑤ 同上書,卷四,第345頁。

⑥ 《尚書正義》卷六(《十三經注疏》),北京:中華書局,1980年,第150頁)。

⑦ 清水茂:《説青》,香港語文學會編:《王力先生紀念文集》,1987年,第141—162頁。

們有時可以通用的原因。①

　　在更多的情況下,青可以用來形容天空的顏色,例如青天、青穹、青空、青霄等。青玄,青冥可以用作天空的代名詞。在這些情況下,青接近黑色,但肯定不是純黑色,而是表示一種暗度;也就是古漢語裏常常用"蒼"來表示的顏色。《説文解字》:"蒼,草色也。"段玉裁注:"引申爲凡青黑之稱。"②"青"和"蒼"應該是同義詞。《廣雅・釋器》把"蒼"和其他七個字都訓爲青。③ 在上古音裏這兩個字發音接近:青,清母耕部;蒼,清母陽部。兩字聲母相同,耕陽二部常可以通轉。古文獻中,"青天"與"蒼天"常常通用;"青帝"亦可稱"蒼帝"。《詩經・大雅・桑柔》"以念穹蒼",毛傳:"穹蒼,蒼天。"正義引李巡説:"仰視天形,穹隆而高,其色蒼蒼,故曰穹蒼。"④最有意思的例子是《莊子・逍遙遊》出現了"絕雲氣,負青天"一辭,同時,文中又提出了個問題:"天之蒼蒼,其正色邪? 其遠而無所至極邪?"⑤要想給"天"安上一個確定的顏色,這可不是件容易的事。葛洪在《抱扑子》裏有一段精彩的話,不妨在這裏摘引一下:

　　　　……天無質,仰而瞻之,高遠無極,眼瞀精極,蒼蒼然也;譬旁望遠道黃山而皆青,俯察千仞之穀而黝黑。夫青冥色黑,非有體也。⑥

葛洪顯然已經注意到了人的視覺與外界世界的微妙關係,顏色並

---

　　① Wang Tao, *Colour terms in Shang oracle bone inscriptions*, Bulletin of the School of Oriental and African Stdies, vol. LIX, P. 1, 1996, pp. 63 - 101.

　　② 段玉裁:《説文解字注》,上海:上海古籍出版社,1981 年,第 40 頁。

　　③ 王念孫:《廣雅疏證》卷八上,第 272 頁。

　　④ 《毛詩正義》卷十八,第 559 頁。

　　⑤ 郭慶藩:《莊子集釋》,北京:中華書局,1961 年,第 4、14 頁。

　　⑥ 《抱扑子》今本不存。引自《太平御覽》卷二,北京:中華書局,1960 年,第 7 頁。

非是一種固定不變的物質本身；蒼、青、黑都是人的感官對一定環
境裏色彩的濃度和明暗度的反映。這種自然感官性爲理性的升華
奠定了基礎。從我們在這篇文章裏主要主要討論的問題來看，十
分有意義的是，天空色彩的多變性和不確定性是跟人們對居住在
那的祖先神靈的神秘觀念相聯繫的。這也是我們理解"青幽高祖"
的關鍵。

如果説對"青幽高祖"中的"青"字，學者爭議仍較大，對"幽"的
分歧則小得多。"幽"在金文裏用作顔色詞的例子不少，例如"幽
黃"，"幽亢"。"黃"和"亢"都是"衡"的假借，按照傳統的解釋，"衡"
與"珩"音同通用，是指一種佩玉；"幽"則是形容佩玉的顔色。可
是，唐蘭先生認爲，"衡"並不是佩玉，而是紡織物，具體一點説，是
用來繫佩玉的帶子。[①] 金文裏用來形容"衡"的顔色的詞，除了
"幽"以外，還有蔥、朱、黮；這些字很明顯不可能是指玉石的顔色。
《説文解字》："幽，隱也；從山中丝，丝亦聲。"學者已經指出，許慎把
它當作從山的形聲字是錯的；它的形符應該是從火。在商代甲骨
文中，幽字的形符明顯是"火"。而且，在甲骨文裏，幽就已經用作
顔色詞了，形容祭牲的毛色：[②]

　　　《合集》14951：惠幽牛，又黃牛。

　　　《合集》33603：惠幽牛

　　　《屯南》763：……卜，小乙卯，惠幽牛，王受佑，吉。

郭沫若《殷契粹編》："幽同黝，黑也。《禮·玉藻》'再命赤韍幽衡'，
鄭注：'幽讀爲黝。'《周官·牧人》'陰祀用黝牲毛之'，先鄭注云：

---

　　① 唐蘭：《毛公鼎"朱韍、蔥衡、玉環、玉荼"新解——駁漢人"蔥珩佩玉"説》，收入
《唐蘭先生金文論集》，北京：紫禁城出版社，1995 年，第 86—93 頁。
　　② 有時，"幽牛"可以寫作合文（《屯南》4420）。

'黝，黑也。'"①幽和黝的古音同爲影組幽部；二者互爲通假字。黝
實際上也不完全是黑色；《説文解字》："黝，微青黑色。"這就是説，
幽跟青、蒼一樣都是指跟黑色接近，但不盡相同的顏色。再看金文
裏的其他幾個形容"衡"的顏色詞："朱，純赤也"；"蔥，帛青色也"；
"黬，黃黑色也"。可見，"青"、"蔥"、"黝"也都跟青色黑色有關。那
麼，它們的區别在哪呢？《爾雅·釋器》從紡織物的染色法着眼：
"一染謂之源，再染謂之䞓，三染謂之纁；青謂之蔥，黑謂之黝。"郝
懿行《爾雅義疏》曰："此青謂之蔥，黑謂之黝，是從青入黑法；故《説
文》以爲微黃黑色也。"②這種從技術操作來界定顏色的方法是從
實際出發的。

　　另一個跟"幽"有密切關係的字是"玄"。《説文解字》："玄，幽
遠也；黑而有赤色者爲玄，象幽而入覆之也。"從甲骨文裏最早的例
子看，玄和幽有可能是同源：

　　　　《合集》33276：乙巳，貞：禱禾于［夒戊］三玄牛。

玄，寫作"𢆶"，可能是代表束絲；它在"幽"字結構中作聲符，這裏可
能是幽的簡化。從上古音體系來看，玄，匣母真部；幽，影母幽部；
二者的聲母同屬喉音，古音相當接近。古文字中，"玄""么"字形並
没有區别；"么"（影母幽部）表示微小之意。跟它有關係的還有其
他幾個字：兹，幼，窈。"么"既作聲符，同時又作意符，它們不論是
發音還是詞義都有所聯繫。《中山王𤾗鼎》銘文裏"幼"作"𡥉"；③
《老子》二十一章"窈兮冥兮"，馬王堆帛書"窈"作"水𡥉"；④《詩

---

①　郭沫若：《殷契粹編》，北京：科學出版社，1965 年，第 500 頁。
②　郝懿行：《爾雅義疏》（影印本），北京：中國書店，1982 年。
③　《商周青銅器銘文選》：880。
④　《馬王堆出土帛書》（一），北京：文物出版社，1980 年，圖版 133 行，釋文見第
10 頁。

經·小雅·伐木》"出自幽谷",阜陽漢簡"幽谷"作"幼浴"。① 在討論古文字的同源分化現象時,王蘊智先生曾經提出,幽,玄,兹,么這幾個字都可以追溯到商代的共同詞根。②

如果我們接受這種法,在商代甲骨文裏,玄和幽有可能是同義字,表示一種接近黑色的顏色。金文中有大量"玄鏐""玄鉛"的例子,這跟用"青"來形容金屬顏色的情況近似,但"玄"的出現要早一些。而且,兩周金文裏已經用"玄"和"黃"形容金屬顏色,《白公父簠》(西周晚期):"其金孔吉,亦玄亦黃。"③《吳王光鑒》(春秋時期):"擇其吉金,玄航白航。"④但是,我們還沒有見到用"幽"形容金屬的例子。到了後來的文獻裏,"幽""玄"已經分化爲兩個不完全相同的詞。例如,在《詩經》裏,幽和玄都用作顏色詞;《小雅·隰桑》"隰桑有阿,其葉有幽",毛傳:"幽,黑色也。"⑤這裏的"幽"即"黝"之假借。《豳風·七月》"載玄載黃,我朱孔陽",毛傳:"玄,黑而有赤也。"⑥《小雅·何草不黃》"何草不玄,何人不矜",鄭箋:"玄,赤黑色。"⑦可見,即使都用來形容植物的顏色,玄、幽之間仍存在細微的詞義差別。這種差別不是色素(hue)上的,而是亮度(lightness),正像我們通常所説的冷色和暖色。

上古漢語中,與"青/蒼"的情況近似,"幽/玄"也都常常用作形容天空的顏色詞。古代宇宙信仰的核心是"天玄地黃";顏色觀念也跟宇宙神靈的方位有關。由於我在這篇文章裏主要是討論祖先崇

① 胡平生、韓自強:《阜陽漢簡詩經研究》,上海:上海古籍出版社,1988 年,圖 s139,釋文見第 17 頁。

② 王蘊智:《殷周古文同源分化現象探索》(吉林大學博士論文,1991 年),180 頁。

③ 《商周青銅器銘文選》:301。

④ 《商周青銅器銘文選》:538。

⑤ 《毛詩正義》卷十五(《十三經注疏》),北京:中華書局,1980 年,第 495 頁。

⑥ 《毛詩正義》卷八(《十三經注疏》,北京:中華書局,1980 年,第 390 頁。

⑦ 同上書,卷十五,第 501 頁。

拜,對顏色與宇宙觀的研究將另著文發表。《吕氏春秋·有始覽》:
"東方曰蒼天,……北方曰玄天,……西北曰幽天。"①玄可以作天的
代名詞,例如《淮南子·本經》:"玄玄至碭而運照。"高誘注:"玄,天
也,元氣也。"②《楚辭·招魂》:"懸火延起兮玄顏烝。"王逸注:"玄,
天也。"③神靈本身可以叫作玄冥。④ 神靈在天上的住所,也可以稱
爲玄宫;⑤其他名稱包括玄都,玄圃,玄闕、玄堂、玄室等。當然,玄
和幽在某些語境下都可以跟天發生關係,但在稍後的文獻裏,幽似
乎更多地是描述人死後進入的另一個世界,或者説是地下陰間;例
如《楚辭·招魂》裏描寫人死後,靈魂飄遊天上地下和四方:"魂歸
來兮! 君無下此幽都些。"王逸注:"幽都,地下后土所治也。地下
幽冥,故稱幽都。"⑥《儀禮·士喪禮》"幽宅",《後漢書·何皇后紀》
"幽玄",《後漢書·袁譚傳》"幽冥",都是指地下陰間和墳墓。⑦ 死
人的靈魂也稱爲幽靈。這種語義差别産生的可能跟當時開始流行的
魂魄觀念有關,人死後,魂升於天,魄則隨屍體一起到地下陰間。⑧

　　從上面的詞源詞義分析可以看出,"青"作爲顏色詞,最早是跟
"蒼""幽""玄"混在一起的。它們都屬於"暗"色的範疇,常常用來
形容天空或神靈進入的另一個世界。而這個世界遠離人間,神秘

---

① 陳奇猷:《吕氏春秋校釋》卷 13,上海:學林出版社,1984 年,第 657 頁。
② 劉文典:《淮南鴻烈集解》卷 8,北京:商務印書館,1933 年,第 1 頁。
③ 洪興祖:《楚辭補注》,北京:中華書局,1983 年,第 214 頁。
④ 玄冥是水神的名字。但也有用作地名的例子,《淮南子·俶真》:"處玄冥而不
暗。"參見《淮南鴻烈集解》卷 2,第 6 頁。
⑤ 除了前面引用過的《漢書·楊雄傳》:"麗哉神聖,處於玄宫。"《莊子·大宗師》
裏還有:"夫道顓頊得之,以處玄宫。"參見《莊子集釋》卷 3 上,第 247 頁。
⑥ 洪興祖:《楚辭補注》,201 頁。另一説,幽都爲北方極致之境;見《尚書·堯典》。
⑦ 在稍晚的文獻裏,墳墓也可以稱爲玄堂、玄室。
⑧ 《禮記·郊特牲》:"魂氣歸於天,形魄歸於地,故祭,求諸陰陽之義也。"見孫希旦:
《禮記集解》卷二十六,北京:中華書局,1989 年,第 714 頁。參見 Yü Ying-shih, *O soul,
come back! A study in the changing conceptions of the soul and afterlife in pre-Buddhist
China*, Harvard Journal of Asiatic Studies, vol. 47, no. 2, 1987, pp. 363–395.

不可捉摸;具體反映在人的視覺感官上,就是"青蒼幽玄"。由於空間上的距離,導致了視覺上的感受。正是由於對天空顏色的神秘觀念,導致了古代祖先崇拜中某些顏色的象徵性。從這個新的角度來理解,《史强盤》銘文中出現的"清幽高祖,在微靈處",首先是由於空間關係,祖先崇拜中的顏色被賦予了一種意義。顏色作爲一種文化學符號,它跟各種不同層次上的社會關係相聯繫。更直接的是,顏色還作爲一種暗喻,跟思想的形成相互結合,互相影響。①

應該説,早期的宗教信仰裏,祖先崇拜與宇宙崇拜常常是分不開的;祭祀祖先的同時也祭祀宇宙神靈。《周禮·地官·牧人》:"凡陽祀,用騂牲毛之;陰祀,用黝牲毛之;望祀,各以其方之色牲毛之。"陽祀祭天,陰祀祭地,望祀是祭五方天神和山川神靈。② 我曾經討論過甲骨文記載裏祭祀祖先所用各種顏色的祭牲(包括幽/玄牛)。我認爲在商人信仰中,接受祭祀的祖先與某先顏色之間有特殊的關係。③ 更有意思的是,古代神話中商人的圖騰是一隻"玄鳥"。《詩經·大雅·商頌》:"天命玄鳥,降而生商。"除了文獻材料外,我們也找到一個古文字的例子。在商代的金文裏有這樣一個有趣的銘文:

---

① 關於本喻與中國古代哲學思想的討論,可參看艾蘭:《中國早期哲學思想中的本喻》,《中國古代思維模式與陰陽五行説探源》(艾蘭、汪濤、范毓州主編),南京:江蘇古籍出版社,1998 年,第 58—73 頁。

② 孫詒讓:《周禮正義》卷二十三,北京:中華書局,1987 年,第 916—917 頁。古代祭祀裏,玄牲可以用於祭祀祖先,也可以用於祭祀天地。偽古文《尚書·湯誥》:"敢用玄牡,敢昭告上天神后。"(《尚書正義》卷八,《十三經注疏》,第 162 頁)這段文字還見於《論語》、《墨子》、《帝王世紀》。艾蘭認爲它應該是《尚書》的佚文。見艾蘭:《早期中國歷史、思想與文化》(楊民等譯),沈陽:遼寧教育出版社,1999 年,第 137—168 頁。

③ 汪濤:《殷人的顏色觀念與五行説的形成與發展》,《中國早期哲學思想中的本喻》,《中國古代思維模式與陰陽五行説探源》(艾蘭、汪濤、范毓州主編),南京:江蘇古籍出版社,1998 年,第 261—294 頁。

這個銘文可以釋讀爲"玄鳥婦",于省吾先生認爲,這個玄鳥婦可能就是文獻裏的簡狄,她吞玄鳥卵而生下商人的始祖契。於是,玄鳥是商人的圖騰。① 我們不能肯定這個推論是否正確,但這證明在商代可能已經有把玄跟祖先聯繫起來的習慣。艾蘭教授在研究商代神話時,發現這個"玄鳥"可以跟商人其他的高祖,例如嚳、俊、娥、王亥發生關係。② 在文獻裏,契也被稱作玄王,《商頌·玄鳥》:"玄王桓撥,受小國是達,受大國是達。"毛傳:"玄王,契也。"鄭箋:"承黑帝而立子,故謂契爲玄王。"③這裏已經有受五行說影響的痕迹。朱熹《詩集傳》:"玄王,契也。玄者,深微之稱。或曰:以玄鳥降而生也。王者,追尊之號。"④玄,訓爲深微之意;這跟現在學者把"青幽高祖"訓爲寧靜深遠的祖先基本相同。有意思的是段玉裁在《説文解字注》中對"靜"本意的解釋,他說:"靚者,靜字之假借。采色詳審得其宜謂之靜。《考工記》言畫繪之事是也,分佈五采,疏密有章,則雖絢爛之極,而無典忍不鮮,是曰靜。人心審度得宜,一言一事必求理義之必然,則雖繁勞之極而無紛亂,亦曰靜。引申假借之意也。"⑤

這種把顏色詞訓讀爲它的引申義後來很普遍,特別是對先王的

---

① 于省吾:《略論圖騰于宗教起源和夏商圖騰》,《歷史研究》1959 年第 5 期,第 60—69 頁。

② 艾蘭:《龜之謎:商代神話、祭祀、藝術和宇宙觀研究》(中文本)(汪濤譯),成都:四川人民出版社,1992 年,第 2 章。S. Allan, *The Shape of the Turtle: Myth, Art, and Cosmos in Early China* (Albany, 1991), pp. 50 - 54.

③ 《毛詩正義》卷二十(《十三經注疏》),北京:中華書局,1980 年,第 626 頁。

④ 朱熹:《詩集傳》,北京:中華書局,1958 年,第 245 頁。

⑤ 段玉裁:《説文解字注》,上海:上海古籍出版社,1981 年,第 215 頁。

稱謂和諡號上。金文裏有稱祖先"朕文考幽叔"（《即簋》），[①]"我考幽伯幽姜令"（《六年周生簋》），[②]"朕聖祖考幽大叔懿叔"（《禹鼎》）[③]的例子。在這些祖先稱謂中，"幽"本没有貶義，大概應該訓讀爲"深微之意"。西周的最後一代王的諡號爲幽王。可是《諡法解》裏的説法卻引申出反面的意思："蚤孤有位曰幽，雍遏不通曰幽，動祭亂常曰幽。"[④]其實，歷來學者對此都是有爭議的。《通志·諡略》曰："幽者，隱之並名也。周幽王喪於犬戎之禍，魯隱公卒於羽父之難，皆臣子所不忍言，故以幽隱命之；痛惻之甚也，豈有雍遏不通之義？"鄭魚仲亦言"《諡法》無惡諡，《孟子》幽、厲之論意欲以儆惕時君，其實幽之爲言隱也，厲之爲言傷也，皆可作美諡稱也"[⑤]。

這種祖先崇拜與顏色的關係也反映在祭祀的過程中。我們前面已經引用過西周金文裏"幽衡"的例子；傳統的解釋是黑色的玉佩，但唐蘭先生認爲是黑色的衣服。金文裏還有"玄衣朱暴衿"一辭，裘錫圭先生解釋爲一種鑲紅色邊斜領的玄色上衣。[⑥] 其他賞賜銘文中還有不少"玄周戈"，"玄衣"，"玄袞衣"的例子，這些物品大都是使用在禮儀場合的禮器和穿著，它們的顏色定當有特別意義。爲什麼"玄"格外突出？文獻裏這一類的例子也很多：《詩經·大雅·韓奕》："玄袞赤舄。"[⑦]《小雅·魚菽》："又何予之，玄袞及黼。"[⑧]"玄袞"爲繡着龍紋的玄衣，情況跟金文類似。《周禮·天

---

① 《商周青銅器銘文選》：241。
② 《商周青銅器銘文選》：290。
③ 《商周青銅器銘文選》：407。
④ 黃懷信、張懋鎔、田旭東撰，李學勤審定：《逸周書匯校集注》，上海：上海古籍出版社，1995年，第731—732頁。
⑤ 見上書，第732頁注。
⑥ 裘錫圭：《説"玄衣朱暴衿"——兼釋甲骨文"虣"字》，收入《古文字論集》，北京：中華書局，1992年，第350—352頁。
⑦ 《毛詩正義》卷十八，第571頁。
⑧ 同上書，卷十五，第489頁。

官·染人》"夏熏玄",鄭玄注:"玄熏者,天地之色,以爲祭服。"①這
表明玄是祭祀時穿的服色,原因是它跟天地之色相通。可是也不
能一概而論,《周禮·夏官·方相氏》中描寫在葬禮中身穿"玄衣朱
裳"出場驅鬼,是不是也跟天地顏色有關就很難斷定。古代祭祀中
的顏色觀念往往比較複雜。但到了《禮記》和後人的解釋中,爲什
麼要在祭祀場合穿玄色的衣服就相當理念化了。《禮記·郊特
牲》:"齊之玄也,以陰幽思也。"孫希旦《集解》曰:"齊之玄,謂齊服
玄冠、玄衣、玄裳也。大夫士齊服玄端、玄裳;人君玄冕、玄衣、玄
裳。蓋玄者幽陰之色,陽明則發散於外,幽陰則收斂於內。君字服
以稱情,齊服幽陰之色,欲使稱其服,以專思慮於親也。思慮專,故
三日齊,比見其所祭者。"②這裏,玄把陰陽倫理、社會等級都包含
在內了。我們還可以再舉一個"玄酒"的例子。《禮記·禮運》"故
玄酒在室",孫希旦曰:"玄酒,鬱鬯也。水及明水皆謂之玄酒。郁
鬯配明水而設,而尊于五齊,故因謂郁鬯謂玄酒也。"又"玄酒以
祭",孫希旦曰:"玄酒以祭,謂用鬱鬯灌地以降神也。"③但是,之所
以要用玄酒,不是因爲它跟祖先的顏色觀念有直接關係,而是因爲
它跟《禮記》作者所推崇的尚本貴質思想相一致,故《郊特牲》曰:
"酒醴之美,玄酒明水之尚,貴五味之本也。"④

　　最後值得一提的是,祖先崇拜的顏色觀念還影響到哲學思想
史的發展,特別是道家的哲學觀念。由於道家的神秘主義思想,論
述時喜用跟天空有關的顏色詞來表現,例如把"道"說成"微妙玄
通,深不可識"⑤(《老子》十五章)。另外,還把"德"賦予"玄"的顏

---

① 《周禮正義》卷十六,第 603 頁。
② 孫希旦:《禮記集解》卷二十六,第 723 頁。
③ 同上書,卷二十一,第 588、593 頁。
④ 孫希旦:《禮記集解》卷二十六,第 700 頁。
⑤ 高亨:《重訂老子正詁》,古籍出版社,1956 年(以下所引依此版本)。

色。張衡《東京賦》:"清風協于玄德,淳化通於自然。"《文選》注:
"玄,天也……言帝如此清惠之風同於天德,淳厚之化通於神明
也。"①這裏的"玄德"是把天與帝王結合到一起的黏合劑。《老子》
裏也多次提到了玄德"生之畜之,生而不有,爲而不恃,長而不宰,
謂之玄德"(《老子》十章),"常知稽式,是謂玄德。玄德深矣遠矣,
與物反矣,然則乃至大順"(《老子》六十五章)。可見,在《老子》中,
玄德已經被上升爲一種哲學命題。②　最有意義的是,《老子》哲學
論述時常常使用一些具體的喻象,例如"玄牝":"谷神不死,是謂玄
牝。玄牝之門,是謂天地根。"(《老子》六章)限於這篇文章的題目,
這裏我不打算對哲學方面的材料做過多的討論,只想最後借用《老
子》裏的一句話來作爲結束:"玄之又玄,衆妙之門。"(《老子》一章)
希望我們對顏色和空間關係的討論可以作爲打開"衆妙之門"的一
把鑰匙。

---

① 高步瀛:《文選李注義疏》,北京:中華書局,1985 年,第 603 頁。
② 偽古文《尚書·舜典》:"玄德升聞,乃命以位。"傳:"玄謂幽潛;潛行道德。"這裏
的"玄德"明顯受到道家思想的影響,進一步證明這段文字不會是原來的,而是後來添
加的。

# 顔色與社會關係

## ——西周金文中之證據與闡釋

## (一) 商周顔色詞彙以及顔色體系之異同

　　跟商代甲骨文中出現的顔色詞相比較,①西周金文裏的顔色
詞有較爲明顯的變化。從常見的基本詞彙來看,除了"白"字繼續
使用之外,"素"也可以表示白顔色(無顔色)。甲骨文最常見的表
示紅色的"羍(鞢)"出現頻率極少,而在甲骨文中十分少見的"赤"
卻成了最主要的詞彙;另外還增加了"朱"、"肜"等字。雖然也有
"黄"字做爲顔色詞的例子,但更常見情況是用作"衡"的假借;其他
表示赤黄色的詞有"馘"、"⊘(緼)"。表示深色、黑色的詞彙也比較
複雜;"物"字幾乎消失了;"玄"、"幽"更多地分開使用;"黑"的詞義
很不明確,除了少量的"堇"(堇章=瑾璋)也許還保留了一些顔色
詞的味道,取而代之的有"緇(戠、載)"、"纁(熏)"等。新出現的顔

---

　　① 關於商代甲骨文顔色詞的研究,見 Wang Tao, *Colour terms in Shang oracle bone inscriptions*, Bulletin of School of Oriental and African Studies(BSOAS) 59. 1 (1996):63 - 101. 中文參見汪濤:《甲骨文中的顔色及其分類》,《第二届國際中國古文字學研討會論文集(續編)》,香港中文大學中文系,1995年,第173—190頁。

色詞還有"青"、"蒽（心）"等；這些都是商代甲骨文中没有的。另外，金文中還出現一些新的跟視覺顏色有關係的詞彙，例如"㡛"、"畫"；雖然不是嚴格意義上的顏色詞，但同樣表現了紡織品各種顏色配合，以及物體表層的裝飾效果。這些現象都表明周人的顏色分類系統跟商人不完全一致；應該是更多樣化和複雜化了。

這裏我先做些比較。首先，殷墟出土的甲骨文中的顏色詞多用作修飾祭牲。我們在西周金文中也能見到不少描述動物毛色的例子。例如《大簋》（《集成》04165，《通鑒》04655，圖1）：①

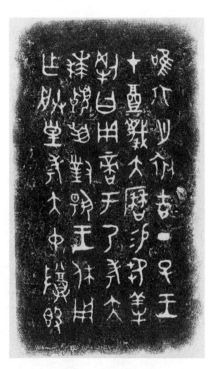

**圖 1：大簋銘文**

　　唯六月初吉丁巳，王在鄭，蔑大曆。賜犅騂犅，曰：用禘于乃考。大拜稽首，對揚王休，用作朕皇考大仲尊簋。

這是西周中晚期（恭王之世）的銘文；周王賞賜給大"犅騂犅"，即專門餵養的赤色特牛，用來祭祀祖先。結合文獻中大量關於周人祭祀使用紅色（騂）祭牲

---

① 所引金文，悉據中國社會科學院考古研究所編：《殷周金文集成》（簡稱《集成》），北京：中華書局，1984—1994 年；吳鎮烽編撰：《商周金文資料通鑒》（簡稱《通鑒》），《商周金文資料通鑒》課題組，2008 年。爲了閱讀方便，我儘量採取隸定的釋文。但對關鍵的詞彙，則將原文和破讀一併列出。

的紀録,可見後世禮書稱"周尚赤"的説法不無一定道理。但是,傳世文獻的偏見往往會造成對古代的實際情況呈現有所不全。我對甲骨文的考察表明,祭祀使用騂牛是從殷墟晚期開始流行起來的。①

西周金文中還有不少其他毛色動物的記載,特別是白色的動物。例如:《作册大方鼎》(《集成》02758,《通鑒》01775):

> 公束鑄武王、成王異鼎,唯四月既生霸己丑,公賞作册大白馬,大揚皇天尹太保室,用作祖丁寶尊彝。黽册。

**圖 2: 召尊銘文**

此器爲西周早期標準器,爲康王之世。傳 1929 年出於河南洛陽邙山麓之馬坡;現藏臺北故宮博物院。銅器上的銘文記録了周代貴族用白馬做爲賞賜品。另外還有《召尊》(《集成》06004,《通鑒》11664,圖 2):

> 唯九月,在炎𠂤。甲午,伯懋父錫召白馬、妹黄髮微,用𡥉丕杯召多,用追于炎,丕肆,伯懋父友召,萬年永光,用作團宫旅彝。

此器亦爲西周早期昭

①　Wang Tao,*Shang ritual animals: colour and meaning*,Bulletin of School of Oriental and African Studies(BSOAS),70. 2(2007):305－372,70. 3(2007):539－567.

王之世器；也是河南洛陽出土；現藏上海博物館。上海博物館還藏
有一件《召卣》，銘文相同，應該是同組器。金文中關於用馬匹做賞
賜的材料不少。這些馬主要是用來駕車。這條銘文還對用爲賞賜
品的白馬做了進一步的描繪和贊美；"姅黄髦微"形容這匹白馬有
黄足蹄和微黑的鬃毛，十分漂亮。這種情況也跟殷墟甲骨文類似。
我們知道，白馬在商代晚期很受商王的重視，經常爲它舉行占
卜[①]。除此之外，西周金文中還有提到其他白色動物的情況；例如
陝西長安縣馬王鎮張家坡西周墓出土的《伯唐父鼎》(《通鑒》
01954)：

> 乙卯，王饗荼京□，荼辟舟，臨舟龍，咸荼，伯唐父告備，王
> 格，荼辟舟，臨荼白旂。[用]射兕、搏虎、貉、白鹿、白狐于辟
> 池。咸，[唐父]蔑磨，錫矩鬯一卣、貝五朋。對揚王休，用作安
> 公寶尊彝。

這條銘文顯示，周王在辟雍舉行射禮，船上掛了白色的旗幟；獵物
有兕(犀牛或野水牛)，虎等珍奇動物，還有特地標明了毛色的白
鹿、白狐。殷墟甲骨文中也有大量狩獵白鹿、白狐的紀録。另外，
這裏用來賞賜的物品還有黑黍酒(秬鬯)和珍貴的貝；這些也都是
商代祭祀和賞賜的常見物品。對比之下，這幾條西周青銅器銘文
透露了這樣一個資訊，跟殷墟代表的商代晚期文化相比，西周早期
的祭祀體系似乎還沒有産生太大的變化。

　　殷墟甲骨文中還有顔色詞形容兵器和金屬的例子。西周金文
也是同樣。《宜侯夨簋》(《集成》04320，《通鑒》04810)：

> 唯四月，辰在丁未，王省武王、成王伐商圖，延省東國圖，

---

　　① 參見裘錫圭：《從殷墟甲骨卜辭看殷人對白馬的重視》，《古文字論集》，北京：
中華書局，1991 年，第 232—235 頁。

王菡于宜，入社，南繕，王令虞侯矢曰：鄯(?)侯于宜，錫鬯窅
一卣，商瓚一 □、彤弓一、彤矢百、旅弓十、旅矢千；錫土：厥川
三百 □，厥 □ 百又廿，厥宅邑卅又五，厥 □ 百又卌，錫在宜
王人十又七姓，錫奠七伯，厥盧 □ 又五十夫，易宜庶人六百又
□ 六夫，宜侯矢揚王休，作虞公父丁尊彝。

這件銅器 1954 年江蘇丹徒縣煙墩山出土；時代應該是西周早期成
王之世。銘文記錄了成王伐東，對宜侯的賞賜；賞賜品有祭祀用的
鬯酒和玉瓚、弓矢，還有土地、家奴。值得注意的是，對弓矢的顏色
特地作了説明；彤弓、彤矢是紅漆的弓和箭；旅弓、旅矢則可能是上
了黑漆的弓矢。《左傳·僖公二十八年》提到周王策命諸侯，賞賜
物品包括了"彤弓一、彤矢百、旅弓矢千"；杜預注："旅弓，黑弓。"
1974 年 3 月陝西藍田縣紅星公社紅門寺出土的《應侯見工鐘》
（《集成》00107，《通鑒》15198）上也提到彤弓、彤矢。此鐘爲西周中
期恭王之世器。傳世文獻中還有不少關於彤弓和旅弓的記載。雖然不會像是《荀子·大略》所描述的那樣等級分明："天子雕弓，諸侯彤弓，大夫黑弓。"而更可能是跟《詩經·小雅·彤弓》序中所言相近："天子錫有功諸侯也。"

西周金文中顏色詞形容金屬的例子不少。例如成王之世的銅器《史叔隋器》（《叔簋》，《集成》04133，《通鑒》04623，圖 3）銘文爲：

圖3：叔簋銘文

唯王牽于宗周，王姜使叔使于太保，賞叔鬱鬯、白金、雛牛。

叔對太保休，用作寶尊彝。

這是西周早期的銘文。這裏周王對臣下的賞賜爲鬯酒、白金和雛牛（專門爲祭祀而餵養的牛）。西周早期周王室對臣下的賞賜常常是祭祀使用的祭品。金文中提到"白金"的還有數例；西周晚期的《嬰鐘》（《集成》00048，《通鑒》15140），以及北京保利藝術博物館近年入藏的西周早期的《榮仲方鼎》（《通鑒》02251），和上海博物館入藏的戰國早期的《春成侯盉》（《通鑒》14758）。關於"白金"，傳統的解釋是銀，但考慮到早期銀使用的罕見，金文裏的"白金"也有可能是指錫。西周青銅器銘文還有關於"赤金"的紀録。例如成康之際的《麥方鼎》（《集成》02706，《通鑒》01723）；"赤金"即紅銅。西周金文中還有不少"赤金"的材料；其他用來修飾金屬的顔色詞還有玄、黄、羊、盧等；特别是到了春秋戰國時期，常常可以見到類似的例子。從表面上看，它們只是對銅料屬性的描述；可是，如果我們聯繫金文和歷史文獻中的有關材料，例如金文常稱青銅爲"吉金"；《史記·平準書》把金分爲三等："黄金爲上，白金爲中，赤金爲下。"①應該説，古人對金屬的顔色是十分重視的，也有特定的文化含義；而且在青銅器鑄造中特地追求某種顔色效果。對這個問題我另有專文討論，在此就不贅述。

總之，商代的顔色體系可以從商人祭祀中對祭品和祭牲顔色的選擇來考察。在這個系統中，我們發現，各種顔色都有着不同的象徵含義。然而，這些象徵含義不是一對一的關係；而是具有强烈的不自覺性和模糊性。②跟商代的顔色體系相比，西周金文中顔色詞所修飾的範圍除了動物、玉器、青銅器之外，最主要的用法是修

---

①　《史記》中的"黄金、白金、赤金"分别指金子、銀子，和丹陽出産的銅；應該跟周代金文中的黄金、白金、赤金有别。

②　Wang Tao, *Shang ritual animals: colour and meaning*，亦可參看我用中文發表的《商代的顔色象徵體系與"五行説"之起源》，載艾蘭、汪濤、范毓周編：《中國古代思維模式與"五行説"探源》，南京：江蘇古籍出版社，1998 年，第 261—294 頁。

飾服飾，以及車馬器和兵器。這些東西有時是作爲祭祀品，但更多場合下是周王室和貴族之間交換和賞賜的禮品，特別是典禮上使用的輿服和兵器。通過這些銘文提供的信息，我們可以逐步探查到顏色在西周文化和歷史中所扮演的角色。下面，我們就選擇一些具體例子，按照不同的類別和時代做些分析討論。

## （二）西周"錫命禮"與顏色

就我們所要考察的題目來看，青銅器銘文中大頻率出現表示顏色的詞彙，主要是用來修飾紡織品服飾、車馬器和兵器。學界很早就認識到這些色彩豐富的物品都是跟西周王朝實行的"錫命"或"册命"禮有關①。我們可以先列一簡表，其中有的銘文只有服飾，有的只有車馬器和兵器，但大多數是幾項都有：

| 器名及其出處<br>（僅標《金文通鑒》號） | 命　　服 | 車馬器、兵器及其他 |
|---|---|---|
| 01803《康鼎》 | 幽衡 | 鋈勒 |
| 01806《戈方鼎》 | 玄衣朱褺裣 | |
| 01822《南宮柳鼎》 | 赤韍幽衡 | 鋈勒 |
| 01830《師兌父鼎》 | 緇韍絅衡、玄衣黹純 | 旂、戈琱葳 |

① 比較專門的著述有：齊思和，《周代錫命禮考》，《燕京學報》第 32 期，1947 年；陳夢家：《西周銅器斷代》，北京：中華書局，2004 年；黃然偉：《殷周青銅器賞賜銘文研究》，香港龍門書局，1978 年，收入《殷周史料論集》，香港三聯書店，1995 年；張光裕：《金文中册命之典》，《香港中文大學中國文化研究所學報》10 下，1979 年；陳漢平：《西周册命制度研究》，上海：學林出版社，1986 年；黃盛璋：《西周銅器中服飾賞賜與職官及册命制度關係》，《傳統文化與現代化》1997 年第 1 期，第 37—45 頁；汪中文：《西周册命金文所見官職研究》，臺北"國立"編譯館，1999 年；鄭憲仁：《西周銅器銘文所載賞賜物之研究》，臺灣"國立"臺灣師範大學國文系博士論文，2004 年；何樹環：《西周錫命銘文新研》，臺北文津出版社，2007 年。

**續　表**

| 器名及其出處<br>(僅標《金文通鑒》號) | 命　　服 | 車馬器、兵器及其他 |
|---|---|---|
| 01831《無叀鼎》 | 玄衣黹純 | 鑾、鋚勒、戈琱㦸厚柲彤緌旂 |
| 01832《趞鼎》 | 玄衣純黹、赤韍朱衡 | 鑾、旂、鋚勒 |
| 01833《伯晨鼎》 | 玄衮衣、幽韍、赤舄 | 駒車、畫紳、幬較、虎幃、冪衼里幽、鋚勒、旂、彤弓、彤矢、旅弓、旅矢、[illegible]戈、綄胄、秬鬯 |
| 01836《寰鼎》 | 玄衣黹純、赤韍朱衡 | 鑾、旂、鋚勒、戈琱㦸厚柲彤緌 |
| 01838—01840《此鼎》同出3件(甲乙丙) | 玄衣黹純、赤韍朱衡 | 鑾、旂 |
| 01842《善夫山鼎》 | 玄衣黹純、赤韍朱衡 | 鑾、旂 |
| 01844—01846《頌鼎》(甲乙丙) | 玄衣黹純、赤韍朱衡 | 鑾、旂、鋚勒、覲璋 |
| 01847《師𩛥鼎》 | 玄衮䶒純、赤韍朱衡 | 鑾旂、太師金膺、鋚勒 |
| 01858《毛公鼎》 | 朱韍蔥衡 | 金車、賁縟較、朱䩛㒳靳、虎冪熏裏、右軛、畫轉、畫輯、金甬、錯衡、金踵、金轙、約、盛、金簟弼、魚箙、鋚勒、金嚨、金膺、朱旂二鈴、馬、秬鬯、祼圭瓚寶、玉環、玉琭 |
| 02069—02078《卌三年逨鼎》(同出10件) | 玄衮衣、趩舄 | 駒車、賁較、朱虢㒳靳、虎冪纁裏、畫轉、金甬、馬、鋚勒、秬鬯、瑾圭 |
| 04586《師毛父簋》 | 赤韍 | |

| 器名及其出處<br>（僅標《金文通鑒》號） | 命　　服 | 車馬器、兵器及其他 |
|---|---|---|
| 04599—04602《衛篹》（甲乙丙丁） | 赤韍 | 鑾勒 |
| 04630《免篹》 | 赤緼韍 | |
| 04640《即篹》 | 赤韍朱衡、玄衣黹純 | 鑾、旂 |
| 04645《䠁篹蓋》 | 䠁衣、赤緼韍 | 鑾、旂、鞝 |
| 04657《申篹蓋》 | 赤韍縈衡 | 鑾、旂 |
| 04667《師餘篹蓋》 | 赤韍朱衡 | 旂 |
| 04669—04672《元年師旋篹》（甲乙丙丁） | 赤韍絅衡 | |
| 04686《鄅篹蓋》 | 赤韍、絅綾衡 | 鑾、旂 |
| 04692《柯篹》 | 赤韍朱衡 | 鑾、旂 |
| 04702《師穎篹》 | 赤韍朱衡 | 鑾、旂、鑾勒 |
| 04708《三年師兌篹》 | | 金車、賁較、朱鞹𦅾靳、虎冪纁裹、右軛、畫轉、畫鞴、金筍、馬、鑾勒、柜鬯 |
| 04708《五年師旋篹》 | | 干錫簺、盾生皇畫內、戈琱䄂厚柲彤綏 |
| 04711《詢篹》 | 玄衣黹純、緇韍絅衡 | 鑾旂、鑾勒、戈琱䄂厚柲彤綏 |
| 04733《牧篹》 | | 金車、賁較、畫鞴、朱鞹𦅾靳、虎冪纁裹、旂、驂馬、柜鬯、鞝 |
| 04746《裘衛篹》 | 緇韍朱衡 | |
| 04747《𤼈伯師耤篹》 | 玄衣黹純、素巿金衡、赤舄 | 鑾勒、鑾旂、戈琱䄂彤綏 |

| 器名及其出處<br>（僅標《金文通鑒》號） | 命　　服 | 車馬器、兵器及其他 |
|---|---|---|
| 04748《害簋》 | 朱衡、玄衣黹純 | 旂、鋚、戈琱戚彤綏 |
| 04756《趞簋》 | 赤韍幽衡 | 鑾、旂 |
| 04758《王臣簋》 | 朱衡、貢襯、玄衣黹純 | 鑾、旂、戈畫戚厚彤綏 |
| 04766《豆閉簋》 | 戠衣、緼韍 | 鑾、旂 |
| 04776《輔師嫠簋》 | 緇韍素黃衡、玄衣黹純、赤韍朱衡 | 旂、鑾旗、戈彤綏琱戚 |
| 04777《伊簋》 | 赤韍幽衡 | 鑾、旂、鋚勒 |
| 04778《師西簋》 | 赤韍朱衡 | 中裍、鋚勒 |
| 04784《揚簋》 | 赤㠯韍 | 鑾、旂 |
| 04792《彔伯威簋蓋》 | | 金車、貢幬較、貢㔿、朱鞹靳、虎冪朱裏、金筩、畫輴、金軛、畫轉、鋚勒、馬、桓𩣑 |
| 04801《師毀簋》 | | 戈琱戚厚柲彤綏、金 |
| 04814《師嫠簋》 | 素韍金衡、赤舄 | 鋚勒 |
| 04816《番生簋蓋》 | 朱韍蔥衡 | 鞞鞍、車、電軫、貢緟較、朱鞹㔿靳、虎冪熏裏、錯衡、右軛、畫轉、畫輴、金踵、金軛、金簟弼、魚葡、朱旂旜、金莽二鈴、玉環、玉玲 |
| 04822《頌簋》 | 玄衣黹純、赤韍朱衡 | 鑾旂、鋚勒 |
| 04867《虎簋蓋》 | 緇韍幽衡、玄衣㣆純 | 鑾、旂 |

| 器名及其出處<br>（僅標《金文通鑒》號） | 命　　服 | 車馬器、兵器及其他 |
|---|---|---|
| 04935《宰獸簋》 | 赤韍幽衡 | 鑾勒 |
| 05023《師道簋》 | 朱衡、玄衣黹純 | 戈畫威厚柲彤綏、旂 |
| 05182《觀簋》 | 赤韍幽衡 | 金車、金勒、旂 |
| 05198《二式獄簋》<br>05662《獄盨》 | 緇韍朱衡 | |
| 05219《衛簋》 | 緇韍朱衡 | 金車、金旛 |
| 05233《呂簋》 | 玄衣黹純、戠韍絅衡 | 旂、鑾、戈琱威厚柲彤綏 |
| 05624《師克盨》 | 赤韍五衡、赤舄 | 牙僰、駒車、賁較、朱鞹鞃<br>靳、虎幎纁裏、畫轉、畫<br>輴、金甬，朱旂、鑾勒、馬、<br>柜毌、素鉞 |
| 11666《免尊》<br>13168《免卣》 | 緇韍絅衡 | |
| 12222《舀壺蓋》 | 玄袞衣、赤韍幽衡、<br>赤舄 | 鑾勒、鑾旂、柜毌 |
| 12681《吳方彝蓋》 | 玄袞衣、赤舄 | 金車、賁函朱虢靳、虎幎<br>纁裏、賁較、畫轉、金甬、<br>馬、鑾勒、金、柜毌 |
| 13392《走馬休盤》 | 玄衣黹純、赤韍朱衡 | 鑾、旂、戈琱威彤綏厚柲 |
| 13522《盠方彝》<br>11673《盠方尊》 | 赤韍幽衡 | 鑾勒 |
| 14461《呂服余盤》 | 赤韍幽衡 | 鑾勒、旂 |
| 14487《逑盤》 | 赤韍幽衡 | 鑾勒 |

　　錫命禮具體是什麼時間形成，學者有不同意見。可以説，金文裏的資料給我們提供了第一手的證據。雖然表示服飾顔色的情況，從商代甲骨文到西周早期的金文中都存在，可是，最爲關鍵的是，到了西周早期後段及中期前段，即周昭王、穆王之世，情況開始有所變化。我們可以舉數例説明。《裘衛簋》(《集成》04256，《通鑒》04746)：

　　　　唯廿又七年三月既生霸戊戌，王在周，格太室，即位。南伯入右裘衛入門，立中廷，北嚮，王呼内史錫衛緇市、朱黃(衡)、鑾。衛拜稽首，敢對揚天子丕顯休。用作朕文祖考寶簋，衛其子子孫孫用寶用。

　　此器 1975 年 2 月陝西岐山縣董家村一號窖藏出土；記載的是周王對衛的賞賜。“緇市”，《説文》：“緇，帛黑色也。”但金文中的原字寫作“𢧢”，郭沫若讀爲“爵”，表示雀色；①《考工記·鍾氏》鄭玄注：“染纁者，三入而成。又再染以黑，則爲緅。緅，今禮俗文作爵，言如雀頭色也。又復再染以黑，乃成緇矣。”可見二者雖然都是深色，還是有些區别。陳漢平認爲“𢧢”即我們現在的紫色。② 可備一説。“市”，讀作韍，是一種圍裙。“朱黃”，朱爲大紅色，無異議；可“黃”的解釋卻頗費周折；郭沫若認爲它是“璜”的本字，即古代佩玉。③ 唐蘭認爲這個字在這最好讀作“衡”，不是佩玉而是繫佩玉的帶子。④ 目前，大多數學者都從唐説，把這裏的“黃”字理解爲帶子。

　　①　郭沫若：《輔師嫠簋考釋》，《文史論集》，北京：人民出版社，1961 年，第 330—331 頁。
　　②　陳漢平：《西周册命制度研究》，第 230—231 頁。
　　③　郭沫若：《釋黃》，《金文叢攷》，北京：人民出版社，1954 年，第 180 頁。
　　④　唐蘭：《毛公鼎“朱韍、蔥衡、玉環、玉瑹”新解——駁漢人“蔥珩佩玉”説》，《唐蘭先生金文論集》，北京：紫禁城出版社，1995 年，第 86—93 頁。

　　再看 1975 年 3 月陝西扶風縣法門公社莊白村西周墓葬出土的《𢊠方鼎》（《集成》02789，《通鑒》01806，圖 4）：

圖 4：𢊠方鼎銘文

唯九月既𦉥乙丑，在堂師，王𩰬姜使內史友鼎錫𢊠玄衣朱襮袷，𢊠拜稽首，對揚王𩰬姜休。用作寶𪔗尊鼎，其用夙夜享孝于厥文祖乙公，于文妣日戊，其子子孫孫永寶。

　　銘文記載了周王對𢊠的賞賜。玄衣，即黑色上衣；朱襮袷，按裘錫圭先生的釋讀，應該是紅色斜領大襟。[1] 這兩條銘文記錄了周王對臣下的册命和賞賜。賞賜物主要是服飾和馬車上的掛鈴。值得注意的是，這裏特地不厭其煩地標明了服飾不同種的顏色。這表明，這些有顏色的服飾不是一般意義上的禮物，而是具有特定標識性的賞賜。這些服飾並非一般的衣物，而是在正式的祭祀儀式上穿，也可稱爲“命服”。黃盛璋先生曾經指出：“册命的賞賜與非册命的賞賜有原則的區別，衣服佩飾的賞賜只限於册命；非册命的賞賜僅出現金、玉、貝、帛、車、馬、戎器、土地、田邑、民人等，甚至祭器，而不能有服飾，……根據全部西周已出土的銅器銘文檢查，册命與非册命在服飾上的區別

_____

　　① 裘錫圭：《說“玄衣朱襮袷”——兼釋甲骨文“𧟄”字》，《古文字論集》，第 1350—1352 頁。

是嚴格的。"①如果堅持所有的有服飾的一定爲册命,而非册命的一定不能有服飾,這樣的絶對化頗有偏執。② 但把命服作爲册命禮中的一項重要内容則是可行的。

黄盛璋先生還指出:"完整的册命形式(有右、即位、史官傳布命辭等)始見於穆王時代銅器中,而錫物之漸趨繁多,衣飾等分别色飾,也是從此時開始,兩者正相一致。可見服飾制度漸趨繁縟,是和册命制度發展有關,而册命制度和西周社會經濟以及職官制度發展分不開的。"③就時間來看,《裘衛簋》和《伇方鼎》都確實應該斷代爲西周中期早段穆王之世的銅器。從銘文看,這種賞賜本身也儀式化了。《裘衛簋》記録了具體時間(穆王二十七年三月既生魄戊戌),地點(太室),過程(王就位。南伯陪同裘衛進門,站在大庭中間,面向北),賞賜内容(王叫内史賞給裘衛黑色圍裙和朱紅色的帶子,以及車上用的鈴),拜謝(裘衛拜、叩頭,並稱揚天子顯赫的恩賜),記録(鑄簋用以祭祀祖先,裘衛子子孫孫永遠寶用)。陳夢家早年曾推斷,只有到了西周共王之世才形成完備的册命制度和銘文格式。④《裘衛簋》和《伇方鼎》都是 20 世紀 70 年代才出土的;陳夢家未得其見。現在看來,這種册命制度和銘文格式的形成時間可以往上推到穆王之世。這跟青銅禮器形制上的變化是相互呼應的。不少學者都指出了西周穆王之世發生了一場禮制上的變革,這也帶來了青銅器和銘文的改變。例如,英國學者羅森認爲,公元前 9 世紀初年,周王朝發生了一場"禮儀革命",主要表現在成組的食器取代了酒器;另

---

①　黄盛璋:《西周銅器中服飾賞賜與職官及册命制度關係》,《傳統文化與現代化》1997 年第 1 期。

②　參見何樹環對黄説的批評;何樹環:《西周錫命銘文新研》,第 200—204 頁。

③　黄盛璋:《西周銅器中服飾賞賜與職官及册命制度關係》,第 44 頁。

④　陳夢家:《西周銅器斷代》,第 147 頁。

外，樂器（編鐘）在禮儀中變得很重要。[1] 曹瑋也就這一問題作了更細緻深入地討論；根據考古的材料，他認爲穆共時期出現了一批新的禮器，而且形成以鼎簋食器爲主的“列器”（形制相同的成組銅器）制度，以及編鐘制度。[2] 如果結合青銅器銘文的材料，對穆王時期册命制度，特别是命服制度的進一步研究，當可以加深我們對這一問題的理解。

有關西周册命制度的銘文，以及提到不同顏色物品的賞賜還有不少，特别是共王懿王之後的西周晚期銅器；此處不一一引出。[3] 我們只選擇一些不同時期，以及提到不同顏色物品的銘文爲例子，具體看看這些顏色詞形容這些器物的情況。

> 唯八月初吉，王格于周廟，穆公右盠，立于中廷，北嚮，王册令尹，錫盠：赤市幽亢（衡）、鋚勒，曰：用司六師王行，參有司：司土、司馬、司工，王令盠曰：𫎇司六師暨八師藝，盠拜稽首，敢對揚王休，用作朕文祖益公寶尊彝，盠曰：天子丕遐丕基，萬年保我萬邦，盠敢拜稽首，曰：烈烈朕身，更朕先寶事。（《盠方彝》，《集成》09899，《通鑒》13522）

此器陝西眉縣出土。郭沫若把它訂爲懿王之世器；而陳夢家訂爲共王。[4] 銘文記録了周王對盠的任命和賞賜。賞賜物爲衣物和馬

---

① 參見 Jessica Rawson, *Statesmen or Barbarians? The Western Zhou as seen through their bronzes*, Proceedings of the British Academy75（1989）：89－93. 中文翻譯見羅森：《中國古代的藝術與文化》，北京：北京大學出版社，2002 年，第 134—163 頁。

② 曹瑋：《從青銅器的演化試論西周前後期之交的禮制變化》，《周原遺址與西周銅器研究》，北京：科學出版社，2004 年，第 91—106 頁。原刊於《周秦文化研究》，陝西人民出版社，1998 年。

③ 何樹環：《西周錫命銘文新研》，其中“錫命銘文總表”收録了 102 件銅器銘文，第 209—218 頁，讀者可參看。

④ 郭沫若：《盠器銘考釋》，《考古學報》1957 年第 2 期；陳夢家：《西周銅器斷代》，第 169 頁。

具。跟《裘衛簋》中提到的“緇市”不同，這裏的圍裙是另外一種顏色“赤市”。“幽亢”的“亢”是黄（衡）的假借字；“幽衡”是黑色的帶子。盠命服顏色搭佩剛好跟裘衛相反。

> 唯六月既生霸庚寅，王格于太室，司馬邢伯右師奎父，王呼内史駒册令師奎父，錫緇市，冋黄（衡）玄衣黹純、戈琱戟、旂，用司乃父官、友，奎父拜稽首，對揚天子丕丕魯休，用追考于剌仲，用作尊鼎，用匄眉壽、黄耇、吉康，師奎父其萬年，子子孫永寶用。（《師奎父鼎》，《集成》02813，《通鑒》01830，圖5）

**圖5：師寶父鼎銘文**

這條銘文中的衣物顏色又有所變化：“緇市”爲黑色圍裙；“冋黄（衡）”，唐蘭認爲是一種用麻製成的帶子；也可能是描述帶子爲麻色；“玄衣黹純”是指用幾何形織出花邊的赤黑色上衣。從上下文意來看,這些應該都是命服的組成部分。

> 唯王二月既生霸,辰在戊寅,王格于師戲太室。邢伯入右豆閉,王呼內史册命豆閉。王曰:閉,錫汝哉衣、□市、鑾旂。用俗乃祖考事,司窆俞邦君司馬、弓、矢。閉拜稽首,敢對揚天子丕顯休命,用作朕文考釐叔寶簋,用錫疇壽,萬年永寶用於宗室。(《豆閉簋》,《集成》04276,《通鑒》04766,圖 6)

此處對豆閉的賞賜物爲哉衣、□市、鑾旂。"哉衣",傳統的解釋是織衣,即絲織成的命服。但它是什麼顏色的呢? 陳漢平認爲"哉"可以直接讀作"埴",表示土黃色。[1] 商代甲骨文中,"哉"也用來形容祭牲

圖 6:豆閉簋銘文

毛色。在有名的《史牆盤》(《集成》10175,《通鑒》14467)和《癲鐘》(《集成》00246,《通鑒》15325)銘文中也讀到"㯉角鼗光",其中"鼗"可以理解爲形容祭牲犄角的顏色,或顏色的亮度。"□市"的"□"字可訓讀爲"緼",即"赤黃之間色"。[2] 金文中的哉和□也有跟其他的顏色詞一起使用的情況;例如"赤□市"(《南季鼎》,《集成》02781,《通鑒》01798),即赤黃色的圍裙。如何理解此類用法呢? 陳漢平認爲它跟"哉玄衣"有對應關係,從而

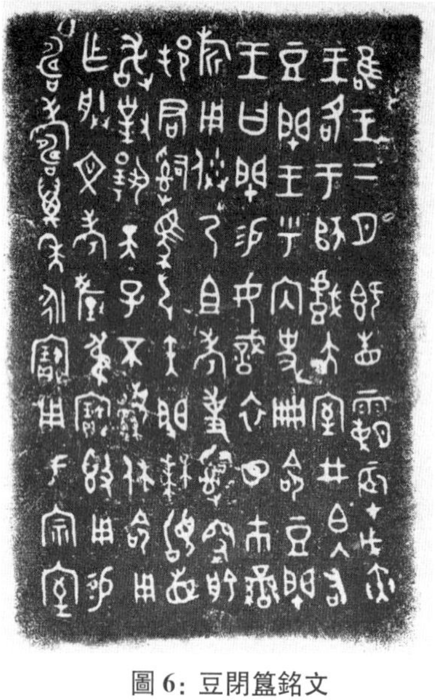

---

① 陳漢平:《西周册命制度研究》,第 226—228 頁。
② 《禮記・玉藻》注。

論證它們都應該是表示顏色的詞彙。① 這個問題仍有繼續討論的必要。②

上面列舉的西周册命銘文除了明確的命服之外，還詳細地列舉了車馬器和兵器；例如鑾旂、鋚勒、戈琱祕。看來，馬車和兵器的賞賜也成爲册命儀禮上必不可少的内容。還有的銘文對某些兵器和車馬器的顏色不厭其煩地進行羅列。例如清代出土於陝西岐山縣有名的西周晚期宣王世重器《毛公鼎》（《集成》02841，《通鑒》01858）：

> ……王曰：父厝，已曰，抄兹卿事寮、太事寮于父即尹，命汝釬嗣公族，雩參有嗣、小子、師氏、虎臣，雩朕褻事，以乃族捍敔王身，取賹卅乎，錫汝秬鬯一卣，裸圭瓚寶，朱市（韍）、蔥黄（衡）、玉環、玉琭、金車、賁緐較、朱虢圖靳、虎冟熏裹、右軛、畫轉、畫轊、金甬、錯衡、金踵、金豑、約、盛、金簜弼、魚箙、馬四匹、鋚勒、金鷹、金膺、朱旂二鈴，錫汝兹牘，用歲用政毛公厝對揚天子皇休，用作尊鼎，子子孫孫永寶用。

這裏周王對厝的賞賜十分豐厚，除了貝幣、玉器、秬鬯之外，還有命服和車馬。車是青銅鑄造（"金車"）；"賁緐較"具體釋義有爭議，可能是一種有花紋的車飾；"朱虢圖靳"可能是紅色皮革的馬具；"虎冟熏裹"是黑色底子的虎皮車幃；其他還有繪有圖案的馬車部件，青銅懸鈴，另外還有"朱旂"，即紅色的旗幟。③ 我們

---

① 陳漢平所引的《戠簋蓋》（《集成》04255，《通鑒》04745），查原拓本爲"戠衣"，並無"戠玄衣"。恐爲誤引陳夢家《西周銅器斷代》。

② 裘錫圭先生認爲甲骨文中的"戠"有時可以讀爲"待"，見裘錫圭：《説甲骨卜辭中"戠"字的一種用法》，《古文字論集》，第111—116頁。陳劍最近提出新説，認爲此字應該讀爲"異"，見陳劍：《甲骨金文考釋論集》，北京：綫裝書局，2007年，第414—427頁。

③ 諸家對這些金文詞語各持異説。可以參看鄭憲仁：《西周銅器銘文所載賞賜物之研究》所引各家之説，第211—235頁。

的眼前顯現的是一幅色彩斑斕的畫面。類似的例子還可以再引幾條。

> 丕顯皇祖考,穆穆克哲厥德,嚴在上,廣啟厥孫子于下,擢于大服,番生不敢弗帥型皇祖考丕杯元德,用**䚄䖞**大令,屏王位,虔夙夜,專求不㬎德,用諫四方,柔遠能邇,王令齽司公族、卿士、太史寮,取購廿寽鈞,易錫朱市、蔥黃(衡)、鞶鞞、玉環、玉琮、車、電軨、賁縟較、朱鞹幃靳、虎冪纁裏、錯衡、右軛、畫轉、畫轎、金蹱、金軏、金簟弼、魚葡、朱旂旜、金芽二鈴,番生敢對天子休,用作簋,永寶。(《番生簋蓋》,《集成》04326,《通鑒》04816,圖 7)

**圖 7：番生簋蓋銘文**

有時，所有賞賜物品中，除命服車馬器之外，兵器也很突出。

　　王若曰：訇丕顯文、武，受命，則乃祖奠周邦，今余命汝嫡官嗣邑人，先虎臣後庸：西門夷、秦夷、京夷、夒夷、師笭、側薪、□華夷、弁豸夷、𨷻人、成周走亞、戍、秦人、降人、服夷，錫汝玄衣黹純、緇靽、冋黃（衡）、戈琱葳、厚柲、彤沙（緌）、鑾旂、鋚勒，用事。訇稽首，對揚天子休命，用作文祖乙伯、同姬障㲃，訇萬年子子孫永寶用。唯王十又七祀，王在射日宮，旦，王格，益公入佑訇。（《詢簋》，《集成》04321，《通鑒》04711）

　　唯王八月，辰在丙午，王命垣侯伯晨曰：嗣乃祖考侯于垣，錫汝秬鬯一卣，玄衮衣、幽夫（韍）、赤舄、駒車、畫紳、幬較、虎幃、冪茝里幽、鋚勒、旂五旂、彤弓、彤矢、旅弓、旅矢、𠦪戈、虢胄，用夙夜事，勿灋朕命，晨拜稽首，敢對揚王休，用作朕文考瀕公宮尊虢鼎，子孫其萬年永寶用。（《伯晨鼎》，《集成》02816，《通鑒》01833，圖 8）

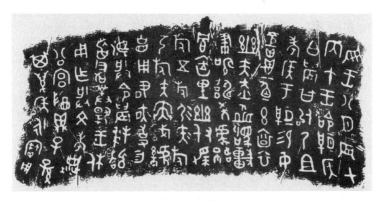

**圖 8：伯振鼎銘文**

這裏的"彤弓"、"彤矢"、"旅弓"、"旅矢"，我們在西周早期銘文《宜侯夨簋》中就見過。但是到了西周中晚期，它們跟其他器物一起出現,成爲"命服"制的一部分。帶紅色流蘇的戈也是這樣,可以推見,它們都應該是在祭祀典禮中作爲陳列之用。

鄭憲仁在他的博士論文中曾對西周金文中服飾和車馬器的成套現象作了統計。例如,他認爲車馬器雖然在西周早期就有記載,但是到了西周中晚期,車馬器細目大大增加,可能與車馬器作爲身份的識別功能開始受到重視有關。[①] 他把金文記載中的服飾和車馬器用"成套"的觀點進行探討。這種方法十分值得推廣。

## (三) 顏色與等級制度

只要對西周金文中顏色詞的用法做一簡要地觀察,我們就會發現西周的物質文化是多麼的豐富多彩。就服飾來說,除了各種顏色(緇、赤、朱、幽、蒽、素)的圍裙(市)和帶子(黃=衡)之外,另外比較常見還有赤舄,即紅色的履。車馬器比較複雜有牙㻬、賁較、朱鞃靳靳、虎冟繡裏、畫轉、畫輨、金甬、朱旂。兵器也有彤弓、彤矢、旅弓、旅矢、素鉞、戈瑪哉厚柲彤綏。爲什麼對顏色會如此強調呢? 這肯定不僅僅是簡單的裝飾性問題。研究西周册命制度的一項難題就是弄清楚賞賜物,特別是顏色有無嚴格的等級制度。這個問題是歷來學者爭論的焦點。

按照傳統的說法,所有祭祀和儀禮使用的物品都是等級社會中表示身份的標誌,包括車服,兵器。由此推論,命服的顏色也應該是顯示身份的標識。《儀禮·士冠禮》:"玄端、玄裳、黃裳、雜裳可也;緇帶素韠。"鄭注:"上士玄裳,中士黃裳,下士雜裳。雜裳者前玄後黃。"《說文》:"天子朱市,諸侯赤市,大夫蔥衡。"這種區分明顯是漢代的思想。對西周的情況是否適用呢? 黃然偉對漢儒的理論做出了否定。他說:"綜觀上述王之册命與一般非册命賞賜銘

---

① 鄭憲仁:《西周銅器銘文所載賞賜物之研究》,第269—285頁。

文,知西周初期以後之册賜雖已成爲一種形式,且一般賞賜又於周初經已有之,但於賞賜時,官階與賞賜物之質量無一固定之標準,其賞賜或多或少,蓋視時王及賞賜者之好惡及其所有而定。"①陳漢平不同意黃然偉的結論。他認爲周代的册命禮儀、賞賜輿服與受命者官職爵秩之間有嚴格而鮮明之尊卑等級關係。他對册命賞賜金文作了比較深入的考察,發現這種等級制度反映在賞賜物的數量、種類、質地,以及顏色上面。② 黃盛璋也就此發表了與陳漢平相似的意見;他説:"服飾制度與職位的具體區分,主要有三:一是器物享用的有無,二是數量上的多寡,三是色飾上的分別,並不是所有器物皆用作職位的標誌,與行使職權之憑籍,已考明的主要有三:一是衣服(包括自冕黻、衣、衰以及帶、舄),二是車馬飾,戎器飾,三是旂旗與其附飾,這些東西不僅在享用上有等級區別,並且在享用數量的多寡上和色飾上也有一定的等級區別,例如市,以赤爲貴,衣以玄爲貴,有紋飾較無紋飾爲貴等。"③楊寬根據他對西周社會等級的劃分,把命服按顏色分爲三等,以名貴賤:"西周中期以後的'命服'制度有着下列等級:第一等是'朱芾蔥珩',金文作'朱市蔥黃',是賞給公爵的執政大臣的;其次是'朱芾',是賞給'卿'一級和諸侯的;赤⦿市是賞給'大夫'一級的;再其次是'載市冋黃',即黑市和素黃(珩),是賞給'司工'、'司輔'、'官司邑人'的官吏的。凡是諸侯以及各級管理要朝見天子,都是必須穿各級'命服'的。'命服'的等級是以各種不同色彩的'市'和'黃'來區別的。"④

　　目前,大部分人基本上同意後一種意見,即西周的命服制度是有一定規律可循,服飾顏色的搭配不是完全隨意性的。特別是輿

---

①　黃然偉:《殷周史料論集》,第 164 頁。
②　陳漢平:《西周册命制度研究》,第 277—304 頁。
③　黃盛璋:《西周銅器中服飾賞賜與職官及册命制度關係》,第 45 頁。
④　楊寬:《西周史》,上海:上海人民出版社,1999 年,第 479 頁。

服與其他車馬器,兵器的組合明顯有輕厚之分。但是,我認爲如果強把命服的顏色劃出不同的等級,並跟社會等級完全對等,這似乎有些牽强,跟金文裏的證據不能完全相符合。看來,其間的因素遠比我們所理解的要複雜。

其實,我們可以換一個角度來看,賞賜輿服的主要用途是在正式的祭祀場合使用,在不同的時間内、不同的場合應該穿戴不同顏色、不同式樣的禮服。[①] 還當注意的是,賞賜者在每次册命典禮中的地位都會有所變化,所接受的賞賜物就不會完全一樣;而官職一樣的人也可以接受不同的賞賜。例如汪中文在討論西周金文中的官職時注意到,"頌"和"此",一爲史官,一爲善夫,官職不同,但俱享用大牢九鼎之禮,同服"玄衣黹屯,赤市朱黄(衡)"。而同任"善夫"的"克"與"此"卻受到不同的賞賜。[②] 這裏我們可以舉個同一人在不同時間受到不同賞賜的例子;陳夢家曾經對懿王之世的"免"器群做過討論。[③] 免器組計有簋、簠、尊、卣各一件,銘文記載周王對"免"的多次册命:

> 唯十又二月,王才在周,昧爽,王格于太廟,邢叔右免,即令,王授作册尹書,卑册令免,曰:令汝胥周師司林,錫汝赤⊘市,用事。免對揚王休,用作尊簋,免其萬年永寶用。(《免簋》,《集成》04240,《通鑒》04730,圖9)

> 唯三月既生霸乙卯,王在周,令免作司土,司鄭還廩、眔吳、眔牧,錫織衣、䜌,對揚王休,用作旅靈彝,免其萬年永寶用。(《免簠》,《集成》04626,《通鑒》05907,圖10)

---

① 據後代文獻,帝王在不同的吉凶禮儀上必須穿不同顏色的冕服。參見崔圭順:《中國歷代帝王冕服研究》,上海:東華大學出版社,2007年。

② 汪中文:《試論西周官制之特質》,載《兩周官制論稿》,臺北復文圖書出版社,1993年,第1—35頁。

③ 陳夢家:《西周銅器斷代》,第432—434頁。

圖9: 免簋銘文　　　　圖10: 免盨銘文

　　唯六月初吉,王在鄭,丁亥,王格太室。邢叔右免。王蔑免
曆,令史懋賜免緇市(韍)、冋黃(衡)。作司工。對揚王休,用作尊
彝。免其萬年永寶用。(《免尊》,《集成》06006,《通鑒》11666);《免
卣》與此同,《集成》05418,《通鑒》13168,圖11)

這三次册命的命服都有所不同:第一次赤◯市;第二次織衣和鑾;
第三次緇市冋黃(衡)。傳統文獻中也有"三命之韍"的說法:《禮
記・玉藻》:"一命縕韍幽衡,再命赤韍幽衡,三命赤韍蔥衡。"如果
把文獻跟西周金文對比,對顏色的規定有很大出入。還可以再看
另外一組對同一人多次册命的例子,《輔師嫠簋》(《集成》04286,
《通鑒》04776)先記録了懿王對嫠的兩次册命:

**圖 11：免尊銘文**

　　唯王九月既生霸甲寅，王在周康宮，即位，榮伯入右輔師
嫠，王呼作册尹册令嫠，曰：更乃祖考司輔，哉錫汝緇市，素黄
（衡）、鑾旃，今余曾乃令，錫汝玄衣，黹屯，赤市，朱黄（衡），戈
彤沙（緌）琱戒、旂五日，用事。嫠拜稽首，敢對揚王休令，用作
寶尊簋，其萬年子子孫孫永寶，用事。

《師嫠簋》（《集成》04324，《通鑒》04814）又記錄了懿王對嫠的第三
次册命：

　　唯十又一年九月初吉丁亥，王在周，格于太室，即位，宰琱
生入右師嫠，王呼尹氏册令師嫠，王曰：師嫠，在先王小學，汝

敏可事，既令汝更乃祖考司，今余唯醽憙乃令，令汝司乃祖舊官小輔、鼓鐘，錫汝叔（素）市，金黃（衡）、赤舄、鋆勒，用事。凤夜勿廢朕命，師嫠拜手首，敢對揚天子休，用作朕皇考輔伯尊盨，嫠其萬年子子孫孫永寶用。

這三次册命的命服顏色上都有差異：一命：緇市素黃（衡）；再命：玄衣粯屯、赤市朱黃（衡）；三命：叔（素）市金黃（衡）、赤舄。看來這種差異還不僅是職位升遷，而且還有時代的因素。懿王與恭王之世的命服有同亦有異。由此看來，主要看賞賜者的動機和目的。在不同時間内，對不同的人，如果目的相同，賞賜品可以一樣；反之，如果目的不一樣，就是同一個人，賞賜也會有很大區別。舉例説明：

> 唯王八祀正月，辰在丁卯。王曰："師觀！汝克盡乃身，臣朕皇考穆穆王，用乃孔德遜純，乃用心引正乃辟安德。更余小子肇淑先王德，錫汝玄袞黼屯、赤市朱橫（衡）、鑾旂、太師金膺、鋆勒。用型乃聖祖考，隣明嫠辟前王，事餘一人。"觀拜稽首，休伯太師肩珊臣皇辟，天子亦弗忘公上父歖德，觀穦曆伯太師丕自作，小子凤夕專由先祖烈德，用臣皇辟。伯亦克歖由先祖壘，孫子，一珊皇辟懿德，用保王身。觀敢譬王，俾天子萬年，裸韃太師武，臣保天子，用厥烈祖介德。觀敢對王休。用綏。作公上父尊于朕考郭季易父歖宗。（《師觀鼎》，《集成》02830，《通鉴》01847）

這件銅器是 20 世紀 70 年代陝西周原窖藏出土。它記録了周恭王爲了紀念觀祖先對周王室的效忠，並要求觀本人效忠於自己，從而對觀册命，施以恩惠；這裏的賞賜品包括衣物和車馬具：玄袞黼屯、赤市朱橫（衡）、鑾旂、太師金膺、鋆勒。

我們再看《九年衛鼎》（《集成》02831，《通鉴》01848）：

　　唯九年正月既死霸庚辰，王在周駒宮，格廟，眉敖者膚卓
事見于王。王大致。矩取省車：靷賁鞃、虎幬、狳幃、畫轉、
鞭、席、鞍、帛繶乘、金鑣鑾。捨矩姜帛三兩。西捨裘衛林䝝
里。叡厥唯顏林，我捨顏陳大馬兩，捨顏姒虞各，捨顏有司壽
商圃衺、盍幃。矩廼暨漆、鄰令壽商暨億曰："顛。"履付裘衛
䝝里。則乃成封四封，顏小子具唯封，壽商勠。捨盍冒梯羜皮
二，選皮二，業烏篙皮二，朏帛金一鈑，厥吳鼓皮二。捨漆、虞
幬、琛賁，襄靷，東臣羔衺、顏下皮二。迺受：衛小子家，逆諸
其朕：衛臣瀺朏。衛用作朕文考寶鼎。其萬年永寶用。

這件青銅器也是陝西周原窖藏出土的。它的內容比較複雜，不是
嚴格意義上的冊命，而是記錄了一次王室的盛典以及詳細的禮物。
我們不妨引用一下唐蘭先生的現代漢語譯文：九年正月既生魄庚
辰，王在周的駒宮，到了宗廟裏。眉敖的使者者膚來見王，王舉行
盛大的接待禮。矩向裘衛取了一輛好車，附帶車旁的鈎子，車前橫
木中有裝飾的把手，虎皮的罩子，長毛狸皮的車幔，彩畫的裹車軏
的套子，鞭子，大皮索，四套白色的繮繩，銅質的馬嚼子等。又給了
矩姜（矩之妻）六卷帛，矩給裘衛林䝝里。這林木是顏氏的，我又給
了顏陳兩匹大馬，給了顏姒（顏陳之妻）一件青黑色衣服，給了顏家
管事者壽商一件貉皮袍子和罩巾。矩就到漆鄰那裏命令壽商和意
辦成了，踏勘付給裘衛林䝝里。於是在四面堆起土壟爲界，顏小子
辦理立壟，壽商察看了。給了盍冒梯兩張公羊皮，兩張羔羊皮，給
業兩塊鞋篙子皮，給朏一塊銀餅，給厥吳兩張喜皮，給漆虎皮罩子，
用柔軟的帶裝飾的皮繩子裹的把手，給東臣羔羊皮袍，給顏兩張五
色的皮。到場授田的是衛小子家，迎接的、送禮物的是衛臣瀺朏。
衛用來做了父親的鼎，衛一萬年永遠寶用。

　　我們看到，《師虎鼎》中周王對師虎大加贊美，但賞賜品比較單

薄,爲比較標準的命服和車馬器。《九年衛鼎》中卻大不一樣,有精緻的馬車和拖車的馬,還有漂亮的皮革和服飾,以及貴重的金屬。這表明册命的輿服必須與一般的禮物有所區分。命服的價值在於它的象徵含義。命服的顏色就是這種象徵含義的組成部分。我們對每種顏色的具體含義還不能做出肯定的結論。但紅色在西周文化中的重要性顯而易見。

## (四) 理論闡釋

看來,要揭開西周金文中賞賜物品的顏色之謎,除了從橫向與縱向對銘文紀録作全面詳盡的分析,另外一把鑰匙就是借用現代人類學的理論和方法對此進行分析。

不論是一般的賞賜,還是册命的輿服,它們都是一種禮物。關於"禮物"的理論,法國人類學家毛斯(M. Mauss)早在 20 世紀 30 年代就提出,交換禮物是原始,或初級社會的一項重要活動;禮物是送禮人的一個有機部分,它在人神之間和人與人之間製造出一種紐帶。① 當代人類學家通過田野調查和社會分析,發現在中國傳統社會中,送禮和接受禮物是權力和控制不可缺少的手段。② 美國學者柯鶴立(C. Cook)利用這個理論,對西周金文裏的"錫命禮"做了研究。③ 她認爲周王朝靠禮物的分配,以及再分配來保持鞏固社

---

① Marcel Mauss, *The Gift*, New York: W. W. Norton and Company, 1967. 此書在臺灣和中國大陸有不同譯本:汪珍宜、何翠萍譯:《禮物:舊社會中交換的形式與功能》,臺北遠流出版事業股份有限公司,1989 年;余碧平譯:《論禮物:古代社會裏交換的形式與根據》,上海譯文出版社,2003 年。

② Yunxiang Yan, *The Flow of Gifts: Reciprocity and Social Networks in a Chinese Village*, California: Stanford University Press, 1996, esp. pp. 1 - 21.

③ Constance A. Cook, *Wealth and the Western Zhou*, Bulletin of School of Oriental and African Studies (BSOAS), 60. 2(1997): 253 - 294.

會的意識形態和天命觀念。柯鶴立的論文沒有涉及命服制度及其顏色,但是,只要我們對金文中提到命服顏色的例子稍微考查,就不難發現,顏色扮演了一個重要的角色;不同顏色的服飾,車馬和兵器,它們作爲特定的標誌,代表的是社會群體的認同性。通過分配,享有共同的物品,周王才能把他們的諸侯臣下牢牢籠絡在身邊。

　　另外,我們還必須把"禮物交換(gift-exchange)"與"商品交換(commodity-exchange)"區分開來;"商品交換"是現代商業社會的特點,商品是爲了交換而生産的;而"禮物交換"經常是在比較單純的社會環境,以及在同族和親戚好友間進行的,具有強烈的象徵性。[1]顏色作爲這個象徵體系的一部分,"實際上,顏色就是符號。在世界各地的各種社會關係中,不論是作爲詞彙,還是作爲具體事物,顏色都是一種標誌:通過這種有意味的形式,個人和團體,物體和環境,有區別地融合在文化秩序中"。[2]可以說,西周金文中所反映的顏色觀念,或者更確切地說,某種特定顏色的物品是作爲一種社會分類的標誌出現的,它們具有特殊的價值。在實際應用中,顏色分類在西周社會中起到了一種聚合與分離的功能。

　　近年來,對西周所謂的"封建"制度研究有所進展。問題的核心在於西周王朝是通過什麼樣的方式來實施政治權力,以及周王室如何保持對家族內部和地方諸侯的控制。李峰根據西方社會政治研究中"恩惠換忠誠"的理論,提出了西周的衰落跟它所實行的賞賜制度有關;當王朝的支出超出了它的承擔能力時,權力就開始轉移他手。[3]我們對西周册命制度的考察,發現這樣一種規律:册

---

[1]　Marshall Sahlin, *Stone Age Economics*, New York: Aldine de Gruyter, 1972, esp. pp. 191 - 197.

[2]　M. Sahlins, *Colour and Cultures*, Simiotica, no. 16, 1976: 3.

[3]　李峰:《西周的滅亡——中國早期國家的地理和政治危機》(徐峰譯、湯惠生校),上海古籍出版社,2007年(特別是第二章)。

命制度的形成，爲王朝的統治提供了一種保證，或者説是一種平衡。通過標準化的命服制，就不再須要大量實質性的禮品。可以説，象徵性的價值取代了實物的價值。可是在王朝統治受到威脅，岌岌可危時，王室就必須付出真實的代價。有意思的是，西周晚期經歷了一場社會動亂；厲王之世，册命制度普遍，例如有名的《史頌鼎》、《師克盨》都有紀録册命制度的長篇銘文。即使在共和時期，册命制度也没有完全停止。① 等到了宣王復位，册命又開始再度盛行。例如 1975 年 2 月陝西岐山縣董家村一號窖藏出土的《此簋》（《集成》04303，《通鑒》04793），其銘文内容與格式都跟西周中期的册命銘文相近。2003 年 1 月陝西眉縣馬家鎮楊家村西周銅器窖藏再次出土了西周晚期宣王之世的一組逑器，其中有 10 件大小相次，但形制、紋飾和銘文基本相同的卌三年逑鼎（《通鑒》02069）。上面的銘文很長，記録了宣王對逑的册封；賞賜物以及命服顏色（秬鬯一卣、玄衮衣、趞舄、駒車、賁較、朱虢靳、虎冟熏裏、畫轉畫轄，金甬、馬四匹、鋚勒），跟恭王懿王之世的册命幾乎完全一致；對細節的描述有過之而無不及。可是，對某一部分貴族的大量册封也是引發社會關係不平衡矛盾的導火索。西周王朝的統治很快就在外族的入侵下土崩瓦解了。其中之緣由或許跟册命制度的失效不無關係吧。當一種特定的分類系統不再起作用的情況下，顏色的含義和扮演的角色也隨之而改變。

---

① 　《師𡥈簋》（《集成》04311，《通鑒》04801）可能就是共伯和的器，銘文紀録了共伯和對師𡥈的賞賜；内容跟周王室册命極近似，但賞賜物爲兵器和樂器，缺少命服。

附錄三

# 《曶簋》銘文中的“赤金” 及其相關問題

**圖 1：曶簋銘文**

首陽齋收藏的《曶簋》爲西周中期的禮器；銅器上的銘文記載了周王對曶的册命和錫禮（圖 1）：①

　　唯四月初吉丙午，王命曶，錫載市、同黃（衡）、□□，曰，用事，司鄭馬，叔朕父嘉曶曆，用赤金一鈞，用對揚王休，作寶殷，子子孫孫其永寶。

這篇銘文不難通讀，格式也比較常見；但也有一些較爲特殊的地方，例如除了常見的命服之外，曶還被任命爲“司馬”之職，叔朕父作爲嘉賞格外贈送給曶“赤金一鈞”。關於這篇銘文意義，

---

① 《首陽吉金：胡盈瑩、范季融藏中國古代青銅器》，上海：上海古籍出版社，2008年，33 號。

已經有學者做過有益的討論。① 在此就不一一贅述了。我在這篇論文裏僅針對這篇銘文中提到的金屬“赤金”，結合金文中的其他有關材料，就古代金屬的顏色及其相關問題做些討論。

　　“智”作爲人名出現，金文裏有數見。清代畢沅收藏的《智鼎》（《通鑒》01855②）銘文内容跟我們要討論的題目有關。這裏不妨引出：

　　　　唯王元年六月既望乙亥，王在周穆王太［室］，王若曰：智，命汝更乃祖考司卜事，錫汝赤⊗市（韍）、□，用事。王在遲　　　　应。邢叔錫智赤金釒（鈞?），智受休［命］于王。智用兹金作朕　　　　文考宄伯鼏牛鼎，智其萬［年］用祀，子子孫孫其永寶。

　　　　［以下略］

此器後燬於兵火，從傳拓本看，器形爲西周中期後段，約懿王時期。銘文記載了周王對智的册命和錫禮，同時邢叔還送給智一些“赤金”，用來鑄造青銅禮器。因爲《智鼎》和《智簋》裏的册命不一樣；所以張光裕先生認爲他們是同名異人。《智簋》的年代應該早一些，大約在西周中期穆王時期。

　　《智簋》銘文中的“赤金一鈞”應是用於青銅鑄造的原料。西周早中期的青銅銘文中還有一些“赤金”的例子。例如西周早期的《麥方鼎》（《通鑒》01723）：

　　　　唯十又一月，邢侯延嚳於麥，麥錫赤金，用作鼎，用從邢侯　　　　征事，用饗多寮友。

---

　　①　張光裕：《新見智簋銘文對金文研究的意義》，《文物》2000 年第 6 期，第 86—89 頁。
　　②　所引金文悉據《商周金文資料通鑒》課題組（吳鎮烽編撰）：《商周金文資料通鑒》電子版（文中簡稱《通鑒》），2008 年。爲了閱讀方便，釋文通採用寬式，原字形用破音字代替；不識字用□代替。

上海博物館和首都博物館各藏有一件《臤尊》(亦稱"臤觶"《通鑒》10978,10703),不同器,但同銘文:

> 唯十又三月既生霸丁卯,臤從師雍父戍于䧹𠂤之年,臤蔑曆,仲競父錫赤金,臤拜稽首,對揚競父休,用作父乙寶旅彝,其子子孫孫永用。

穆王時期的《彔簋》(《通鑒》04512):

> 伯雝父來自𤔲,蔑彔曆,賜赤金,對揚伯休,用作文祖辛公寶𣇞簋,其子子孫孫永寶。

**圖 2:柞伯簋銘文**

1993 年初河南平頂山市薛莊鄉滍陽鎮義學崗應國墓地(M242)出土的《柞伯簋》(《通鑒》04793,圖2)也應該是比較早的一件,從器形紋飾,以及銘文書體風格來斷定,應該是康昭時期的:

> 唯八月辰在庚申,王大射在周。王命南宮率王多士,師𩰫父率小臣。王得赤金十鈑。王曰:"小子、小臣,敬友,又獲則取。"柞伯十稱,弓無廢矢。王則畀柞伯赤金十鈑,誕錫祝見。柞伯用作周公寶尊彝。

這條銘文記錄了周王舉行射禮,並以"赤金十鈑"作爲獎品,柞伯射箭十發十中,獲此殊榮。《爾雅·釋器》:"鉼金謂之鈑。"鈑或作版。《周禮·秋官·職金》:"旅於上帝,則共其金版。"

1988年11月也是在應國墓地(M50)出土了《匍盉》(《通鑒》13635):

> 唯四月既生霸戊申,匍即于氐,青公使司史[illegible],曾匍于柬麀桒韋兩,赤金一鈞,匍敢對揚公休,用作寶障彝,其永用。

《曶簋》的時代可能比《柞伯簋》要晚一點,跟《匍盉》相近;銘文中“赤金”的重量單位都是“一鈞”。與《柞伯簋》中的單位“鈑”比較已經發生了改變。先秦度量衡,一鈞折算爲30斤(1斤約爲現在的1/4公斤)。1993年山西曲沃曲村鎮北趙村西周晚期晉侯墓地出土的《楚公逆鐘》(《通鑒》14313),上面銘文提到“入享赤金九萬均”,比《曶簋》銘文中的“赤金一鈞”多了數萬倍,不知是虛擬誇張呢,還是真實反映了銅料資源的擴大化?

金文中的“赤金”是青銅還是紅銅,並不好確定。解釋爲紅銅當然最方便,與紅銅的顏色比較相符;紅銅是青銅合金的主要成分。可是,我認爲這裏的赤金是已經冶煉好的青銅合金;可以直接用來鑄做器物。我們知道,青銅作爲紅銅、錫和鉛的合金,它的顏色也可以是發亮的赤黄色,用“赤”來形容也未嘗不可。雖然出土的古代青銅器大都由於長期入土,表層顏色已經改變;但有時我們還可以看到没有被腐蝕的青銅器表面,金黄發亮,它應該是青銅器的原始本色。[①] 商代甲骨文有“赤馬”,“赤”作顏色詞,用來形容馬的毛色。而到了周代金文中,“赤”多用來形容金屬。這似乎也表明了顏色分類系統的演變。我們已經指出過,人類對顏色的感知是一個複雜的過程,涉及色素、亮度以及飽和度;但它們之間的界定並不是十分固定的,而且不同文化環境下常常會有不同的解釋。商代和周代的“赤”不一定都指完全一樣

---

① 例如《首陽吉金》(第111頁)收録的《芮伯簋》。

的顏色。①

商代甲骨文中已經出現了用顏色詞"黃"來形容金屬顏色的例子：

　　丁亥卜，大……其鑄黃呂……凡利。惠……（《合集》：29687）

　　王其鑄黃呂，登盟。惠今日乙未，利。（《英藏》：2567）

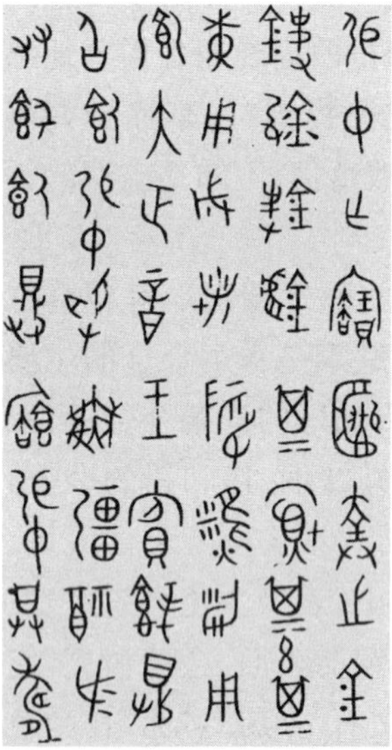

**圖 3：弭仲簠摹本**

這兩條卜辭涉及到鑄造青銅器過程中的宗教內涵；青銅器鑄造不僅僅是單純的工藝流程，還充滿了神秘的、非人爲的力量，需要用占卜和血祭來進行控制。② 這裏的"黃呂"不會是真正的黃金。商代考古還沒見過用黃金鑄造器物的例子。它應該是指某種青銅合金；"呂"或讀爲鑪，指冶煉銅料。③ 銅料合金的原始顏色近赤近黃。所以這裏用"黃"來形容它的顏色很自然。

兩周金文中用來形容顏色的辭彙很豐富。我們可以舉一些具體的例子。例如西周晚期的《弭仲簠》（圖 3）：

　　弭仲作寶璉，擇之金，鏷鋊鏷鑄，其

　　① Wang Tao, *Colour terms in Shang oracle bone inscriptions*, Bulletin of School of Oriental and African Studies (BSOAS), LIX, Pt. 1, 1996, pp. 63–101. 中文參見汪濤：《甲骨文中的顏色及其分類》，香港中文大學中文系：《第二屆國際中國古文字學研討會論文集》（續編），1995 年，第 173—190 頁。

　　② 燕耘（林澐筆名）：《商代卜辭中的冶煉史料》，《考古》1973 年第 5 期，第 299 頁。

　　③ 唐蘭認爲"呂"是銅料塊的象形字；見《殷墟文字記》，北京：中華書局，1981 年。

炱(?),其玄其黃,用盛秝稻糙粱,用饗大正,歆王賓,餗俱旨歔,弭仲受無疆福,諸友釴歔俱飽,弭仲畀壽。

弭仲鑄禮器,用於祖先祭祀,承放食物,祖先享用,參與者也飽餐一頓。這裏,所擇之金爲"鏷鐈鏷鑪";"鏷"爲鑄造青銅器所用的礦物原料;"銃",舊釋爲錫;今從黃錫全釋讀,改作"鐈";鐈字通鎬,鎬(縞)也有白色的詞義。依黃錫全先生之見,"鐈"爲鉛料。① "鑪"的解釋有多種,作顏色詞時爲黑色之意;作名詞指銅料。這個句子比較流行的讀法是"鏷銃鏷鑪"讀作"錫礦銅礦"。但是,把它讀作"白礦黑礦"也未嘗不可。而且,值得注意的是,銘文中對青銅器顏色的描述是"其玄其黃"。先秦文獻裏也有不少用玄、黃作顏色詞的例子;例如《詩經·豳風·七月》:"載玄載黃,我朱孔陽。"毛傳:"玄,黑而有赤也。"《小雅·何草不黃》:"何草不黃? ……何草不玄?"鄭箋:"玄,赤黑色。"《周南·卷耳》:"我馬玄黃。"②《爾雅·釋詁》:"玄黃,病也。"語焉不詳。其他注家都把"玄黃"解釋爲馬生病後的變色。不論這兩個詞在金文裏的具體意思如何,認爲它們表示某種顏色應該沒有問題。

1977 年陝西扶風縣黃堆公社雲塘村 2 號窖藏出土的《伯公父簋》,銘文中也用玄、黃來形容金屬顏色:

伯太師小子伯公父作簋,擇之金,唯鐈唯盧,其金孔吉,亦玄亦黃,用盛糙稻糯粱,我用紹卿士辟王,用紹諸老諸兄,用祈眉壽,多福無疆,其子子孫孫,永寶用享。

《伯公父簋》也可以斷爲西周晚期器。所擇之金是"鐈"和"盧

---

① 黃錫全:《'夫鉛'戈銘新考——兼論鑄器所用金屬原料之名稱》,《故宮學術季刊》第十三卷第一期,1995 年,第 63—74 頁。
② 有關引據依《十三經注疏》,北京:中華書局,1980 年。

（鏽）"；對青銅器的描述也是"亦玄亦黃"，這些都跟《弭仲簠》極爲近似。唯一有所區別的是，這裏專門用了"孔吉"二字來形容青銅器。這提示我們，青銅禮器本身具備了特殊的象徵含義。

金文中用來鑄造青銅器的銅料常被稱爲"吉金"。1955 年 5 月安徽壽縣西門內春秋蔡侯墓出土《吳王光鑑》（《通鑒》13893），上面銘文爲：

> 唯王五月，既字迫期，吉日初庚，吳王光擇其吉金，玄鋧白鋧，以作叔姬寺籲宗彝薦鑑，用享用孝，眉壽無疆，往已叔姬，虔敬乃後，子孫勿忘。

"鋧"訓讀爲"礦"。這裏用"玄""黃"對礦物的顏色進行描述。但他們究竟是何種礦物則無定論，有數家之說。郭沫若認爲，因爲青銅是一種三元合金，這裏"吉金"爲紅銅，玄礦指鉛，白礦指錫。[1] 陳夢家有不同看法，他認爲玄礦指銅，白礦指錫；"吉金"在這裏只是一種青銅合金的概稱。[2] 黃盛璋和黃錫全同意陳夢家早年的解釋。[3] 黃錫全先生不同的地方是把玄礦理解爲錫，白礦爲銅。[4] 我本人覺得把玄礦解釋爲銅，白礦爲鉛比較合理。因爲從顏色來看，銅料可以是"玄"；"白"更接近鉛礦的顏色，因爲没有白色的銅料。錫礦的顏色有可能接近灰白色。最值得注意的是地質學家聞廣的意見。他支持郭沫若三元合金的解釋，但他認爲，玄、白二色指的是錫礦和鉛礦的顏色；錫礦石棕黑帶紅，可以稱爲"玄"（"赤黑色也"）；原生方鉛礦經氧化作用表面生成白鉛礦，呈無色或灰白，故

---

① 郭沫若：《由壽縣蔡器論到蔡墓的年代》，《考古學報》1956 年第 1 期，第 1—5 頁。
② 陳夢家：《壽縣蔡侯墓銅器》，《考古學報》1956 年第 2 期，第 95—123 頁。
③ 黃盛璋：《敔（楚）齋（齊）及其和兵器鑄造關係新考》。
④ 黃錫全：《"夫鋁"戈銘新考——兼論鑄器所用金屬原料之名稱》。

稱"白"。① 也許正如岑仲勉所言,中國古代跟古羅馬人近似,鉛、錫不分,只是以顏色做一區別,plumbun nigrum(黑鉛),plumbum album(白鉛)。②

看來,在東周時期,青銅器的顏色格外受到重視。除了赤、玄、黃、白之外,金文中還有其他一些形容顏色的辭彙。此處僅舉有代表性的數例:

> 唯正月初吉丁亥,工歔王皮難之子者減,擇其吉金,自作謠鐘,不帛不羊,不瀫不清,協於我靈,俾龢俾平,用祈眉壽繁釐,于其皇祖皇考,若召公壽,若叄壽,俾汝鑶鑶剖剖,龢龢鏘鏘,其登於上下,聞於四旁,子子孫孫,永保是尚。(《者減鐘》,通鑒 14088)

這裏對"吉金"顏色的描述是"不帛不羊",應該讀作"丕白丕騂",即紅白閃亮。

> 唯王九月初吉庚午,曾伯霥哲聖元武,元武孔黹,克逖淮夷,抑燮繁陽,金道錫行,具既俾方,余擇其吉金黃鏽,餘用自作旅簠,以征以行,用盛稻粱,用孝用享于我皇文考,天錫之福,曾霥遐不黃耇,萬年眉壽無疆,子子孫孫,永寶用之享。(《曾伯霥簠》,《通鑒》05662)

"黃鏽",即黃色的銅料。

> 唯正月初吉乙亥,邾公華擇厥吉金,玄鏐赤鏽,用鑄厥龢鐘,以作其皇祖、大夫,以宴士庶子,慎爲之銘,元器其舊,載公眉壽,邾邦是保,其萬年無疆,子子孫孫,永寶用享。(《邾公華

---

① 聞廣:《中國古代青銅與錫礦》,《地質論評》第 26 卷第 4 期,第 331—346 頁。
② 岑仲勉:《周鑄青銅器所用金屬之種類及名稱》,收入《兩周文史論叢》,北京:商務印書館,1968 年,第 105—120 頁。

鐘》,《通鑒》13893)

"赤鏽"當是銅料。

　　唯正月初吉庚午,筥叔之仲子平,自作鑄游鐘,玄鏐鋚鏽,
乃爲[之音],裁裁雝雝,聞于㥯東,仲平謰改叡考,鑄其游鐘,
以濼其大酉,聖智龏良,其受此眉壽,萬年無期,子子孫孫,永
保用之。(《筥叔之仲子平鐘》,《通鑒》14067)

"鋚鏽"爲白色銅料。依黃盛璋先生之見,它們都是指銅、錫、
鉛混合金鏷。他指出:"其實鏽即鑄器原料之赤鏽等,亦即曶鼎所
錫之赤金,赤鏽可能含紅銅成分較多,玄鏽則焊錫較多,黃鏽則含
鉛較多,……鋚鏽當爲黃赤色之鏽,鏽皆指銅,由於銅與錫、鉛比例
不同,故顏色與用途可有不同。"[1]

　　對錫和鉛也有不同的爭論。

　　唯王正月初吉,辰在乙亥,邾公牼擇厥吉金,玄鏐膚鋁,
自作龢鍾,曰:餘畢龏畏忌,鑄龢鍾二鍺,以樂其身,以宴大
夫,以饎諸士,至於萬年,分器是持。(《邾公牼鐘》,《通鑒》
14048)

銘文提到的"膚鋁",有的學者把它讀爲"鏽鋁",認爲是兩種不同的
原料。黃錫全認爲它是一種原料;"膚鋁"應該讀作"鈇鋁",即黑色
鉛料。再看《玄鏐夫鋁戈》(《通鑒》15147):

　　玄鏐夫鋁之用。

"鋁"是鉛料。"夫鋁",依黃錫全的解釋;"夫"即"鈇",可能是表示
顏色的形容詞:鈇鋁指黑色鉛料。

----

　　① 黃盛璋:《敔(櫗)齋(齊)及其和兵器鑄造關係新考》,《古文字研究》第十五輯,
1986年,第253—276頁。

1980 年 9 月安徽舒城縣孔集公社九里墩村春秋墓葬出土的
《九里墩鼓座》(《通鑒》17520)，銘文爲：

> 唯正月初吉庚午，余受此于之玄孫，聖麤公燮擇其吉金，
> 玄鏐鈍鋁，自作雔鼓，命从若敳，遠盂聞于王東吳谷，逆[于]郐
> （徐）人、陳[人]，达尓（却蔡）于寺，其神其臭，……以攴野于陳
> □□山之下，余持可參□□，其□鼓方方，乃于之雩，永祀是
> 拐，俳公獲飛龍，日夜白……余以共㫌示□嫡庶子，余以會同
> 姓九禮，以飤大夫、朋友，[余以]宅東土，至于淮之上，世(?)萬
> 子孫永保。

"玄鏐"指錫；"鈍鋁"當讀作"純鋁"，即純鉛。"純"在這裏也可以讀
作顏色詞，通素，或無色。

比較重要的銘文還有《叔夷鐘》(《通鑒》14156—14162)。它的
銘文太長，這裏就不全引了。可是裏面還提到"鈇鎬、玄鏐、錛鋁"。
"鈇"，"玄"，"錛"可能都是表示顏色的形容詞：鈇鎬＝黑色銅料，
玄鏐＝赤黑色錫料，錛鋁＝黃白色鉛料。

總而言之，在兩周金文中，修飾金屬顏色的形容詞確實不少，
除了"赤金"、"黃金"、"玄鏐"、"玄礦"，還有"白礦"、"白金"、"青金"
等。關於這些名稱的內容，不少現代學者已經有所討論；爭論的焦
點多集中於這些名稱與實際金屬原料之間的關係如何確定。而我
這篇論文討論的重點是銅器顏色的文化涵義。我認爲大約在殷周
時期，禮器的鑄造開始跟青銅本身的顏色發生密切關係。兩周金
文中的證據表明，顏色似乎已經成爲"吉金"的必備要素。青銅原
料和青銅禮器的顏色在古代的視覺文化系統中具備了特殊的含
義。在各種顏色之間，玄的象徵含義最爲突出。玄，訓爲幽黑；它
不完全是黑色，而是黑中帶赤；它在古代文化中的含義十分豐富，
跟祖先崇拜關係緊密。玄，在中國文化中具備了一種特殊的吉祥

象徵性。①

其實,在傳世先秦文獻中還有不少證據,顏色的文化性跟金屬和鑄造密切關係。例如《周易》中就有關於青銅禮器的描述:

> 鼎:元吉,亨。象曰:鼎,象也。以木巽火,亨飪也。聖人亨以享上帝,而大亨以養聖賢。巽而耳目聰明,柔進而上行,得中而應乎剛,是以元亨。象曰:木上有火,鼎;君子以正位凝命。〔大象〕初六,鼎顛趾,利出否。得妾以其子,無咎。象曰:鼎顛趾,未悖也。利出否,以從貴也。九二,鼎有實,我仇有疾,不我能即,吉。象曰:鼎有實,慎所之也。我仇有疾,終無尤也。九三,鼎耳革,其行塞;雉膏不食,方雨虧悔,終吉。象曰:鼎耳革,失其義也。九四,鼎折足,覆公餗,其形渥,凶。象曰:覆公餗,信如何也!六五,鼎黃耳、金鉉,利貞。象曰:鼎黃耳,中以爲實也。上九,鼎玉鉉,大吉,無不利。象曰:玉鉉在上,剛柔節也。

這裏,青銅鼎的功能、使用、形制、紋飾、顏色都可以作爲占卜的一種祥兆。爲什麼黃顏色在這裏格外重要? 高亨解釋:"金色黃,云黃耳,其質金可知也。云金鉉,其色黃可知也。金爲堅貴之物,黃爲吉祥之色,是鼎黃耳金鉉者,堅貴吉祥之象,故曰鼎黃耳金鉉,利貞。"②

《毛詩》中把君子之德跟金玉相比;《衛風・淇奧》:"有匪君子,如金如錫,如圭如璧。"《管子・小匡》中把金屬分爲美金與惡金:"美金以鑄戈劍矛戟,試諸狗馬。惡金以鑄斤斧鉏夷鋸欘,試諸木土。"③《管子・地數》中對金屬礦冶的描述也很有意思:

---

① 汪濤:《"青幽高祖"新解:古文字所反映的祖先崇拜裏的空間關係》。
② 高亨:《周易古經今注》,中華書局,1984 年,第 307 頁。
③ 《管子》引文據《二十二子》,上海古籍出版社,1986 年。

　　桓公曰：地數可得聞乎？管子對曰：地之東西二萬八千里，南北二萬六千里，其出水者八千里，受水者八千里，出銅之山四百六十七山，出鐵之山三千六百九山，此之所以分壤樹穀也。戈矛之所發，刀幣之所起也，能者有餘，拙者不足。

　　……伯高對曰：上有丹沙者，下有黃金。上有慈石者，下有銅金。上有陵石者，下有鉛錫赤銅。上有赭者，下有鐵。

　　……管子對曰：山上有赭者，其下有鐵；上有鉛者，其下有銀。一曰：上有鉛者，其下有鉒銀；上有丹沙者，其下有鉒金；上有慈石者，其下有銅金，此山之見榮者也。

　　……管子對曰：夫玉起於牛氏邊山，金起於汝漢之右洿，珠起於赤野之末光，此皆距周七千八百里，其塗遠而至難。故先王各用於其重，珠玉爲上幣，黃金爲中幣，刀布爲下幣。令疾則黃金重，令徐則黃金輕，先王權度其號令之徐疾，高下其中幣，而制下上之用，則文、武是也。

《管子》對冶金的描述標明古人在這方面的知識也是很豐富的。管子思想是關於古代貨幣經濟的理論；所以金屬分等和社會含義才是它的核心所在。

　　秦漢時期，金屬顏色的象徵性跟當時流行的"五行說"思想密切相關。《淮南子·墜形》：[1]

　　正土之氣也，禦乎埃天，埃天五百歲生缺，缺五百歲生黃埃，黃埃五百歲生黃澒，黃澒五百歲生黃金，黃金千歲生黃龍，黃龍入藏生黃泉，黃泉之埃上爲黃雲，陰陽相薄爲雷，激揚爲電，上者就下，流水就通，而合於黃海。偏土之氣，禦乎清天，清天八百歲生青曾，青曾八百歲生青澒，青澒八百歲生青金，

---

[1]　《淮南子》引文據《二十二子》，上海古籍出版社，1986年，第1224頁。

青金八百歲生青龍，青龍入藏生青泉，青泉之埃上爲青雲，陰
陽相薄爲雷，激揚爲電，上者就下，流水就通，而合于青海。壯
土之氣，禦於赤天，赤天七百歲生赤丹，赤丹七百歲生赤湏，赤
湏七百歲生赤金，赤金千歲生赤龍，赤龍入藏生赤泉，赤泉之
埃上爲赤雲，陰陽相薄爲雷，激揚爲電，上者就下，流水就通，
而合於赤海。弱土之氣，禦于白天，白天九百歲生白礜，白礜
九百歲生白湏，白湏九百歲生白金，白金千歲生白龍，白龍入
藏生白泉，白泉之埃上爲白雲，陰陽相薄爲雷，激揚爲電，上
者就下，流水就通，而合于白海。牝土之氣，禦于玄天，玄天六
百歲生玄砥，玄砥六百歲生玄湏，玄湏六百歲生玄金，玄金千
歲生玄龍，玄龍入藏生玄泉，玄泉之埃上爲玄雲，陰陽相薄爲
雷，激揚爲電，上者就下，流水就通，而合于玄海。

淮南王劉安著《淮南子》，采先秦諸家之說。但在宇宙觀上，其主旨
爲道家思想。

再看《說文》對“金”的定義：“五色金也。黃爲之長。久薶不生
衣，百鍊不輕，從革不違。西方之行。生於土，從土。”各種金屬的
特性也是根據顏色來劃分：“銅，赤金也”；“銀，白金也（鐐，鎐同）”；
“鐵，黑金也”；“鉛，青金也”；“錫，銀鉛之閒也”。岑仲勉認爲“銅”
字的字根可能來源於漢藏語系中的“彤（d’uong）”；“銅”、“彤”一
義，“其得名蓋示其赤色”。[①] 段玉裁注：“銅色本赤，今之白銅，點
化爲之爾。”可見，古人對金屬的分類，顏色是一項最主要的依據。
《說文》中沒有“黃金”。《漢書·食貨志》曰：“金有三等，黃金爲上，
白金爲中，赤金爲下。”這裏的“白金”指的是銀，“赤金”爲青銅，“黃
金”應該就是真正的黃金。漢代時，這幾種金屬都普遍使用。漢儒

---

① 岑仲勉：《周鑄青銅器所用金屬之種類及名稱》。

對金屬的解釋反映了當時的情況,不一定符合先秦的實際情況。例如金文裏的"白金",雖然不少學者依據《説文》把它解釋爲銀,但早期(西周之前)用銀鑄器的現象十分罕見;它更有可能是指含高錫的青銅,因爲高錫青銅的顏色泛白。

探討古代青銅器的顏色,我們不能離開金屬冶煉鑄造學上的基本知識。我們今天所看到的古代青銅器,表面上大多覆蓋了一層特殊的膜體,它可以是緑、紅、藍等不同顏色。科學分析表明它們是一種氧化腐蝕的結果。這跟銅器的合金成分、微結構、表層處理、埋藏保存條件都有關係。中國古代青銅合金的成分主要是銅、錫和少量的鉛。一般來説,商代的青銅器,銅的比率在 80%,錫 13%,鉛 7%。可是如果我們把範圍擴大,也包括周代秦漢不同種類的青銅器,那麼各種金屬的比率會有較大的波動,例如,銅鏡的錫含量可以達到 25%,錢幣的鉛含量在 50%左右。從鑄造技術上,增加或減少青銅合金中不同成分的比重,不但可以增强或減弱青銅器的硬度,還同時改變着青銅器表面的顏色。青銅的顏色隨青銅成分裏的含錫量的增加而改變,由赤紅色—赤黃色—橙黃色—灰黃色—灰白色;含錫越高,顏色就越淺白。曾就職美國華盛頓史密斯學院的金屬保護學家 W. T. Chase 曾經跟他的同事一道做過一項科學試驗;他們選取了 10 件古代青銅器,將其表面清洗打磨乾淨,用現代光譜儀器進行測量,結果發現銅器顏色跟錫的含量直接有關係;含高錫的青銅泛銀白色,含低錫的青銅容易發黑。[1] 青銅器鑄

---

① W. T. Chase and N. F. Veloz, *Airbrasive cleaning of statuary and other structure: Acentury of technical examination of blasting procedures*, Technology and Conservation 10(1), pp. 18 - 28; also W. T. Chase, *Chinese Bronzes: casting, finishing, patination, and corrosion*, D. A. Scott, J. Pandany, B. B. Considine, eds. Ancient and Historic Metals: Conservation and Scientific Research, The Getty Conservation Institute, 1994, pp. 85 - 118.

成後,各種成分的比重,對青銅器的顏色有很大關係。正常的未經
腐蝕氧化的青銅表面顏色應該是白黃發亮。另外,青銅器表層的
光滑程度也決定了光波的反射。

　　中國古代對青銅鑄造技術的認識水準相當高。《周禮·考
工記》記載了古代王朝的工匠制度,有攻木之工、攻金之工、攻
皮之工、設色之工、刮摩之工。攻金之工就是鑄造青銅器的
工匠:

　　　攻金之工,築氏執下齊,冶氏執上齊,鳧氏爲聲,栗氏爲
　　量,段氏爲鎛器,桃氏爲刃。金有六齊。六分其金而錫居一,
　　謂之鐘鼎之齊。五分其金而錫居一,謂之斧斤之齊。四分其
　　金而錫居一,謂之戈戟之齊。參分其金而錫居一,謂之大刃之
　　齊。五分其金而錫居二,謂之削殺矢之齊。金錫半,謂之鑒遂
　　之齊。

　　《考工記》爲戰國時期齊國作品,但總結了先秦工匠在各種工
藝技術上的經驗。這裏有關"六齊"的記載反映了古代工匠已經用
不同成分的青銅鑄造不同的器物。雖然學者對這段記載的解釋各
不相同,沒有疑問的是先秦已經掌握通過調整合金的成分來控制
鑄造結果。我們更想知道的是,古人是否也因爲不同的精神和審
美需求對青銅器表面的顏色進行有意識的調控?

　　我們在考古中常見到一些用塗抹顏料來改變器物表面顏色的
例子。新石器時代的彩陶就是典型的例子。在青銅器鑄造完成之
後,也可以對器物的表面進行塗料,或再次加工,以求得所需之顏
色。[①] 殷墟考古中就發現過在銅器上渡錫的情況。商周青銅器,
特別是東周時期,還有許多使用鑲嵌來改變器物表面顏色的例子。

---

　　① 曹瑋先生曾跟我多次討論過這一問題;獲益匪淺。謹記此,以謝良友之情。

另外,古代中西方都盛行過的"點金術"就是用各種方法來改變金屬的顏色。可見,要想改變青銅器的顏色並不是一件難事。例如後世的古玩家爲了追求古物的效果,使用了許多改善青銅器表面"包漿"的方法。英國學者李約瑟對此做過深入地討論,讀者可以參看。①

最後,我們還可以討論一下金屬顏色跟古代煉丹術的關係。最早也是在《考工記》中,工匠靠對顏色的觀察來對冶煉過程中的火候進行控制:

> 栗氏爲量。改煎金錫則不耗,不耗然後權之,權之然後準之,準之然後量之。量之以爲釜,深尺,内方尺而圜其外,其實一釜。其臀一寸,其實一豆;其耳三寸,其實一升。重一鈞。其聲中黃鐘之宮。概而不稅。其銘曰:時文思索,允臻其極。嘉量既成,以觀四國。永啟厥後,兹器維則。凡鑄金之狀:金與錫黑濁之氣竭,黃白次之;黃白之氣竭,青白次之;青白之氣竭,青氣次之。然後可鑄也。

這種知識在煉丹術中得到進一步發揮。見東漢魏伯陽所著《周易三同契》:

> 知白守黑,神明自來。白者金精,黑者水基。水者道樞,其數名一。陰陽之始,玄含黃芽,五金之主。北方河車,故鉛外黑,内懷金華,被褐懷玉,外爲狂夫。金爲水母,母隱子胎。水爲金子,子藏母胞。真人至妙,若有若無,彷彿太淵,乍浮乍沉,退而分佈,各守境隅,採之類白,造之則朱,煉爲表衛。白裏真居。

---

① Joseph Needham, *Science and Civilisation in China*, Volume V, *Chemistry and Chemical Technology*, Cambridge University Press, 1974, esp. pp. 245 - 266.

這裏描述的是鉛丹的煉法。① 鉛丹是一種鉛酸鉛鹽(Pb2pbO4)合成物,其色發紅。其製作過程爲: 先用胡粉提煉出真鉛,然後在爐子上加熱炒煉,得出內白外赤的黃丹。明代宋應星著《天工開物》,明顯受到傳統煉丹術的影響。

在當今的人類學和物質文化研究中,顏色的物質性(MATERIALITY)已經成爲一個討論的焦點。② 顏色是現實世界的一部分。但不僅如此,顏色還常常具有一種超強的認知性,它可以進入到精神領域,或是表示某種感性的理念,或是上升到象徵性的高度。國外的古代文化也有一些例子,可以跟我們對中國古代青銅器顏色的研究相比較。例如,古代的南美洲,冶金術跟宇宙觀緊密相連,金銀的顏色光澤跟宇宙中存在的神秘力量合爲一體;對冶金的理解也是他們對宇宙的理解。③ 可是,跟其他古代文化相比,中國古代青銅器的例子更爲複雜,也更有挑戰性。我們有大量的青銅器實物;金文中的顏色詞常常用來描述青銅禮器。這就把語言學與物質文化結合到一起。二者之間關係如何處理? 如何斷定和闡釋某種特定的顏色的文化含義? 這些問題的進一步探討還需要更多學者的共同努力。

---

① 蕭漢明、郭東升:《論〈周易三同契〉的外丹術》,《道家文化研究》第 11 輯,北京: 三聯書店,1997 年,第 64—75 頁。

② R. Wagner, *Symbols that Stands for Themselves*, Chicago: University of Chicago Press, 1986. C. Tilley, *Metaphor and Material Culture*, Oxford: Blackwell, 1999.

③ D. Hosler, *The Sounds and Colors of Power: the Sacred Metallurgical Technology of Ancient West Mexico*, Cambridge, Mass. : MIT Press, 1994. Nicholas J. Saunders, The colours of light: materiality and chromatic cultures of the Americas, in A. Jones and G. MacGregor, eds. *Colouring the Past: the Significance of Colour in Archaeological Research*, Oxford/New York: Berg, 2002, pp. 209 - 226.

# 後　　記

　　本書原是我 1993 年在倫敦大學提交的博士論文,原來沒有打算正式出版。按道理,一部近 20 年前寫成的著作早該過時了,當歸屬於"學術垃圾"之列。可是這幾年國內國外不斷有人問及,特別是中國學者對我這方面的研究還不太熟悉。今蒙朱淵清兄好意,收入上海古籍出版社的《早期中國研究叢書》,請郅曉娜女士翻譯成中文。我在審校時又對此書的書名、結構和行文都做了些改動;特別是增加了一些 1991 年安陽花園莊村東出土甲骨的新内容,因爲當時材料還未發表。另外,我還把近年來所發表的有關顏色的 3 篇論文一併收入,作爲附録。現在書馬上要出版了,需要感謝的人和機構很多,可這裏只能省略掉大部分,掛一漏萬,先請諒解。

　　首先我要特別感謝艾蘭(Sarah Allan)教授給予我的鼓勵和幫助,她不僅是難得的良師,也是終身的益友。我最早開始試着翻譯她的著作《龜之謎》,了解了西方學者對中國文化研究的一些方法,也對商代考古和甲骨文產生了濃厚興趣。我還要感謝李學勤和裘錫圭二位先生。李先生最早把我引進甲骨文的殿堂,我剛到倫敦大學求學時,正值艾蘭、李學勤和齊文心先生整理完英藏甲骨。我拿了《甲骨文合集》去請教李先生,李先生對我說,看一片甲骨,要

首先知道它原來的部位,以及和其他甲骨的關係,還要看實物。這
讓我豁然開朗。1989 年我試着寫了第一篇甲骨文的文章,請裘先
生指導。裘先生對文中的許多問題,從材料使用不當到錯別字、標
點符號都一一指出。後來等我博士論文剛有雛形,裘先生到了倫
敦,一個多月,每天給我上課,一字一句修改文章。裘先生對學術
研究的高標準、高要求,永遠是我追求的楷模。另外,我還要感謝
譚樸森(Paul Thompson)先生對我的關心。譚先生學問廣博,誨
人不倦。他給我們上文獻校勘的課,還親自教我使用他發明的中
文電腦;對我論文寫作中的問題總是有問必答,還提出了許多獨到
的建議和批評。譚先生去世後,藏書捐給了裘錫圭先生引領的復
旦大學出土文獻與古文字研究中心;2009 年復旦專門召開了紀念
譚樸森的學術研討會。這些前輩學者非常慷慨地把他們的學術成
果和時間花在一位年輕學子身上,對我來說絕對是無價之寶,終身
也無法回報。我還要提到另一位朋友,現已經是著名歷史學家的
羅伯特・貝克斯教授。我們當時都是倫敦大學亞非學院的研究
生,他研究的是 20 世紀中英關係,常常嘲笑我趴在圖書館裏用鉛
筆臨摹甲骨拓片。我們幾乎每天都去學校地下室的酒吧喝酒聊
天。他幫助當時還是"電腦盲"的我打字和校對英文。我對電腦一
直有一種畏懼感,怕受制於"機"。

　　從私人角度,我最要感謝的人理所應當是生我養我的父母,他
們的愛和寬容給予了我最大的支持。眼看着父母漸漸年衰,除了
暗地裏的心酸,也讓人意識到時光無情,懂得如何珍惜自己。我的
舅舅王維森,原來是文革前的高材生,後來發配邊疆農村和下工廠
當工人,一身坎坷,50 歲就去世了,留下了孤兒寡妻。舅舅教給了
我如何愛書,文化大革命期間,他從一個被毀掉的圖書館裏偷偷帶
回了一箱古籍,藏在牀下。正是這些舊黃的書頁,把年幼的我帶入
閱讀,尤其是中國古典文學的世界。直到今天,買書讀書仍是我生

活中的一大樂趣。

　　博士論文的初稿是我把自己關在岳父岳母在約克郡的石頭房子裏趕寫出來的。我很想表達對他們的感激。現在，岳父已去世；岳母還經常關心我和我的家庭。我的兒子思孟（Simon）和女兒寧南（Nina），在我寫博士論文期間還未出生，這裏就不説感謝之類的話了；只是想提醒他們有一天可以看一看父親當年花了好幾年做的一件事。最後，我要把本書題獻給我親愛的妻子海嵐（Helen Wang）。我對她的愛和欣賞，言語難以形容。她不僅改從我的姓，自己還成爲研究中國文化的專家。記得我們在北京的公共汽車上首次相遇，怦然心動，然後又不約而同地在沙灘的文物書店裏給對方買了同一本書。1985 年聖誕節，是她把我從埋頭讀書中吸引出來，帶我去北戴河看海，這也是生長在西南的我平生第一次看到真正的大海；微微顫動的海面上結了一層白白的冰，一望無際，煞是好看。可以説，也就是這次北戴河之旅徹底改變了我的人生道路。

# 早期中國研究叢書

## （精裝版）

◆　中國古代訴訟制度研究　　　　　　　　　　　　　[日] 籾山明 著

◆　睡虎地秦簡所見秦代國家與社會　　　　　　　　　[日] 工藤元男 著

◆　中國古代宇宙觀與政治文化　　　　　　　　　　　王愛和 著

◆　郭店楚簡先秦儒書宏微觀　　　　　　　　　　　　[美] 顧史考 著

◆　顏色與祭祀——中國古代文化中顏色涵義探幽　　　[英] 汪濤 著

◆　展望永恒帝國——戰國時代的中國政治思想　　　　[以] 尤銳 著

◆　秦始皇石刻：早期中國的文本與儀式　　　　　　　[美] 柯馬丁 著

◆　《竹書紀年》解謎　　　　　　　　　　　　　　　[美] 倪德衛 著

◆　先秦秦漢思想史研究　　　　　　　　　　　　　　[日] 谷中信一 著

**圖書在版編目(CIP)數據**

顏色與祭祀：中國古代文化中顏色涵義探幽／(英)
汪濤著；郅曉娜譯. —上海：上海古籍出版社，
2018.9
（早期中國研究叢書）
ISBN 978-7-5325-8976-0

Ⅰ.①顏… Ⅱ.①汪… ②郅… Ⅲ.①顏色-文化史
-研究-中國-古代 Ⅳ.①K220.3

中國版本圖書館 CIP 數據核字(2018)第 209596 號

早期中國研究叢書

**顏色與祭祀**

中國古代文化中顏色涵義探幽

［英］汪 濤 著 郅曉娜 譯
上海古籍出版社出版發行
（上海瑞金二路 272 號 郵政編碼 200020）
(1) 網址：www.guji.com.cn
(2) E-mail：guji1@guji.com.cn
(3) 易文網網址：www.ewen.co
蘇州市越洋印刷有限公司印刷
開本 890×1240 1/32 印張 9.75 插頁 5 字數 236,000
2018 年 9 月第 1 版 2018 年 9 月第 1 次印刷
印數：1—3,100
ISBN 978-7-5325-8976-0
K·2546 定價：58.00 元
如有質量問題，請與承印公司聯繫